LECTURAS DE HISTORIA
ECONÓMICA ME

LAS FINANZAS PÚBLICAS EN LOS SIGLOS XVIII-XIX

Luis Jáuregui
José Antonio Serrano Ortega
(coordinadores)

INSTITUTO MORA
EL COLEGIO DE MICHOACÁN
EL COLEGIO DE MÉXICO
INSTITUTO DE INVESTIGACIONES HISTÓRICAS-UNAM

Obra publicada con el apoyo del
Consejo Nacional de Ciencia y Tecnología

Portada: El pueblo de Ixtacalco, Casimiro
Castro, *México y sus alrededores*, Biblioteca
Nacional, fondo reservado. Diseño: María
Luisa Martínez Passarge

Primera edición, 1998
© Derechos reservados
conforme a la Ley, 1998

Instituto de Investigaciones
Dr. José María Luis Mora
Plaza Valentín Gómez Farías 12,
San Juan Mixcoac,
México, 03730, D.F.

ISBN 968-6914-80-3 obra completa
ISBN 968-6914-82-x

Impreso en México
Printed in Mexico

ÍNDICE

DE LOS OBSTÁCULOS Y LOS AVANCES DE UNA
LÍNEA DE ESTUDIO OLVIDADA

Hay una frase, moneda corriente, que dice que las finanzas de un Estado son las fibras de su poder. Esta idea muestra que un buen índice para estudiar la evolución de tal institución o —para seguir con el juego— la anatomía de su poder, es el análisis de sus ingresos, gastos, deuda y financiamiento. Y es que, independientemente del periodo histórico, los aspectos financieros permiten analizar diversas actividades propias del ejercicio del poder estatal. Así, mediante el examen de estas variables, podemos aproximarnos al comportamiento de la economía, a la capacidad política del Estado para gravar a sus gobernados, a la forma de distribución de las cargas fiscales, a la utilización de los recursos recaudados, a las estrategias para hacer frente a los faltantes y a las instituciones encargadas de emprender todas estas tareas. Por tanto, el estudio de las finanzas gubernamentales es un buen punto de partida para conocer el desempeño del Estado y su impacto sobre la sociedad.

El estudio de la situación financiera de un gobierno también contribuye a la comprensión de los aspectos políticos y sociales en que participa directamente o como una mera caja de resonancia. En este sentido, el análisis del sistema fiscal explica, en parte, cuestiones tales como la ponderación relativa de las regiones de un país, el origen de las rebeliones y los motines y las negociaciones entre las elites sobre su respectiva carga tributaria y asignación de gasto.

El análisis histórico de las finanzas gubernamentales nos ofrece la oportunidad de desarrollar el presente estudio introductorio. Su objeto es señalar los obstáculos que se han presentado para el estudio del tema y aproximarnos a la historiografía relativa a los últimos años del siglo XVIII y a la primera mitad del XIX en México, así como llamar la atención sobre el parcial descuido que ha experimentado el periodo intermedio, es decir, el de la guerra de Independencia. Por ello, haremos hincapié en la necesidad de abordar su estudio, principalmente, por las consecuencias que los acontecimientos fiscales de esos años heredaron a la llamada primera república federal (1824-1835). En el marco de esta introducción, podremos, por tanto, situar mejor las aportaciones y líneas de investigación abiertas por los artículos incluidos aquí.

Sólo hasta hace algunos años el estudio de las finanzas gubernamentales de los siglos XVIII y XIX (o, para utilizar dos conceptos más adecuados a la época que nos interesa, la Real Hacienda y la Hacienda pública) había interesado a pocos historiadores. En todo caso, el estudio del funcionamiento económico del gobierno se circunscribía solamente al análisis legislativo y reglamentario, más que al impacto de sus políticas sobre la economía, y mucho menos al estudio de su participación como agente económico. Esta relativa falta de interés por estudiar las finanzas del gobierno respondía, en parte, a diversas dificultades que se pueden clasificar en tres grandes rubros.

Por un lado, la falta de estadísticas disponibles para el análisis de los ingresos, gastos y créditos del periodo colonial y del nacional temprano. Esta dificultad ha disminuido considerablemente desde la publicación de las cartas-cuentas coloniales, y sólo resta complementarlas con las de las primeras décadas de la etapa nacional. Por otro, los argumentos teóricos de décadas pasadas que normaron el análisis histórico/económico, hicieron hincapié en una perspectiva que ponía mucha atención en el estudio de otras distintas variables del Estado. Por ejemplo, el análisis marxista consideraba dicho estudio como parte de una superestructura determinada por relaciones económicas específicas. En materia de fiscalidad, los historiadores marxistas concedían que ésta era una forma de "renta feudal centralizada" y originada en la lealtad de las clases dominantes al rey, de manera que el Estado ahí apenas existía.[1] Además, para el caso de América Latina, los

---

[1] Véase Bonney, "Introducción", 1995, pp. 1-18.

independentistas ponían el énfasis en que el Estado era una variable exógena que apoyaba la integración de los grupos hegemónicos de la periferia a las economías del centro. En este sentido, el Estado fungía más como un medio para conservar el orden social y la estructura de clases, y para salvaguardar las inversiones extranjeras, y menos como un agente económico.[2] Por último, el estudio de las finanzas ha recibido poca atención por el hecho de que, además de abordar una problemática económica, también debe incorporar a su análisis el impacto sobre otras variables (las no económicas) y, a su vez, la influencia de estas últimas en el desarrollo de las finanzas. En otras palabras, éstas son el eslabón entre la economía y la política, en un proceso circular en donde aquélla afecta a ésta y viceversa.

Sumado a lo anterior, existen desequilibrios en los enfoques temáticos del periodo de las reformas borbónicas y de las primeras décadas de la etapa nacional. Por ejemplo, los estudios ya realizados sobre el periodo colonial se han abocado, fundamentalmente, a la explicación del comportamiento económico o fiscal (ingresos, gastos o déficit y su cobertura), y se han ocupado poco de establecer su relación con las dificultades políticas del virreinato. Esto se debe quizá a que la historia política colonial no se ha analizado lo suficiente, con la idea de que el conflicto estaba bajo control (al menos para el caso del siglo XVIII). Por tanto, hasta hace poco se tenía la idea de que la fiscalidad no presionaba mucho a la sociedad novohispana.

Para los años del México independiente, los trabajos sobre las finanzas públicas, por lo general de índole descriptiva y generados en las últimas décadas del siglo pasado, han buscado justificar la anarquía de la primera mitad del siglo XIX, y sólo se han dedicado al estudio de las finanzas como un medio para reproducir la imagen tradicional de que, en esos años, no funcionaba el gobierno nacional. Los trabajos que defienden esta posición son un obstáculo para realizar un estudio particular sobre las finanzas públicas del pasado, toda vez que resulta difícil romper la "inercia historiográfica" que afirma que, entre los famosos veinte millones de pesos que, según Humboldt, ingresaban a la Real Caja de México en 1805 y el no menos famoso superávit fiscal obtenido

---

[2] Véase Villarreal, "Economía", 1979, pp. 377-460. Más recientemente se ha desdeñado el estudio del Estado por considerarlo como un obstáculo para el crecimiento económico. Véase Coatsworth, "Obstáculos", 1990, pp. 80-109.

en 1894-1895, México vivió un periodo de inestabilidad política que marcó el destino de las estadísticas fiscales: ese destino hace hoy en día sumamente difícil reconstruir este periodo de la historia de México. Afortunadamente, los artículos aquí incluidos, basados en fuentes primarias, muestran un cambio en la tendencia historiográfica al plantear otras perspectivas que, en el futuro, ayudarán a que se matice la idea de la supuesta anarquía del periodo.

A continuación haremos mención de los trabajos ya realizados, destacando la importancia de haber concentrado los esfuerzos en el análisis de las finanzas del periodo transicional; es decir, de los años de la guerra de Independencia.

DEL APOGEO DE UN TEMA HISTORIOGRÁFICO

Pese a la relativa escasez de estudios sobre la historia fiscal de México, uno de los temas más cuidados al historiar el periodo borbónico de Nueva España ha sido el que aborda su situación financiera. El interés por este tema surge de varios aspectos, siendo el más importante el de que, en esos años, México experimentó uno de los grandes periodos de modernización de su historia, con efectos palpables sobre diversas variables de índole económica. Desde el punto de vista estadístico, la existencia de las cifras fiscales —y la carencia casi absoluta de datos de producción y precios— ha hecho necesaria su utilización para aproximarnos al comportamiento de la economía en ese periodo de cambio.

Y es precisamente la disponibilidad de las cifras fiscales la que originó este "auge" de los estudios de las finanzas novohispanas del periodo borbónico. Antes de la publicación de las cartas-cuentas de la Real Hacienda novohispana,[3] en los años cincuenta y setenta de este siglo, teníamos una serie de trabajos de corte legislativo/administrativo que esclarecían aspectos más relacionados con la situación orgánica y legal de la Real Hacienda que con las condiciones financieras de esta institución o con el efecto de la fiscalidad sobre la economía novohispana. La aportación de estos trabajos al avance del estudio de las finanzas coloniales fue de primordial importancia, pues para cuando se publicaron las primeras estadísticas, ya se tenía un conocimiento importante del

---

[3] TePaske, *et al.*, *Real Hacienda*, 1976; TePaske y Klein, *Ingresos*, 1986 (vol. 1) y 1988 (vol. 2).

funcionamiento institucional del erario novohispano.[4] En el ámbito legislativo cabe señalar algunas investigaciones, entre las que sobresale la de Andrés Lira González, aquí incluida y actualizada por él, que presenta un magnífico ordenamiento esquemático de las diferentes fuentes coloniales de ingreso fiscal.

Otros estudios aparecidos con anterioridad a la publicación de las cifras de ingresos y gastos de la Real Caja de la ciudad de México, abordan la problemática de los ingresos específicos de la Real Hacienda. En algunos casos, este tipo de estudios, si bien relevantes para el conocimiento del desempeño fiscal del México borbónico, sólo abordan la temática desde el punto de vista organizativo y legal.[5]

Otros trabajos de manufactura más reciente se han aproximado al análisis de la situación financiera novohispana y a su impacto sobre la producción y el consumo.[6] Dentro de este grupo y con mención especial, debemos incluir el trabajo de Richard Garner sobre la situación fiscal zacatecana. A nuestro parecer, esta investigación destaca por dos razones importantes. En primer término, porque es el primer trabajo que hace uso de los registros fiscales de una de las cajas reales (Zacatecas) para presentar su ejercicio fiscal (estructura de ingresos y gastos, relaciones de esta Real Caja con la matriz en la ciudad de México, importancia relativa de los distintos ingresos, formas de recaudación y política fiscal). Además porque marca el inicio de una serie de estudios, generalmente realizados por estadunidenses y mexicanos (a diferencia de los anteriores cuya procedencia era principalmente española), en los que el tema principal es la Real Hacienda del siglo XVIII hasta 1808 y, en algunos casos, hasta la consumación de la independencia.[7]

---

[4] Fisher, *Intendant*, 1929; Yáñez, *Problema*, 1958; Navarro, *Intendencias*, 1959; Morazzani de Pérez, *Intendencia*, 1966; Pietschmann, *Einführung*, 1972; Rees, *Despotismo*, 1983; Rees, "Introducción", 1984, pp. XI-LXXXII; Fisher, *Viceregal*, 1926; Rubio, *Virreinato*, 1955; Calderón, *Virreyes*, 1967; Calderón, *Virreyes*, 1972.

[5] Véase, por ejemplo, Cordoncillo, "Real Lotería", 1961, pp. 193-331; Cuello, "Renta", 1965, pp. 231-335.

[6] Hernández, *Aguardiente*, 1974; Hernández, *Renta*, 1979; Flores, "Consolidación", 1969, pp. 334-378.

[7] Garner, "Reformas ", 1978, pp. 542-587. Casi simultáneamente se publicaron el artículo de Garner y las cartas cuentas de la Real Caja de la ciudad de México. Por ello, Garner no utilizó estas cifras, sino los libros contables de la Tesorería de Zacatecas.

La publicación hacia finales de los setenta y mediados de los ochenta de las cartas-cuentas de las 21 cajas de la Real Hacienda novohispana, así como la mayor disponibilidad de las computadoras, trajo consigo un nuevo tipo de estudio sobre la situación fiscal del México borbónico. Éste se vio a su vez estimulado por el hecho de que ya se contaba con un conocimiento importante del funcionamiento institucional de los erarios peninsular y colonial.

Como es lógico pensar, tanto John TePaske como Herbert Klein han realizado sendas aportaciones importantes al tema de la fiscalidad borbónica. Desde perspectivas diferentes, los dos autores, con base en las cartas-cuentas de las tesorerías novohispanas, se han ocupado de realizar diagnósticos de la economía colonial durante el siglo XVIII.[8] Estos trabajos fueron el inicio para que, con el tiempo, tanto Klein como TePaske emprendieran estudios comparativos de las economías peruana y mexicana.[9]

La utilización por parte de otros investigadores de las cartas-cuentas publicadas por TePaske y Klein, ha rendido frutos interesantes y promete la continuación del "auge" que, en los últimos años, ha experimentado el estudio de la fiscalidad borbónica en Nueva España. Afortunadamente, otros trabajos han emprendido el análisis de los registros fiscales desagregados que fueron la base de las cuentas publicadas en los ochenta. Esto ha permitido un estudio más minucioso del comportamiento fiscal y económico de Nueva España, ya sea a través del estudio de las alcabalas y de la mercantilización del espacio colonial,[10] ya mediante

---

[8] TePaske, "Economic", 1983, pp. 169-203; Klein, "Economía", 1985, pp. 561-609.

[9] Klein, "Economías", 1970. Un estudio más profundo que compara los dos virreinatos más importantes del imperio español, en Klein, *Finanzas*, 1994. Por su parte, TePaske también tiene sus trabajos al respecto, TePaske, "General", 1986, pp. 316-339. Para la elaboración de los trabajos comparativos fueron útiles las recopilaciones estadísticas de una buena parte de la porción meridional del imperio español en América. Al respecto véaseTePaske y Klein, *Royal*, 1982; Jara y TePaske, *Royal*, 1990, vol. 4.

[10] Garavaglia y Grosso, *Alcabalas*, 1987; Garavaglia y Grosso, "Abasto", pp. 217-257; Garavaglia y Grosso, "Veracruz", pp. 9-52; Garavaglia y Grosso, *Puebla*, 1994 (sobre todo el capítulo 2); Garavaglia y Grosso, "Estado", 1987, vol. 1, pp. 78-97; Ibarra, "Organización", 1994, pp. 127-167; Ibarra, "Mercado", 1995, pp. 100-135; Van Young, "*Hinterland*", 1980, pp. 73-95.

el estudio de la renta del tabaco y de otros ramos de ingreso fiscal.[11]

El tema más descuidado de la historia fiscal borbónica ha sido el relacionado con los egresos del gobierno. Esto se ha debido al hecho de que el estudio de los ramos de gasto es considerablemente más complicado que el de los de ingreso, particularmente porque aquéllos no siempre se registraban en el periodo que se ejercían y porque no existía una tesorería central que los controlara. Ciertamente, el futuro próximo promete que esta será la línea de investigación a seguir, principalmente por el efecto de la variable del gasto gubernamental sobre la economía en general.

Por otro lado, el análisis del déficit fiscal (y de su financiamiento) del imperio español de finales del siglo XVIII e inicios del XIX, cuenta ya con excelentes trabajos. Éstos, si bien no se apoyan totalmente en las cuentas publicadas por TePaske y Klein, sí hacen uso extensivo de los archivos mexicanos y españoles referentes al tema. Así, los primeros trabajos que se realizaron en este campo de la historia fiscal borbónica fueron los que trataban de explicar las consecuencias de la consolidación novohispana de los vales reales.[12] Estos estudios, empero, dicen poco sobre el rescate que los dineros novohispanos hicieron de las finanzas de la corona española. En este sentido, los de Carlos Marichal sobre la magnitud de los préstamos otorgados a la corona hacen una importante aportación a la explicación de las causas, vistas desde Nueva España, del desastre financiero del imperio español. Marichal muestra tanto la magnitud de la exacción a que fue sujeta la población novohispana, como el destino que tuvieron los excedentes extraídos desde la década de los ochenta del siglo XVIII hasta antes del inicio de las guerras de Independencia.[13] En su colaboración a

[11] Lorne, *Royal*, 1979; Céspedes del Castillo, *Tabaco*, 1992; Deans, *Bureaucrats*, 1992. Marichal y Souto, por ejemplo, han demostrado con las cifras del ramo de situados, el grado de interdependencia que existía entre las cajas reales del imperio español: "Silver", 1994, pp. 587-613. Un análisis de las condiciones sociales de los burócratas novohispanos hacia finales de la colonia en Chandler, *Social*, 1991.

[12] Flores, "Consolidación", 1969, pp. 334-378; Hamnett, "Appropiation", 1969, pp. 85-113; Lavrin, "Execution", 1973, pp. 27-49; Sugawara, *Deuda*, 1976; Costeloe, *Church*, 1976; Greenwood, *Credit*, 1983; Chowning, "Consolidación", 1989, pp. 451-478.

[13] Marichal, "Tratado", 1989, pp. 41-54; Marichal, "Guerras", 1990, pp. 881-907; Marichal, "Bancarrota", 1992, pp. 153-186.

este volumen, Marichal explica cómo la corona española, para sostener sus gastos, se apoyó en las riquezas de la Iglesia novohispana aun antes de promulgar la Ley de Consolidación de Vales Reales. Adicionalmente, el autor comenta sobre los efectos, en la economía colonial, de las exacciones a que fue sometida la Iglesia, en particular las consecuencias sobre el mercado de crédito de Nueva España.

Por último, en los últimos años y aunque en menor medida, han continuado los estudios sobre el desempeño institucional y legislativo del erario novohispano. La diferencia con los trabajos previos a los años ochenta es que ahora se apoyan en las cifras estadísticas publicadas por TePaske y Klein y en las obtenidas de los muy extensos fondos del Archivo General de la Nación de México relacionados con la Real Hacienda de Nueva España.[14] Los resultados fructíferos que han dado tanto estos trabajos como los arriba señalados, nos llevan a afirmar que el momento es propicio para emprender investigaciones que contribuyan a explicar el desorden fiscal de la guerra de Independencia y de la primera federación nacional.

DE LOS RIGORES DE UNA GUERRA. LAS FINANZAS GUBERNAMENTALES ENTRE 1810 Y 1821

En el ámbito de la historia fiscal, muy pocos son los estudios realizados sobre la larga transición que se inició en los últimos años de la primera década del siglo XIX. La explicación de este vacío historiográfico resulta lógica si se considera el desorden administrativo impuesto por la guerra a la Hacienda colonial; desorden que se refleja elocuentemente en el hecho de que a partir de 1806 las cartas-cuentas comienzan a estar incompletas, para desaparecer totalmente hacia el año de 1816.[15]

---

[14] Al respecto, véase la investigación de Luis Jáuregui sobre la administración financiera de la Hacienda borbónica. Este trabajo aborda, en su primera parte, la relación entre los costos de recaudación y los ingresos obtenidos por el erario borbónico.

[15] El comportamiento en esos años de las cartas-cuentas publicadas es heterogéneo, muestra los efectos de la guerra de Independencia y todo registro termina en 1816. Por una parte, la mayoría de las cajas no cuenta con cifras continuas en los años inmediatamente previos a este último. Por otro lado, como es de esperar-

A pesar de la drástica reducción con respecto a los años inmediatamente anteriores en el número de trabajos referidos a la fiscalidad novohispana de esos años, se detecta un mayor interés en el periodo de las guerras de Independencia, y prueba de ello son algunas de las investigaciones aquí presentadas. En primer término, poca duda cabe de que el estudio más importante sobre la situación financiera de los últimos años del periodo colonial es el trabajo de John TePaske incluido en este volumen. En éste, el autor muestra, con diversas fuentes cuantitativas, que la desintegración financiera del gobierno colonial novohispano se inició a finales del siglo XVIII, de forma que para 1810 la situación no sólo era difícil, sino que ya no podía mejorar, pues todo lo gravable en Nueva España había sido gravado ya, excepto quizá la riqueza indígena. Sobre esto último, el trabajo de Margarita Menegus respecto a la naturaleza de las contribuciones pagadas por los indios novohispanos, nos confirma que desde antes del conflicto de independencia, y aún más durante los años posteriores a 1810, de hecho se buscó igualar fiscalmente a los indios, en un intento de los gobiernos borbónicos y liberales por modernizar el sistema fiscal. Los intentos por llevar a cabo esta igualación, que en el ámbito de las finanzas coloniales implicaba la eliminación de los tributos y el cobro de alcabalas a los indios y a las castas, continuaron, al menos desde el punto de vista formal, en los primeros años de la etapa independiente.

Por otro lado, el trabajo de TePaske también apunta a señalar el fortalecimiento de las regiones en contra del centro virreinal. Este fenómeno el autor lo explica al señalar que tanto los oficales militares como las burocracias hacendarias provinciales dispusieron de los recursos que ingresaban a las cajas para mantener el orden y la autonomía local. Debido a esto, la centralizada estructura de la Real Hacienda colonial se fragmentó y regionalizó durante la guerra de Independencia, con lo que el control pasó a

---

se, en algunas cajas (México, Zacatecas y Sombrerete) en donde la revolución de Independencia no tuvo consecuencias físicas de gravedad, los registros están completos hasta el final. Por su parte, las tesorerías de la zonas ocupadas por los insurgentes (Michoacán, Oaxaca, Pachuca, San Luis y Veracruz) sólo muestran cuentas hasta el año de 1806. La excepción de este último comportamiento la presentan las cajas de Guanajuato y Guadalajara que, con ciertos huecos, presentan cuentas hasta 1816. TePaske y Klein, *Ingresos, passim.*

manos de los grupos locales.[16] De hecho, durante la guerra de Independencia las instancias recaudadoras cambiaron, dada la presencia de militares y elites locales como cobradores de impuestos. Éstos, empero, no fueron muy eficientes en su tarea, lo cual desorganizó el conjunto de oficinas fiscales del viejo régimen.

La aportación de TePaske muestra el proceso de regionalización que se dio en México en los últimos años de la guerra de Independencia. Es necesario ahondar en este fenómeno considerando el impacto militar y financiero de la guerra sobre los distintos espacios y regiones de Nueva España.[17] Esto ayudaría en parte a explicar las actitudes posteriores de las elites regionales frente a temas como la formación del Estado, el proyecto de Hacienda pública que impulsaron estatal y nacionalmente la conformación de los grupos económicos regionales y la relación de éstos con las prioridades de ingresos y gastos estatales.[18]

Los trabajos aquí reseñados o publicados sugieren al menos dos consecuencias de la guerra de Independencia: la regionalización del espacio colonial y la quiebra del soporte de la elite novohispana al régimen virreinal. En este sentido, consideramos a la guerra como un hito que, en general, marcó diversas pautas. En primer término, se observa un relativo agotamiento del modelo administrativo borbónico; agotamiento que se acentuó por la propuesta liberal de las Cortes de Cádiz. En segundo lugar, la guerra trajo rupturas en la práctica financiera del espacio colonial que se manifestaron en el rompimiento de las relaciones entre las cajas provinciales/foráneas y la matriz en la ciudad de México.

---

[16] Desde el punto de vista burócratico, esta conclusión la refuerza el trabajo de Luis Jáuregui, quien señala que la presencia militar vino a romper con las rutinas administrativas virreinales, con lo que se demuestra que la desintegración de la Real Hacienda novohispana no fue sólo de carácter financiero, sino también administrativo. Jáuregui, *Anatomía,* 1994.

[17] La escasez de estudios sobre la situación financiera de los últimos años del virreinato novohispano ha dificultado el análisis de las relaciones entre las finanzas y la guerra; análisis que en otros países ha dado aportaciones muy interesantes. Véase, por ejemplo, Halperin, *Guerra,* 1972; Artola, *Hacienda,* 1986. En particular los libros de Fontana, *Hacienda,* 1973; *Guerra,* 1986; *Quiebra,* 1971, y el trabajo de López, *Liberalismo,* 1995.

[18] A este respecto, en la actualidad el estudio de las elites y sus reacciones ante las exacciones fiscales, extraordinarias y ordinarias de las autoridades virreinales durante la guerra, han ocupado la atención de varios estudiosos. Véase Valle, *Consulado,* 1997; Serrano, *Votos,* 1998.

Cabe señalar al respecto la necesidad de reflexionar en torno a las implicaciones institucionales de dicha ruptura; vale preguntar, por ejemplo, quién se benefició con el rompimiento de los flujos financieros entre las cajas superavitarias y las deficitarias. Adicio-nalmente, la guerra impactó la relación entre fiscalidad y economía, en otras palabras: con el conflicto, buena parte de lo recaudado en el espacio colonial se comenzó a quedar en el mismo, generando una dinámica de demanda diferente a la que se venía dando en el siglo XVIII. Por otro lado, dicha situación creó la impresión, en- tre los que pagaban y los que cobraban, de que el excedente eco- nómico de Nueva España, si bien muy disminuido, se quedaría para siempre en ese espacio.

DE LAS APORTACIONES A UN TEMA HISTORIOGRÁFICO DESCUIDADO

A fines del siglo XIX, Justo Sierra afirmaba que "cuando los sueldos se pagan, las revoluciones se apagan". Desde entonces se ha reconocido que, en buena parte, el problema político del Estado mexicano está relacionado con sus dificultades financieras. La historiografía liberal de finales del siglo XIX recogió esta idea y la utilizó en su favor para explicar la anarquía de las primeras décadas de vida independiente, relacionando caos financiero con caos político. En años recientes, esta imagen negativa de la fiscalidad nacional temprana ha sido el punto de partida para que algunos historiadores se interesaran en el análisis de la Hacienda pública de las primeras décadas de vida independiente. Pionero de estos trabajos es el de Marcello Carmagnani, aquí publicado, el cual hace una crítica a la visión historiográfica heredada por el porfiriato. Con esto en mente, la argumentación de Carmagnani busca mostrar la continua tensión entre la federación y los estados, que fue lo que, en última instancia, determinó el ritmo y la cuantía de los ingresos de la Hacienda pública nacional y su relevancia para la formación del Estado mexicano del siglo XIX. La relevancia de este estudio es que mostró que, a partir de 1824, se crearon en México dos esferas de poder fiscal, la federal y la de los estados; y se activó además un sistema confederal con un gobierno nacional "tendencialmente sin territorio", supeditado a las remesas de dinero que los estados se comprometieron a entregar a las arcas federales. Sin embargo, las elites regionales, en lugar de enviar los recursos comprometidos con la Hacienda federal, "pauperizaron" al estado, con lo cual impidieron "el funcionamiento del poder central y bloquearon, por consiguiente, el inicio de una nueva dinámica estatal". El gobierno nacional, nos dice Carmagnani, sólo pudo revertir esta tendencia confederal hasta finales del siglo XIX.

Carmagnani dio la perspectiva general del comportamiento de la Hacienda pública decimonónica. Por su parte, Barbara Tenenbaum, aunque no utilizó el trabajo de este autor, publicó poco tiempo después otra visión de la fiscalidad de la época. En su amplio estudio sobre los agiotistas de la primera mitad del siglo XIX, esta autora muestra los intentos que se emprendieron para sanear la situación financiera del gobierno mexicano. Al igual que Carmagnani, Tenenbaum señala que dichos intentos fallaron debido, en buena parte, a la poca colaboración de las elites regionales. Las dificultades financieras llevaron al gobierno mexicano, primero, a recurrir al endeudamiento externo y, posteriormente, al interno. Estas formas de financiamiento, sumamente costosas no sólo en términos económicos, así como las dificultades políticas a que se enfrentaron aquellos gobiernos (dificultades reflejadas en un mayor gasto público), "ocultaron" en cierta forma, el enorme desorden e ineficiencia del aparato fiscal. Este "ocultamiento" se manifestó en la inhabilidad del gobierno para reconocer su incapacidad para crear formas propias de financiamiento.[19]

A partir de los trabajos que aportan visiones generales, una parte del campo de la investigación histórica se ha orientado al estudio de las condiciones fiscales a nivel regional. Tal es el caso del trabajo de Barbara Corbett incluido en este volumen, sobre el estado de San Luis Potosí. En él, la autora muestra el fracaso del proyecto desarrollista de la elite potosina, originado en la corrupción de los funcionarios locales que impidieron que el gobierno estatal tuviera un control efectivo sobre sus recursos, y en la división existente entre las elites del altiplano y las de la zona Huasteca. El estudio de Corbett es interesante, pues muestra las posibilidades de analizar tanto la forma de la estructura fiscal es

---

[19] Tenenbaum, *México*, 1985. Es justo reconocer que este trabajo, como el de Carmagnani, basan sus afirmaciones sobre el endeudamiento externo de México en el estudio de Bazant sobre la evolución de la llamada "vieja deuda" de México. Véase, Bazant, *Historia*, 1995.

tatal como las negociaciones entre los distintos grupos sociales y su impacto sobre dicha estructura.

Sería conveniente incentivar los estudios que abordan la situación fiscal de los estados, ya que ello permitiría profundizar en el conocimiento de la situación financiera del gobierno mexicano y cuestionar la supuesta anarquía económica del periodo. Los trabajos como el de Corbett que se ocupan de la temática regional, tienen en común que analizan la relación entre los gobiernos estatales y el gobierno nacional.[20] Algunos resaltan la defensa de las entidades de su soberanía financiera; otros describen las vicisitudes de su convivencia con el gobierno general o los contratiempos de una fiscalidad aún con resabios coloniales.

Dos son los trabajos aquí publicados que mencionan el fuerte peso del legado colonial, tanto administrativo como propiamente fiscal. El imperio de Agustín de Iturbide, nos señala Barbara Tenenbaum, es un momento especialmente interesante para analizar la forma en que el gobierno buscó mantener el viejo sistema fiscal colonial. A pesar de ello y según la autora, el gobierno iturbidista opinó, desde sus inicios, que era necesario crear nuevos impuestos sin advertir que el problema era de gasto. De este y otros problemas se percató el segundo ministro de Hacienda, Antonio de Medina, cuyas sugerencias fueron rechazadas, pues las oligarquías regionales, representadas en los congresos de esos años, se opusieron al establecimiento de nuevas contribuciones. En última instancia, Iturbide se vio obligado a renunciar, pero el problema persistió: los ricos no querían pagar impuestos, mientras que los gastos eran muy elevados (principalmente por el creciente militarismo).

En esta misma línea de análisis que resalta los legados del sistema fiscal colonial al México independiente, debemos incluir los trabajos de David Walker. Entre otras, este autor ha hecho importantes aportaciones al estudio de la renta del tabaco. La más relevante a nuestro parecer es la que aborda las condiciones de este monopolio en los años comprendidos entre 1766, año en que la corona española impuso el estanco, y 1856, cuando el gobierno nacional liberó definitivamente la siembra y manufactura del ta-

---

[20] Cabría agregar otros trabajos de perspectiva regional. Véase, por ejemplo, para el Estado de México, Macune, *Estado*, 1978; Marichal, "Hacienda", 1994, y Miño, "Fiscalidad", 1994, vol. 1, pp. 23-190. Para el estado de Jalisco, contamos con el trabajo de Olveda, *Sistema*, 1983.

baco en rama.[21] La relevancia de este trabajo radica tanto en la información que proporciona, como en el hecho de que aborda un periodo largo que abarca los años del régimen borbónico, la guerra de Independencia y la primera mitad del siglo XIX. Su conclusión más importante es que el estanco del tabaco experimentó una constante crisis a lo largo de la primera mitad de los años ochocientos; ello debido, por una parte, a la debilidad del Estado nacional que, por la experiencia colonial de haber sido un monopolio que hacía grandes aportaciones al tesoro imperial, buscó en sus ingresos una fuente para financiar sus gastos; y, por la otra, a las encontradas posturas de los cosecheros y estos "empresarios del tabaco".[22]

Las líneas de investigación sobre la formación del nuevo orden político y fiscal del México independiente, marcado por negociaciones y consensos entre las antiguas elites coloniales, los nuevos grupos de interés y el Estado nacional en construcción, constituyen uno de los temas futuros que más aportarán al conocimiento de los primeros años del periodo nacional de la historia de México.

Podríamos decir, por tanto, que en el tema de la fiscalidad decimonónica se han abordado los niveles de gobierno nacional y estatal, y que en ocasiones se han analizado los vínculos de estos dos niveles por medio de las negociaciones entre las elites regionales y el gobierno general. Sin embargo, aún quedan asignaturas pendientes, en particular la de las finanzas municipales, poco estudiada como resultado del relativo desdén que, hasta hace algunos años, tuvo el estudio de todo lo que no era nacional. En esta antología publicamos también la investigación de Francisco Téllez Guerrero y Elvia Brito Martínez sobre el municipio de Puebla a lo largo del siglo XIX. Los autores de este trabajo hacen un análisis de las finanzas municipales que permite comprender el grado de participación de la población urbana en la determinación de las contribuciones y en la asignación de los recursos. Dentro de la perspectiva de la continuidad colonia-México independiente, el estudio de Téllez y Brito permite, además, delimitar varios te-

---

[21] Este trabajo, nunca antes publicado, fue presentado como ponencia en la Séptima Reunión de Historiadores Méxicanos y Norteamericanos, San Diego, Cal., 1990. Desafortunadamente, por razones editoriales no hemos podido incluirlo en la presente antología.

[22] El mismo Walker ha realizado investigaciones sobre el estanco del tabaco durante los años del centralismo. Véase, Walker, "Business", 1984, pp. 675-705.

mas, entre otros, el grado de modernización del espacio fiscal en el nivel más bajo de la organización política. Este indicador, según se sugiere, se puede medir en la evolución de la proporción de los impuestos directos en la totalidad de la recaudación municipal y en el grado de control de las instancias nacionales y estatales sobre la institución del Ayuntamiento. Los autores concluyen que la modernización de las finanzas municipales fue anterior al porfiriato.

El estudio de las finanzas municipales es, en fin, importante porque, en la mayor parte del siglo XIX, fueron los ayuntamientos los encargados de ejecutar la política fiscal nacional y estatal y la principal fuente de información fiscal disponible para las instancias políticas superiores.[23] Adicionalmente, sería conveniente estimular la investigación con el fin de buscar las relaciones entre los ayuntamientos y las instancias estatales y federales; ello nos permitiría explicar un fenómeno de suma actualidad, como la pérdida de las prerrogativas fiscales de los ayuntamientos mexicanos.

En un balance general, podríamos decir que el estudio de la historia de las finanzas públicas goza ya de trabajos sólidos que han dado inicio a un tema que, no dudamos, dejará en claro en qué consistió la supuesta anarquía de la primera mitad del siglo XIX, o si verdaderamente fue tan anárquico como relatan los historiadores de la segunda mitad. Aparte de la profundización del conocimiento que han aportado los autores aquí compilados, los temas futuros de investigación se dirigirán por las vertientes ya mencionadas en el presente estudio introductorio. Sin embargo, cabe estar consciente de la necesidad de incorporar aspectos administrativos y de pensamiento económico, así como de establecer comparaciones con otros países. Esto pemitiría comprender cómo se fue formando el Estado mexicano, cuáles fueron sus bases teóricas y cuál su posición con respecto a las otras naciones del continente.

Luis Jáuregui
José Antonio Serrano O.

---

[23] Posterior al trabajo de Téllez y Brito apareció un estudio sobre las finanzas de la ciudad de México en la primera mitad del siglo XIX. Gamboa, "Finanzas", 1994, vol. 1, pp. 11-63. Hasta donde tenemos conocimiento no se ha publicado otra investigación sobre finanzas municipales en la primera mitad del siglo XIX.

BIBLIOGRAFÍA

Artola, Miguel, *La Hacienda del siglo XIX. Progresistas y moderados,* Alianza Editorial, Madrid, 1986.

Bazant, Jan, *Historia de la deuda exterior de México, 1823-1946,* 3a. ed., El Colegio de México, México, 1995.

Bonney, Richard, introducción, en Richard Bonney (comp.), *Economic systems and State finance,* Clarendon Press, Londres, 1995.

Calderón Quijano, José Antonio (coord.), *Los virreyes de Nueva España en el reinado de Carlos III,* Escuela de Estudios Hispanoamericanos, Sevilla, 1967, 2 vols.

_____, *Los virreyes de Nueva España en el reinado de Carlos IV,* Escuela de Estudios Hispanoamericanos, Sevilla, 1972, 2 vols.

Costeloe, Michael, *Church wealth in Mexico: a study of the Juzgado de Capellanías in the archbishopric of Mexico 1800-1856,* Cambridge University Press, Cambridge, 1976.

Céspedes del Castillo, Guillermo, *El tabaco en Nueva España,* discurso ante la Real Academia Española de la Historia, Madrid, 1992.

Coatsworth, John, "Los obstáculos al desarrollo económico en el siglo XIX" en *Los orígenes del atraso. Nueve ensayos de historia económica de México en los siglos XVIII y XIX,* Alianza Editorial Mexicana, México, 1990.

Cordoncillo Samada, José María, "La Real Lotería en Nueva España", *Anuario de Estudios Americanos,* vol. 18, 1961.

Cuello Martinell, María Ángeles, "La renta de los naipes en Nueva España", *Anuario de Estudios Americanos,* vol. 22, 1965, pp. 231-335.

Chandler, D. S., *Social assistance and bureaucratic policies. The montepíos of colonial Mexico, 1767-1821,* University of New Mexico Press, Albuquerque, 1991.

Chowning, Margaret, "The consolidacion de vales reales in the bishopric of Michoacan", *Hispanic American Historical Review,* vol. 69, núm. 3, 1989.

Deans Smith, Susan, *Bureaucrats, planters and workers. The making of the tobacco monopoly in bourbon Mexico,* University of Texas Press, Austin, 1992.

Fisher, Lillian Estelle, *The intendant system in Spanish America,* The Gordian Press, Nueva York, 1929.

_____, *Viceregal administration in the spanish american colonies,* University of California, Nueva York, 1926.

Flores Caballero, Romeo, "La consolidación de vales reales en la economía, la sociedad y la política novohispanas", *Historia Mexicana,* 71, vol. 18, núm. 3, 1969.

Fontana, Josep, *Guerra y Hacienda. La Hacienda del gobierno central en los años de la guerra de Independencia (1808-1814),* Instituto de Estudios Juan Gil Albert, Alicante, 1986.

_____, *Hacienda y Estado en la crisis final del antiguo régimen español, 1823-1833*, Instituto de Estudios Fiscales, Madrid, 1973.

_____, *La quiebra de la monarquía absoluta (1814-1820). La crisis del antiguo régimen en España*, Ariel, Barcelona, 1971.

Gamboa, Ricardo, "Las finanzas municipales de la ciudad de México, 1800-1850" en Regina Hernández Franyuti (comp.), *La ciudad de México en la primera mitad del siglo XIX*, Instituto Mora, México, 1994, 2 vols.

Garavaglia, Juan Carlos y Juan Carlos Grosso, "De Veracruz a Durango: un análisis regional de la Nueva España borbónica", *Siglo XIX*, vol. 2, núm. 4.

_____, "El abasto de una villa novohispana: mercancías y flujos mercantiles en Tepeaca (1780-1820)", *Anuario del Instituto de Estudios Histórico-Sociales de la Universidad del Centro (Buenos Aires)*, núm. 2.

_____, "Estado borbónico y presión fiscal en la Nueva España, 1750-1810", *América Latina: del Estado colonial al Estado nación*, Franco Angeli Libri, Milán, 1987, 2 vols.

_____, *Las alcabalas novohispanas (1776-1821)*, AGN/Banca Cremi, México, 1987.

_____, *Puebla desde una perspectiva microhistórica. Tepeaca y su entorno agrario: población, producción e intercambio (1740-1870)*, Ed. Claves Latinoamericanas, 1994.

Garner, Richard, "Reformas borbónicas y operaciones hacendarias —la Real Caja de Zacatecas— 1750-1821", *Historia Mexicana*, 108, vol. 28, núm. 4, 1978.

Greenwood, Linda, *Credit and socioeconomic change in colonial Mexico: Loans and mortgages in Guadalajara 1720-1820*, Colorado University Press, Boulder, 1983.

Halperin Donghi, Tulio, *Guerra y finanzas en los orígenes del Estado argentino (1791-1850)*, Editorial Belgrano, Buenos Aires, 1972.

Hamnet, Brian, "The appropiation of mexican Church wealth by the spanish Bourbon government. The *Consolidacion de vales reales* 1805-1809", *Journal of Latin American Studies*, vol. 1, núm. 2, 1969.

Hernández Palomo, José de Jesús, *El aguardiente de caña en México*, Escuela de Estudios Hispanoamericanos, Sevilla, 1974.

_____, *La renta del pulque en Nueva España (1663-1810)*, Escuela de Estudios Hispanoamericanos, Sevilla, 1979.

Ibarra, Antonio, "La organización regional del mercado interno colonial novohispano: la economía de Guadalajara, 1770-1804", *Anuario IEHS de la Universidad Nacional del Centro (Tandil)*, núm. 9, 1994.

_____, "Mercado urbano y mercado regional en Guadalajara, 1790-1811: tendencias cuantitativas de la renta de alcabalas" en Jorge Silva Riquer *et al.* (coords.), *Circuitos mercantiles y mercados en Latinoamérica. Siglos XVIII-XIX*, Instituto Mora/UNAM, 1995.

Jara, Álvaro y John J. Tepaske, *The royal treasuries of the spanish empire in America*, vol. 4, Ecuador Duke University Press, Durham, 1990.

Jáuregui, Luis, "La anatomía del fisco colonial. La estructura administrativa de la Real Hacienda novohispana, 1786-1821", tesis doctoral, Centro de Estudios Históricos de El Colegio de México, 1994.

Klein, Herbert, *Las finanzas americanas del imperio español 1680-1809*, Instituto Mora/UAM-I, 1994.

_____, "La economía de la Nueva España, 1680-1809: un análisis a partir de las cajas reales", *Historia Mexicana*, 136, vol. 34, núm. 4, 1985.

_____, "Las economías de México y Perú en el siglo XVIII" en Heraclio Bonilla (comp.), *El sistema colonial en la América Española*, Crítica, Barcelona, 1970.

Lavrin, Asunción, "The execution of the laws of Consolidacion in New Spain. Economic aims and results", *Hispanic American Historical Review*, vol. 53, núm. 1, 1973.

López Castellanos, Fernando, *Liberalismo económico y reforma fiscal. La contribución directa de 1813*, Universidad de Granada, Granada, 1995.

Lorne McWatters, David, "The royal tobacco monopoly in bourbon Mexico, 1764-1810", tesis doctoral, Universidad de Florida, 1979.

Macune, Charles, *El Estado de México y la federación mexicana*, Fondo de Cultura Económica, México, 1978.

Marichal, Carlos y Matilde Souto Mantecón, "Silver and situados: New Spain and the financing of the spanish empire in the Caribbean in the eighteenth century", *Hispanic American Historical Review*, vol. 74, núm. 4, 1994.

Marichal, Carlos, "El tratado de subsidios con Napoleón y las finanzas novohispanas, 1803-1808", *Revista*, UAM-Atzcapotzalco, vol. IX, núm. 27, 1989.

_____, "La bancarrota del virreinato: finanzas, guerra y política en la Nueva España, 1770-1808" en Josefina Zoraida Vázquez (coord.), *Interpretaciones del siglo XVIII mexicano. El impacto de las reformas borbónicas*, Editorial Nueva Imagen, México, 1992.

_____, "La Hacienda pública del Estado de México desde la independencia hasta la república restaurada, 1824-1870" en Carlos Marichal *et al.* (coords.), *El primer siglo de la Hacienda pública del Estado de México. 1824-1923. Historia de la Hacienda pública del Estado de México*, Gobierno del Estado de México/El Colegio Mexiquense, Toluca, 1994, 4 vols.

_____, "Las guerras imperiales y los préstamos novohispanos", *Historia Mexicana*, 156, vol. 39, núm. 4, 1990.

Miño Grijalva, Manuel, "Fiscalidad, Estado y federación. El Estado de México en el siglo XIX" en Carlos Marichal *et al.* (coords.), *El primer siglo de la Hacienda pública del Estado de México. 1824-1923. Historia de la Hacienda pública del Estado de México*, Gobierno del Estado de México/El Colegio Mexiquense, Toluca, 1994, 4 vols.

Morazzani de Pérez Enciso, Gisela, *La Intendencia en España y en América,* Universidad de Venezuela, Caracas, 1966.

Navarro García, Luis, *Intendencias en Indias,* Escuela de Estudios Hispanoamericanos, Sevilla, 1959.

Olveda, Jaime, *El sistema fiscal de Jalisco, 1821-1888,* Unidad Editorial del Gobierno de Jalisco, Guadalajara, 1983.

Pietschmann, Horst, *Die einführung des intendansystems in Neu-Spanien im rahmen del allgemeinen vervaltungsreform del spanischen monarchie im 18. Jahrhundert,* Böhlau Verlag, Colonia, 1972, versión española, 1996.

Rees, Jones, "Introducción", *Real Ordenanza para el establecimiento e instrucción de intendentes de ejército y provincia en el reino de la Nueva España, 1786,* ed. facsimilar, UNAM, México, 1984, pp. XI-LXXXII.

_____, *El despotismo ilustrado y los intendentes de la Nueva España,* UNAM, México, 1983.

Rubio Mañé, José Ignacio, *El virreinato,* Fondo de Cultura Económica/ UNAM, México, 1955, 2a. ed., 4 vols.

Serrano Ortega, José Antonio, "Votos, contribuciones y milicias en Guanajuato, 1810-1837", tesis doctoral, Centro de Estudios Históricos de El Colegio de México, 1998.

Sugawara, Masae, *La deuda pública de España y la economía novohispana,* INAH, México, 1976 (Col. Científica, 28).

Tenenbaum, Barbara, *México en la época de los agiotistas, 1821-1857,* Fondo de Cultura Económica, México, 1985.

TePaske, John J. y Herbert S. Klein, *Royal treasuries of the spanish empire in America, 1580-1825,* Duke university Press, Durham, 1982, 3 vols. (vol. 1, Perú; vol. 2, Alto Perú; vol. 3, Chile y Río de la Plata).

_____, *Ingresos y egresos de la Real Hacienda de Nueva España,* INAH, México, 2 vols., 1986, vol. 1 y 1988, vol. 2 (Col. Fuentes de Historia Económica).

Tepaske, John y José y Mari Luz Hernández Palomo, *La Real Hacienda de Nueva España: la Real Caja de México (1576-1816),* INAH, México, 1976 (Col. Científica: Fuentes de Historia Económica, 41).

TePaske, John J., "Economic cycles in New Spain in the eighteencentury: the view from the public sector", *Bibliotheca Americana,* vol. 1, núm. 3, 1983.

_____, "General tendencies and secular tiends in the economies of Mexico and Peru, 1750-1810: the view from the cajas of Mexico and Lima" en R. Jacobsen y H. J. Pühle (comps.), *The economies of Mexico and Peru during the late colonial period, 1760-1810,* Colloquium Verlag, Berlín, 1986.

Valle Pavón, Guillermina del, "El Consulado de comerciantes de la ciudad de México y las finanzas novohispanas 1592-1827", tesis doctoral, Centro de Estudios Históricos de El Colegio de México, 1997.

Van Young, Eric, "*Hinterland* y mercado urbano: el caso de Guadalajara y su región", *Revista Jalisco,* vol. 1, núm. 2, 1980.

Villarreal, René, "Economía internacional: las teorías clásica, neoclásica, de imperialismo/dependencia y su evidencia histórica", *El Trimestre Económico,* vol. 46, núm. 2, abril-junio de 1979.

Walker, David, "Business as usual: the Empresa del Tabaco in Mexico", *Hispanic American Historical Review,* vol. 64, núm. 4, noviembre de 1984.

Yáñez Ruiz, Manuel, *El problema fiscal en las distintas etapas de nuestra organización política,* Secretaría de Hacienda y Crédito Público, México, 1958, vol. 1.

ASPECTO FISCAL DE NUEVA ESPAÑA EN LA SEGUNDA MITAD DEL SIGLO XVIII*

Andrés Lira González
EL COLEGIO DE MÉXICO

Durante el siglo XVIII se inicia y alcanza su primer desarrollo en los dominios españoles lo que hoy conocemos como política fiscal; esto es, la organización de los ingresos y de los gastos públicos, dirigida conscientemente por las autoridades del Estado con arreglo a principios racionales, buscando el mejoramiento económico nacional. Este hecho tiene lugar en una época en que las concepciones de la vida política y social llevan a una acción racional en todos los ámbitos de la actividad humana; bajo las ideas de la Ilustración el destino del hombre se concibe como un progreso realizable mediante la práctica de los dictados de la razón, que fueron haciéndose palpables por medio de la ciencia. En la política, esa idea de progreso se manifiesta como un afán reformador y da lugar a la creación de múltiples instituciones dentro del poder público, que llegan a considerarse como el instrumento para alcanzar el bienestar material y espiritual de la nación.

Las nuevas ideas cobraron vida dentro de los Estados monárquicos. No se niega entonces en ellos el derecho absoluto de los reyes, pero se les hace evidente la necesidad de realizar reformas que cumplan con los cometidos de bienestar nacional; se acepta el despotismo, pero indicando los cauces racionales en que debe actualizar su poder, que se hace *ilustrado*, sustituyendo al patrimonialista y proteccionista de épocas anteriores; las obras y órdenes de los monarcas para lograr el bienestar de los gobernados dejan

* Publicado en *Historia Mexicana*, 67, El Colegio de México, vol. XVII, núm. 3, enero-marzo de 1968, México, pp. 361-394. Para incluirlo en este volumen corregí errores y agregué algunas referencias bibliográficas.

de ser exclusivamente producto de la caridad piadosa, y van re-
conociendo poco a poco móviles seculares; al lado de las consideraciones que impone la piedad se advierten las de la filantropía
y la eficacia con un marcado carácter secular racionalista.

Este hecho general, señalado por los historiadores que se ocupan de la época,[1] reviste especial importancia para comprender
la estructura fiscal novohispana de finales del XVIII. Como es sabi-
do, uno de los medios por los cuales el Estado influye más directamente sobre la vida de los gobernados es el cobro de impuestos
y la imposición de otras cargas para hacerse de recursos, así como
la forma en que los distribuye. En una época de transformaciones
capitales, como lo fue ese siglo, la estructura fiscal sufrió alteraciones importantes, pues al lado de la reorganización de los elementos tradicionales que componían el aparato impositivo, aparecieron otros nuevos, obedeciendo tanto la reorganización como
la inserción de otros renglones a las tendencias generales de la
época. Por eso, si queremos comprender la estructura fiscal de
Nueva España, alterada por las reformas que se hicieron en la
segunda mitad del XVIII, tenemos que asomarnos previamente a
las principales reformas político-administrativas de carácter general que envolvieron a la estructura fiscal dándole un nuevo sentido a las partes que tenía desde épocas anteriores e incorporando nuevas, bien particulares. Una vez advertido esto, pasaremos
a ocuparnos de la estructura fiscal, viendo cuáles fueron los conceptos fundamentales con que se articuló, advirtiendo sus partes
principales y su importancia con respecto al ingreso y al gasto
público.

Esto último requeriría una apreciación cuantitativa del ingreso y del gasto, pero no es posible hacerla de manera completa con
los datos con que contamos actualmente y sin una crítica de las
cantidades que observamos en las fuentes que hemos manejado.
Sin embargo, es posible obtener una idea de la importancia cuantitativa que, si bien incompleta, puede ser útil. A esta razón obedece el apéndice de este artículo.

---

[1] Véase por lo que respecta al caso particular de América española a Arcila,
Siglo, 1995. Refiriéndose a la administración pública española advierte en la p. 12:
"En los más elevados personeros de la administración española del último tercio
del siglo XVIII en América, se advierte un concepto muy bien formado de *economía
nacional,* que no se confunde ya con la Hacienda real, y en el cual está presente
la atención por el bienestar de grupos sociales y del individuo." Véase Pietchmann,
Reformas, 1996.

LAS PRINCIPALES REFORMAS POLÍTICO-ADMINISTRATIVAS
DEL SIGLO XVIII EN LOS DOMINIOS ESPAÑOLES

Con los Borbones en el trono español se inicia la etapa del despotismo ilustrado. La actividad gubernamental se enjuicia con nuevos criterios, los cuales exigen del monarca el uso de sus facultades omnímodas en beneficio del poderío nacional, que debe asentarse sobre el bienestar material y cultural. Se utilizan con ese objeto los medios y los conocimientos que la época aconsejaba, y se llega a la racionalización del poder. El aparato teórico que hay detrás de este hecho es evidente; basta recordar que la *economía política* es un producto del siglo XVIII, y tener presente que los conocimientos que se articularon en esa ciencia ejercieron una influencia innegable en la conformación de las instituciones prácticas que la acompañarían en su desarrollo a lo largo de ese siglo. Siguiendo esos criterios surgirían planes que se transformarían en instituciones generales que comenzarían a desplazar la legislación casuística que los Austrias habían impuesto en los dominios españoles, y que, salvo la excepción de las Ordenanzas de descubrimiento y población dadas por Felipe II en 1573, se habían ideado para resolver problemas planteados en casos particulares.[2]

La razón como instrumento capaz de acoger la multiplicidad de situaciones diversas mediante normas e instituciones generales, se puso en juego como un instrumento de la acción política, dando lugar a la creación de nuevos organismos con atribuciones bien delimitadas, que obedecían a una centralización efectiva del poder en el monarca; y éste, dándose cuenta de los muchos problemas de índole diversa que habría de resolver, estableció esferas de competencia abocadas a la solución de ellos. Al lado de otros, el problema hacendario adquirió una entidad definitiva, destacándose más y más a lo largo del siglo XVIII de los "meramente políticos".

Los pasos más importantes en este sentido fueron la creación de las secretarías de despacho por materia y el establecimiento del régimen de intendencias, primero en la metrópoli y después en los dominios americanos. Con estas realizaciones prácticas, la consideración teórica del problema hacendario culminaría también en obras de importancia (sólo veremos las referentes a Nueva

---

[2] La versión más completa de la Ordenanza de 1573 la recogió Altamira en su *Ensayo*, 1950, pp. 213-282.

España, pero puede advertirse, a finales del XVIII, la cantidad de traducciones y obras de autores españoles sobre economía política).

a) Las secretarías de despacho por materia. Su creación data de 1705, al irse desdoblando la Secretaría del Despacho Universal en varias especiales. Para mediados del siglo encontramos cinco: la de Estado, la de Asuntos Extranjeros, la de Asuntos Eclesiásticos y Justicia, la de Marina e Indias y la de *Hacienda*.

La Secretaría de Ultramar (de Marina e Indias), creada y conformada en 1720 por reales cédulas de 20 de enero y 11 de noviembre, absorbió importantes atribuciones de orden administrativo y legislativo, que hasta entonces habían pertenecido al Consejo de Indias.

> La real cédula de 11 de noviembre hizo el reparto inicial en dos cuerpos. Todo lo que atañía directa o indirectamente a la *hacienda*, guerra, comercio y navegación de Indias era atribuido a la Secretaría del Despacho; al Consejo se le asignaba todo lo relativo al gobierno municipal y al real patronato y la facultad para conceder licencias para pasar a ultramar y proponer individuos para empleos "puramente políticos".[3]

Carlos III dividió esa Secretaría en dos secciones: una que conservaba las atribuciones que tenía hasta entonces (1784), y otra que se encargaría de los asuntos de gracia y justicia, del despacho de títulos y mercedes y de la provisión de empleos, tanto civiles como eclesiásticos; facultades que fueron arrebatadas al Consejo.

Como se ve, el Consejo de Indias, órgano principal en el gobierno de las colonias durante los Austrias, perdió sucesivamente sus atribuciones más importantes en favor de organismos creados por las nuevas reformas administrativas, los cuales tomarían desde el primer momento al problema hacendario como una de las cuestiones principales.

b) El régimen de intendencias. Dentro del sistema político administrativo, éste fue sin duda el cambio más importante en los dominios españoles. En la península, las intendencias se introdujeron primero con facultades puramente económicas durante la

---

[3] Miranda, *Ideas*, 1952, p. 188, el subrayado es nuestro. Sobre el sentido general de las reformas véase pp. 188-209. De esta obra publicó la UNAM una edición facsimilar con prólogo y notas de Andrés Lira en 1978.

guerra de Sucesión (1701-1714), y se suspendieron en 1718; pero en 1749 se restablecerían, ampliando sus atribuciones a las materias administrativas, judiciales y militares.[4] En América se introducirían las intendencias mucho más tarde; en Río de la Plata en 1784, y en Nueva España a fines de 1786, cuando se promulgó la Real Ordenanza para el establecimiento e instrucción de intendentes de ejército y provincia, el 4 de diciembre de ese año.

La importancia que tendría la cuestión hacendaria, y la fiscal en particular, en este hecho es de primer orden. Una de las principales razones de la implantación del régimen de intendencias en Nueva España fue el saneamiento de la Hacienda pública, a fin de asegurar los ingresos y su regular administración. Con las intendencias se desplazaba al sistema administrativo de las alcaldías mayores y corregimientos, que estaban a cargo de funcionarios sin sueldo (alcaldes mayores y corregidores), atenidos a las ganancias que les dejaba el comercio de artículos de avío y refacción para las empresas dentro de sus distritos. Las intendencias, establecidas sobre circunscripciones territoriales, se pusieron bajo la autoridad de funcionarios a sueldo, los cuales debían dedicarse exclusivamente a la administración de los efectos públicos. Sobre todos ellos estaba el superintendente general.

En la materia hacendaria este cambio tuvo efectos inmediatos; el superintendente general fue, a partir de ahí, la máxima autoridad de la Real Hacienda desplazando al virrey que había ocupado ese puesto hasta entonces. Con esa nueva autoridad a la cabeza, se creó entonces un nuevo organismo: la *Junta Superior de Real Hacienda,* presidida por el superintendente general e integrada por el regente de la Audiencia, el fiscal de Real Hacienda, el ministro más antiguo del Tribunal de Cuentas (tribunal que vigilaba el ejercicio de la administración de la hacienda y conocía de las cuestiones planteadas por los problemas hacendarios y fiscales) y el contador o tesorero del ejército y Real Hacienda. A excepción del presidente, los miembros de la Junta eran funcionarios que ejercían cargos establecidos con anterioridad. Su congregación en un organismo abocado al problema hacendario y fiscal daría un nuevo sentido a su desempeño: *la unificación de criterios en lo referente a ese aspecto particular de la administración.*

Todas estas reformas, como puede advertirse, tenderían a dar autonomía política y administrativa, dentro de la estructura gene-

---

[4] *Ibid.,* pp. 188-189. También Pietchmann, *Reformas,* 1996.

ral del Estado, a la cuestión hacendaria y fiscal, y a determinar funciones y tratar de reunir a los individuos encargados de puestos relacionados con estos aspectos del gobierno; esto equivalía a la racionalización del poder, dependiente ahora más de cuestiones objetivas, definidas legalmente; también se apartaría a los funcionarios de cualquier otra actividad diversa de la administración de los efectos públicos, creándose así una verdadera burocracia.

El proyecto y el establecimiento del sistema de intendencias suscitó discusiones; en todas ellas, la cuestión hacendaria se consideró como una de las principales. Quienes lo aceptaban afirmaron las consecuencias positivas que dicho sistema tendría sobre "las rentas de su majestad";[5] quienes lo repudiaban destacaban las negativas con respecto a ese mismo objeto.

c) Visiones de la cuestión hacendaria en la época. Si bien es cierto que, desde 1591, siguiendo el parecer del virrey del Perú, Francisco de Toledo, se había dispuesto la confección de un libro de *Razón general de Real Hacienda* en cada provincia de América donde hubiera Caja Real (véase artículo 109 de la Ordenanza... de Intendentes de 1786), lo cierto es que poco o nada se hizo. En Nueva España la obra se integró en las últimas décadas del siglo XVIII, cuando estaban en vigor las principales reformas, cuya implantación había dado lugar a dictámenes y pareceres. La confección del libro implicó un paso doctrinal, en el cual la cuestión hacendaria cobró entidad propia como pieza medular de la organización política. Fue escrito por Fabián de Fonseca y por Carlos de Urrutia entre 1787 y 1793, cumpliendo un encargo preciso del virrey Revillagigedo, el joven; lo llamaron *Razón general de Real Hacienda,* pero en la edición del prolijo manuscrito que se hizo al mediar el siglo XIX, se le llamó *Historia general de Real Hacienda,*[6] pues era ya un testimonio del pasado, por más que no desprovisto de actualidad en los agitados tiempos del México independiente.

· [5] Antes del establecimiento de las intendencias en Nueva España, al morir el virrey Bucareli en 1779, el visitador Gálvez redactó una proposición en la que hacía ver la conveniencia de poner en Nueva España, "el cuidado y superintendencia de Real Hacienda al cargo de un sujeto inteligente en ella, y que reuniendo grandes cualidades, que necesita, tenga conocimientos prácticos de las rentas en Indias..." Archivo General de Indias, México, 1. 510, citado por Navarro, *Intendencias,* 1959, p. 55.

[6] Fonseca y Urrutia, *Historia,* 1845-1853.

La obra contiene noticias de todos los ramos que componían la Real Hacienda, cada uno de ellos contemplado en su desarrollo cronológico; se advierten las fechas en que fueron establecidos para Nueva España y se dan a conocer las disposiciones que los habían regido hasta el momento en que se escribió. Abundan en ella las explicaciones de carácter teórico político en relación con la hacienda en general y con cada ramo en particular, y se trata sobre el papel de éstos en el ingreso y el gasto públicos, de su importancia y de la cuantía de sus aportaciones. Las cifras son incompletas en la mayoría de los casos y no alcanzan a cubrir, de manera satisfactoria, un periodo de tiempo suficiente para advertir las principales tendencias del ingreso y el gasto.

Muy significativo para nosotros es saber que esa obra, que quedó manuscrita en el Ministerio de Hacienda del México independiente, fue editada entre los años de 1845 y 1853, bajo los auspicios del gobierno, que esperaba sacar de ella los provechos prácticos que los autores decían tenía para el mejor entendimiento y manejo de la hacienda pública.[7] ¿Por qué tenía interés el gobierno mexicano en publicarla cincuenta y tantos años después de que fue escrita? ¿Hasta dónde se continúa la estructura fiscal, descrita por los autores a esa distancia cronológica, dentro de nuestra vida independiente? He aquí dos interesantes cuestiones para nuestra historia económica.

Por la abundancia de conceptos y testimonios, la *Historia general de Real Hacienda* sirve para ilustrar muchos aspectos de la vida colonial mexicana, si se toma en cuenta que la gestión fiscal es especialmente significativa como medio de influencia sobre la vida política y social en general, y que todo concepto sobre ella nos pinta muy en vivo las concepciones que sobre esos aspectos de la vida se tenían en la época en que se escribió.

Obedeciendo a propósitos prácticos innegables, Joaquín Maniau, empleado del ramo del tabaco y ayudante de los autores de la *Historia general de Real Hacienda* (y posteriormente diputado a las Cortes españolas, entre los años 1810-1821), escribió en 1794 un *Compendio* de dicha obra para orientar a los funcionarios y empleados de la Real Hacienda.[8]

[7] *Ibid.*, t. 1, p. 10.
[8] Maniau, *Compendio*, 1914.

ESTRUCTURA FISCAL DE NUEVA ESPAÑA EN LA SEGUNDA MITAD DEL SIGLO XVIII

La simple enumeración de los renglones que componían el ingreso público en Nueva España hacia 1791 (94 ramos de procedencia diferente), y la mención de los conceptos del gasto público (con la posibilidad legal de que fueran tantos más que los ramos de ingreso, dado que se podían afectar éstos a cargas diferentes), nos ponen a pensar en una complejidad inmanejable dentro de la Hacienda novohispana, que hace imposible su entendimiento. En verdad, al principio de la colonia se introdujo el desorden fiscal imperante en la península, y encontramos en el siglo XVIII claras supervivencias del dispositivo rentístico medieval, muy vivo aún durante el siglo XVI español. Es cierto que hallamos sectores de ese dispositivo en la segunda mitad del XVIII, al lado de otros de reciente creación entonces; pero en esa época no los encontramos en el caos original: las reformas sucesivas en la práctica y la reflexión de los estudiosos de finales de ese siglo nos entregan ese aparato fiscal ordenado con arreglo a unos principios fundamentales que es preciso exponer previamente para entender la estructura fiscal.

Conceptos fundamentales en la cuestión fiscal de Nueva España

En la introducción de la *Historia general de Real Hacienda* (pp. I-XXXVIII) encontramos una explicación de su contenido, en la que se hace ver la necesidad de un orden con arreglo a los principios fundamentales que rigen la *Hacienda pública*. Éstos son de carácter teórico legal, y permiten la sistematización que se observa en el cuadro "Organización de la Real Hacienda. Sectores que la componen: A, B, C y D. Ramos que integran cada uno de ellos. Ingreso y gasto", que hemos elaborado tratando de seguir los conceptos de la época, tal como nos los entregan Fonseca y Urrutia, incorporando observaciones en la terminología actual sólo en las partes en que nos parece necesario para hacer la explicación posterior.

En esos conceptos fundamentales hallamos la definición de: I) el ingreso y el gasto públicos; II) las partes que integran el ingreso y la finalidad del mismo; III) las partes integrantes del gasto; IV) la Hacienda pública como medio para administrar el ingreso y el gasto, y V) la organización del ingreso público de acuerdo con su procedencia y destino, o según las disposiciones especiales que lo rigen cuando no funcionan los criterios anteriores.

I) *El ingreso y el gasto públicos* se conciben lógicamente como interdependientes, formando la base material en que descansa la realidad política del reino, pues "no hay Estado que pueda florecer —dicen Fonseca y Urrutia—, y lo que es más, ni sostenerse, sin unos fondos que, sufragando las cargas necesarias para su constitución, le sirvan de sostén". Por lo que, agregan más adelante, "se necesita la imposición de derechos (a los súbditos del reino), cuyos rendimientos formen la masa en que consisten" esos fondos.[9]

II) *Las que forman el ingreso o bienes del Estado* se separan por categorías distintas, según el tipo de bienes de que se trate:

Dividen los políticos del reino el referido patrimonio, siguiendo las marcas estampadas por sus leyes fundamentales, en tres clases. La primera se forma de los pechos [impuestos directos], tributos [impuestos directos], alcabalas [impuestos indirectos sobre operaciones en compraventa], y demás impuestos personales [directos], ya reales [indirectos], ya mixtos [directos e indirectos a la vez]. La segunda, de las confiscaciones, decomisos y otras penas aplicadas a la Real Cámara y al fisco, en ciertos casos y tiempos [se trata en realidad de penas y confiscaciones]. La tercera, por los productos de los fondos raíces, y otros depósitos permanentemente adheridos a algunos territorios que la legislación nacional, de concierto con la de gentes [internacional], ha destinado en dote a la monarquía, y cuales son los minerales de toda especie, salinas, criaderos de efectos preciosos, a los que puede agregarse el derecho de suceder a los que fallecen sin testamentos ni consanguíneos, y de adquirir lo de dueño incierto, que se llama mostrenco.[10]

De acuerdo con esa clasificación, el patrimonio del Estado (de la monarquía, en la época absolutista, en la que, sin embargo, se empieza a hacer la diferencia entre Estado y monarquía)[11] estaba constituido por:

[9] Fonseca y Uurrutia, *Historia,* 1978, vol. I, p. 1.
[10] *Ibid.,* pp. 2-3.
[11] El patrimonio del Estado se ve como algo del rey, la Hacienda es suya –"mi Real Hacienda", dice en algunos documentos–, y su dedicación a los fines públicos la consideran todavía Fonseca y Urrutia como un acto de magna

1º *Impuestos* directos, indirectos y mixtos.[12]

2º *Penas y confiscaciones.*

3º *Bienes propiedad de la monarquía* (o del Estado) *por declaración legal.*

4º *Bienes de los que mueren intestados y sin herederos legítimos.*

5º *Bienes mostrencos.*

No obstante, atendiendo a la realidad de la Hacienda pública descrita a lo largo de la *Historia general de Real Hacienda,* es necesario agregar dos categorías más:

6º *Las empresas del Estado* (algunas de ellas de reciente creación en esa época).

7º *Aquellos bienes que no admiten clasificación precisa dentro de las categorías enunciadas.*

III) *Las partes integrantes del gasto público* no se mencionan expresamente como tales en un lugar aparte, pero se explican a través de la obra de Fonseca y Urrutia y también en la de Maniau. En términos generales, el gasto se divide en: *gastos perpetuos,* o de mantenimiento, administración y defensa del reino de Nueva España (los conceptos de este tipo de gastos se especifican, según puede verse en el cuadro, en la tercera columna de *gasto de la masa común*); *gastos temporales,* o sea, las afectaciones transitorias que sufre un ramo del ingreso determinado por disposición soberana y, por último, los *gastos particulares,* a los que se hallan afectados de manera permanente determinados sectores de la Hacienda pública. Como ocurre con los sectores B. Particulares y C. Ajenos (véase el cuadro; su explicación la hacemos más adelante).

IV) *La Hacienda pública como administradora y reguladora del ingreso y del gasto públicos* es un concepto básico en las dos obras mencionadas, pues aunque en algunos párrafos se utiliza el término *Real Hacienda* como sinónimo del patrimonio personal del rey siguiendo el uso tradicional del término, a lo largo de esas

---

liberalidad (*Historia,* 1978, vol. I, p. 2). El hecho es notorio en el caso de ciertas actuaciones judiciales como en los amparos de nobleza, en los que se dan ciertos derechos a las personas amparadas, reconociéndoseles un fuero, pero al mismo tiempo se limitan frente a la corona, hablándose de ésta indistintamente como del Real Fisco o de los derechos de su majestad, AGN, México, General de Partes, vol. 18, exps. 416, foja 403, y 178, foja 174.

[12] Empleamos la terminología de nuestros días, según la cual el impuesto directo grava a las personas, el indirecto se aplica a los bienes o productos y el mixto a ambas. En el siglo XIX los impuestos "directos" gravaban bienes.

obras el concepto de *Hacienda pública* se aparta del de la estricta-
mente personal del rey, lo que puede apreciarse ya en las partes
mismas de la estructura fiscal, sobre todo en el sector de Ajenos
(véase el cuadro), cuyos bienes, sin pertenecer al rey (de ahí su
nombre), entran en la Real Hacienda para ser administrados y
protegidos como efectos públicos.[13]

   V) *La organización de los ingresos públicos* de acuerdo con su procedencia y el destino que se les da, o sea el gasto, es bien clara
cuando advierten los autores de la *Historia general de Real Hacienda* que

> La obra contiene una noticia fundamental y distinta de todos los
> ramos del ingreso que hay establecidos en el distrito de esta Te-
> sorería de México, y de sus cajas reales matrices, y componen [A]
> la *masa común* del Real Erario, las cargas y gastos que cubre y a que
> está sujeto en esta Nueva España, y [B] los *Particulares* de Real
> Hacienda, destinados fijamente en los reinos de Europa y en és-
> tos, con expresión a los objetos, extendiéndose hasta hacer una
> exacta descripción de los [C. *Ajenos*] que sólo se hallan bajo la real
> protección.[14]

Quedan así enumeradas y en principio de definición tres partes de la hacienda novohispana:

   A) la *masa común*; B) los *particulares;* y C) los *ajenos;* a las que
habría que agregar, D) la de los *estancos especiales,* integrada por
los de *naipes, tabaco y azogue,* "que se hallan separados de la *masa
común* por virtud de disposición soberana".[15]

   Los criterios para organizar la Hacienda pública novohispana
son, según se ve, dos fundamentales: la procedencia del ingreso
y el destino que se le da, esto es, los del ingreso y el gasto mismos.
Sólo en el último sector, el de los *estancos* (monopolios del Estado)
especiales, no funcionan.

   Para definir: A. La *masa común* que constituía la parte principal
de la Real Hacienda, se parte del hecho de que sus productos
están destinados a cubrir los gastos *perpetuos* del reino de Nueva
España y de parte de algunos otros dominios españoles, y sólo secundariamente se afectan a gastos especiales (*temporales*) algunos

---

[13] Véase nota 1, *supra.*
[14] Fonseca y Urrutia, *Historias,* 1978, vol. I, p. VIII. Las cursivas son nuestras,
como en las demás citas que hacemos de esta obra.
[15] *Ibid.,* p. XI.

de sus ramos; por más que este uso fue muy frecuente, constante prácticamente.

B. Los *particulares* se caracterizan por el mismo criterio, pues, "aunque pertenecientes a su majestad (como los de la *masa común*) —dicen Fonseca y Urrutia—, *tienen aplicados sus productos a algún destino particular*".[16]

C. En los *ajenos* se sigue fundamentalmente el criterio de la procedencia de los bienes que constituyen este sector de la Real Hacienda, pues aunque se llaman *ajenos* por no pertenecer al patrimonio del rey, "entran en las tesorerías reales por especial atención que S. M. les dispensa", protegiéndolos como bienes públicos —y lo eran en realidad—, dándoles una administración adecuada.[17]

D. En la constitución del cuarto sector de la Real Hacienda, *estancos especiales: tabacos, naipes y azogues,* funcionó el arbitrio del rey, obedeciendo a razones evidentes de política y administración. Se sustrajo a estos estancos de la *masa común,* en la que se encontraban hasta el siglo XVIII al lado de otras empresas del Estado, tomando en cuenta las necesidades del mercado y el control que exigía su circulación, según veremos al hacer el comentario particular.

Organización de la Real Hacienda

Utilizando los conceptos anotados, podemos presentar la enumeración y clasificación de los sectores que componían la real hacienda (A. *Masa común*; B. *Particulares*; C. *Ajenos,* y D. *Estancos especiales: tabacos, naipes y azogues*), expresando los ramos del ingreso que integraban cada uno de ellos y su situación dentro de la totalidad de la estructura fiscal. Organizándolos conforme a los conceptos mencionados, los sectores y ramos de la Hacienda, el ingreso y el gasto públicos, pueden presentarse de manera inteligible en el cuadro al que ya hemos hecho referencia anteriormente, y cuya consulta es indispensable en lo sucesivo, pues constituye la base de las explicaciones subsiguientes.

---

[16] *Loc. cit.*

[17] *Loc. cit.* Aquí debe observarse la diferencia hecha en ocasiones entre los efectos del Estado y los del rey. Los rasgos de modernidad más claros de la Real Hacienda aparecen en este sector, según veremos al ocuparnos de él más particularmente.

Como puede verse en el cuadro, la gran diferencia entre los sectores de la Hacienda pública se encuentra fundamentalmente en el gasto, que, lógicamente, se relaciona con la procedencia del ingreso; así, la masa común destinada fundamentalmente a sufragar los gastos de mantenimiento y administración del reino, obtiene sus ingresos de un sinnúmero de ramos, cuyo monto, una vez deducidos los gastos especiales de recaudación y administración de cada uno de ellos, cuando los hay, y el de los *temporales* (o afectaciones especiales), se destina a ese fin, o gasto *perpetuo*. No ocurre lo mismo con los otros tres sectores —*particulares, ajenos* y *estancos especiales*—, en los que cada ramo de ingreso tiene ya un fin particular, y de ahí que el gasto que sufragan sea, necesariamente, *particular*.

En cada uno de esos cuatro sectores de la Real Hacienda hay características fundamentales que debemos advertir previamente, antes de dar una idea general y concluyente de la estructura fiscal novohispana.

A. La *masa común* es el sector más importante de la Real Hacienda, por la cuantía de sus ingresos y sus aportaciones al gasto público; en ella se encuentran los ramos más productivos y es la que sostiene en principio al Estado sufragando los gastos de administración y defensa militar. Comparativamente con los otros sectores, contiene la mayor cantidad y variedad de ingredientes fiscales: impuestos directos e indirectos; penas y confiscaciones; bienes de la corona; bienes mostrencos; empresas del Estado, administradas directamente (a) o dadas en concesión o arrendamiento (b) y otros no clasificados (véase el cuadro).

1º * Los impuestos personales o directos son apenas tres, frente a veintiséis reales o indirectos. En ambas clases de impuestos encontramos una tasa regresiva, pues los cobros de ellos consisten en cuotas fijas para ciertas personas o en una proporción invariable del ingreso que no atiende a la cuantía total del mismo; en los indirectos, la mayor parte de ellos se compone de una proporción invariable del valor del bien que se grava o de la operación afectada.

---

* Los números ordinales que preceden a los comentarios de los distintos ramos corresponden a los que empleamos para destacar los diferentes tipos de ingresos.

El primero de los impuestos personales o directos, los *tributos reales*, pesaba sobre los indios de 18 a 50 años de edad, sobre los negros libres y sobre los individuos que formaban parte de las "castas" —grupos raciales mezclados con gente de origen africano. La cantidad pagada era una cuota fija (1.50 pesos[18] cada persona, en el caso de los indios; no anotamos la de negros y castas, que era variable). En el origen del tributo hay una concepción de la sociedad, que la hace aparecer como dividida en grupos raciales, con obligaciones fiscales diferentes para cada uno. Los que pagaban este impuesto personal eran considerados, de una manera u otra, como inferiores, y hasta despreciables —como ocurrió con las castas. Son frecuentes los casos en que ciertos individuos acuden a las autoridades pidiendo que se les quite del "padrón infamante", que contenía las listas de tributarios. El impuesto es muy anterior a la época de la que nos ocupamos, tiene un marcado origen medieval (*los pechos*), y resultaría interesante ver sus variaciones dentro de las constantes reformas y la importancia social y política que tuvo durante la colonia, como lo ha hecho José Miranda para el siglo XVI.[19]

El *servicio de lanzas* era una cuota fija (450 pesos) que debían pagar al rey anualmente los poseedores de títulos de Castilla, como sustitución de su obligación primitiva de mantener a su costa 20 hombres armados en los presidios de África. Este impuesto revela un claro origen medieval: la obligación personal de los señores para con el rey, de acudir en su ayuda con ejércitos para la guerra. Esa obligación se "despersonalizó", podemos decir, sustituyéndose por una pecuniaria desde 1632.

La *media anata secular*, último de los impuestos personales mencionados dentro de la *masa común*, consistía en la obligación que las personas que ocupaban cargos (oficios) públicos (militares o civiles) tenían para con el rey, entregándole una parte proporcional de su sueldo.

El predominio de los impuestos indirectos o reales (llamados así por recaer sobre las cosas) pone de manifiesto una abundante y variada actividad económica, gravada fiscalmente de muy diversas maneras, con lo que el Estado adquiría abundantes rentas.

---

[18] Datos de Maniau, *Compendio*, 1914. Para una idea de valor de las cifras véase García, "Sistema", 1968, pp. 349-360.

[19] Véase Miranda, *Tributo*, 1952 (hay reimpresión posterior). Fonseca y Urrutia, *Historia*, 1978, vol. I, pp. 411-518.

Los dos *reales novenos* eran un derecho del rey sobre una parte de los diezmos eclesiásticos, que le correspondía por disposición papal de acuerdo con la siguiente distribución: de la masa decimal, la mitad correspondía un cuarto al obispo y otro al cabildo de cada diócesis; la otra mitad se dividía en nueve partes, de las que dos eran del rey y las otras siete se dedicaban, tres a la construcción ("fábrica") de catedral y hospital, y las cuatro restantes al salario de los curas. Lo cierto es que los dos vicarios y auxiliares reales novenos se dedicaron, en casos de necesidad y por disposiciones reales, a gastos de culto y evangelización.

La minería fue la principal fuente de riqueza pública, sobre todo durante la época que nos ocupa, en que alcanzó un auge sin precedentes.[20] Este hecho se reflejó claramente en la estructura fiscal; concretamente, dentro de los impuestos advertimos que sobre el oro y la plata pesan siete cargas tributarias que gravan esos bienes en momentos distintos: desde su extracción (*derechos de oro y plata*: 2% oro y 5% plata) pasando por la apreciación del contenido del mineral bruto (*ensaye*: 3 pesos por cada 100 marcos de plata pura o incorporada con oro, y 2 reales por cada marco de oro; aparte, hay otras tasas diferentes, según el uso que se le dé al metal), su estado en lingote (*quinto y diezmo*), hasta su transformación en moneda (*amonedación*: 1 real por cada marco de plata, 5.5 reales por cada marco de oro, más 26 maravedíes por marco de plata y gastos de acuñación), o en objetos preciosos (*vajilla*: 3% oro, 1% del diezmo de plata, más un real por derecho de amonedación). Esta sucesión de impuestos sobre un mismo objeto, en las distintas etapas de su transformación, es un caso típico de *piramidación* de impuestos, como se llama en los modernos estudios fiscales al hecho de superponer sucesivamente impuestos diversos a un mismo objeto.

El comercio es afectado de muy distintas maneras: gravando las mercancías a su paso por lugares determinados (*almojarifazgo*: 2.5% de las exportaciones de Nueva España a España; 3.2% a Filipinas, 2.5% a Perú; y las importaciones: de España a Nueva España, 5%, 7% y 15%; de Asia, 33.5%; de Perú 5% sobre el valor de las mercancías), o imponiendo cargas sobre los medios de transporte mismos, mediante derechos portuarios (*anclaje*: 10 pesos y 6 reales por nave, 2 pesos en regla; *buques*: 6 pesos por buque). También señalando como objeto de la tributación un tanto por

---

[20] Véase Humboldt, *Ensayo*, 1966, libro IV, cap. XI, pp. 319-447.

ciento del valor de las operaciones de compraventa (*alcabalas*: proporción que variaba entre 10% del valor de las operaciones y que se cobraba sobre todas aquellas cuyo importe era de 150 pesos en adelante). Al lado de éstos, encontramos otros impuestos sobre los bienes mismos que se designan en el nombre de un impuesto especial: *tintes, aguardiente, pulque, caldos, seda,* etcétera.

Por último, se gravó al comercio exigiendo el pago de derechos por establecimientos comerciales, como ocurrió con las *pulperías* (misceláneas muy abundantes en las ciudades coloniales) que pagaban, hacia 1794, 30 pesos anuales.

2º Los *comisos,* el segundo tipo de ingresos, eran bienes confiscados por encontrarse indebidamente en el mercado, bien porque eran objetos de contrabando, o porque su venta se encontraba "estancada", esto es, monopolizada legalmente por el Estado, quien podía administrar directamente el estanco o darlo en arrendamiento a una persona, la cual adquiría por este hecho el derecho a la exclusividad de ese comercio. También fue frecuente la confiscación de bienes cuya venta requería de un pago especial de derechos, como el pulque y otras bebidas, cuando ese pago no se realizaba.

3º Las tierras, salinas y minerales en general, fueron, desde épocas anteriores, bienes de la corona, que conservando el derecho eminente concedía el uso a particulares, ya por una merced, ya por otro arreglo. Aquellas tierras que no se encontraban a disposición de personas determinadas se llamaban *realengas*, por pertenecer directamente al rey.

5º Equiparables a los realengos por su situación legal, eran los bienes sin dueño, llamados *mostrencos.*

6º Entre las empresas del Estado encontramos una gran variedad y dos formas de explotación: *a*) las que explota directamente el Estado y *b*) las dadas en concesión o arrendamiento (véase el 6° tipo de ingreso de la *masa común* en el cuadro). La explotación directa de algunas se entiende por la naturaleza misma de los bienes o servicios que producían, pues eran algo propio y exclusivo del poder público, como ocurría con el *papel sellado* para actuaciones y diligencias judiciales, que se autorizaba con el sello del rey; y más claramente aún en el caso de los *oficios* y *las chancillerías*, consistentes en la venta de cargos públicos desempeñados en el aparato estatal mismo. También es claro el caso de los *excesos,* ya que eran bienes sobrantes en las oficinas públicas que se sacaban a la venta anualmente; los *arrendamientos de tierras* y la constitución de *censos enfitéuticos*, junto con las *ventas y composiciones de tierras* se comprenden fácilmente como empresas estatales, pues se trataba de bienes del Estado que éste arrendaba, concedía o vendía directamente.

El caso de otras empresas estatales en explotación directa, como el *lastre* (venta de piedra para lastrar embarcaciones), el de *sal, compraventa de alumbre, cobre, plomo y estaño;* los *varios servicios de mar* y los *negros,* no se explican como monopolios directamente administrados por el Estado, sino a través del principio de disposición y control que el poder público ejercía sobre la actividad económica, a fin de asegurar el destino y la circulación adecuada de esos bienes en el mercado. Por su propia naturaleza, esos bienes y servicios no pertenecían exclusivamente al Estado, que bien hubiera podido darlos en concesión o arrendamiento, como ocurría con los *estancos* que se citan en la sección *b*) del 6º tipo de ingreso, la *masa común* (véase el cuadro), *correo; derechos de alambre, cobre, plomo y estaño; cordobanes; nieve; explotación y venta de sal; gallos,* y *panadería y bayuca,* los cuales se habían monopolizado legalmente (estancado), y sólo las personas que adquirían el derecho a la explotación de esas empresas, mediante el pago de derechos —generalmente en los remates, en los que se prefería al mejor postor— por los que obtenían la exclusividad legal para explotar la empresa estancada.

Los estancos, establecidos muchos de ellos ya desde épocas anteriores, fueron reorganizados durante la segunda mitad del siglo XVIII, con lo que se afirmaría la intervención del Estado en la vida económica. La finalidad de esa intervención era ejercer un control sobre la producción de ciertos bienes (los de las empresas estancadas) y asegurar su distribución en el mercado, por su utilidad para ciertos fines —como la sal y la pólvora para la minería— o para moderar ciertas actividades como las peleas de gallos.

7º Los ramos que se encuentran sin clasificación son, por sus aportaciones para el gasto, de segunda importancia en comparación con los anteriores. Los *alcances de cuentas* eran los sobrantes en favor de la Hacienda pública que arrojaba la rectificación de las cuentas. Los *donativos* eran las cesiones de bienes en favor de ésta, hecha por los vasallos a solicitud del rey, o por su liberalidad meramente; este acto se solía recompensar de distintas maneras otorgando algunas ventajas al donante en los asuntos públicos. La *lotería*, establecida en 1762, consistía en una empresa especial de realización de sorteos con venta de números al público. Los productos así obtenidos se destinaban al sostenimiento del hospicio de niños huérfanos y a otras obras de beneficencia.

Dentro del gasto público que satisfacía la *masa común,* debe destacarse el *perpetuo,* que se determinaba anualmente de acuerdo con los ingresos resultantes y una vez que se conocía el total líquido de todos los ramos. Los conceptos de este gasto, según se advierte en el cuadro, eran: I) *Situados,* cantidades destinadas al mantenimiento de tropas, gastos de fortificación, sueldos de oficiales y otros de menor importancia, fuera de Nueva España y en distintos dominios españoles como Cuba, Puerto Rico, Filipinas, Nuevo México, Florida, etc., que se indicaban en disposiciones regias al indicar el envío del situado. II) Los *sueldos de justicia.* III) Los *gastos de guerra* y IV) Los *otros sueldos* constituyen gastos ordinarios de administración y defensa del reino. V) Los *pensionistas,* como se llama a este gasto, eran erogaciones que se hacían para pagar obligaciones del Estado con respecto a personas particulares. Muchas de éstas eran verdaderos acreedores del Estado por préstamos realizados o por privilegios obtenidos dentro del reino. VI) Las *cargas del reino* consistían en el pago de la deuda pública, el pago de réditos sobre capitales y amortización.

En estos conceptos del gasto *perpetuo* se incluyen, al hacerse la contabilidad y los cálculos anuales, los *gastos especiales de administración* y los *temporales* que pesaban sobre algunos ramos. Nosotros hemos indicado aparte en el cuadro los casos en que existen esos gastos para advertir el hecho de que, mientras unos ramos tenían gastos de recaudación y/o gastos temporales por destinarse a fines determinados, en otros no existía ese tipo de cargas. La tendencia general de la época era, según parece, poner todos los ramos bajo la administración directa de los organismos generales de la Real Hacienda, evitando todo gasto especial y diferente a los de la administración general del reino.

Lo que sí parece no deberse a una finalidd es la dedicación de ciertos ramos al pago de gastos *temporales.* Muchas veces se hacía para garantizar un empréstito que otorgaban personas particulares, que luego aparecen como "pensionistas"; otras, por razones de comodidad, para el pago de ciertas cantidades en el lugar mismo en que se obtenía el ingreso público. Estas afectaciones particulares representaban en realidad verdaderos embargos de la renta pública.

La correlación necesaria entre ingreso y gasto dentro de la *masa común* se evidencia cuando se advierte que el "presupuesto anual" —podemos llamarlo así, aunque no sea equiparable a la moderna organización presupuestal— se hacía tomando en cuenta los ingresos percibidos, los cuales muchas veces se hacían aumentar elevando las tasas en ciertos impuestos, o imponiendo cuotas complementarias en los otros ramos del ingreso. Este tipo de aumentos se establecían, sobre todo, ante situaciones que exigían gastos mayores, como las guerras. Tal hecho podemos advertirlo con claridad en las alcabalas, cuya tasa varió en esos años, aumentando o disminuyendo, siendo el tope máximo de los aumentos 10% del valor de las operaciones que afectaba.

En cuanto a B. *particulares,* debemos llamar la atención sobre la importancia del sector eclesiástico dentro de la estructura fiscal —y política en general— del Estado español y del novohispano en particular. Los impuestos en favor de la Iglesia: el *diezmo eclesiástico* (pagado por todos los habitantes sobre la producción agrícola y ganadera) y la *mesada y media anata eclesiástica* (que pagaban los prelados por razón del desempeño del cargo) habían sido declaradas por el papa en favor del rey, al igual que otros derechos que, en principio, pertenecían a la Iglesia: *subsidio eclesiástico, vacantes,* y las *bulas de la Santa Cruzada.* En realidad el rey recibía esos derechos con la obligación de administrarlos para dedicarlos a fines piadosos y de divulgación de la fe católica, dado el carácter doble, político y religioso, que tuvo la empresa y el establecimiento de la dominación española en distintas partes del mundo. Lo interesante es, pues, advertir la entrada de estos ramos en la Hacienda pública como parte independiente dentro del real patrimonio, que en esa época, según hemos dicho, se despersonalizaría paulatinamente para adquirir su carácter de patrimonio del Estado. El hecho cobra mayor relevancia cuando advertimos que, en el cuerpo de la Ordenanza... de Intendentes de 1786, gran parte del articulado referente a la "causa de hacienda" (las otras tres eran justicia, policía y guerra) se refiere a los diezmos y a otras rentas de origen eclesiástico. La Iglesia fue en realidad la institución que definió el paisaje sociocultural y económico y, consecuentemente, su control fue cuestión vital para la monarquía española del siglo XVIII.[21]

---

[21] Farris, *Crown,* 1968; Brading; *Iglesia,* 1994.

En la sección de *particulares* [sector B] de la Real Hacienda sólo encontramos un ramo plenamente estatal por su origen y destino, las *penas de cámara*, cuyo producto se destinaba a los gastos de administración de justicia. Pero, por lo dicho antes, hay que afinar la percepción de lo que significaba el control de las rentas de origen eclesiástico, tanto por incidir directamente en los productos agropecuarios, como por el control del clero como agente dominante en la organización social y administrativa de las regiones. El gasto destinado a propagación y arraigo de la fe y del culto tenía, pues, una importancia de primer orden en la conformación política, perfectamente compatible y equiparable a la de otros ramos de la *masa común* y de los *ajenos*.

Por otra parte, los dos sectores de la Real Hacienda a que nos hemos referido hasta aquí, la *masa común* y los *particulares*, representan la reorganización de ingredientes fiscales procedentes de los siglos anteriores al XVIII. Los principales ramos que comprenden datan de épocas anteriores a la dominación española, y se asentarían en Nueva España durante los siglos XVI y XVII, con algunas excepciones (como ocurre con algunos estancos), que bien vistas no son tales en el fondo, sino la reorganización de algo establecido anteriormente.

En el sector C. *ajenos* advertimos, al lado de la organización de ramos que datan de épocas anteriores a la segunda mitad del siglo XVIII —como en los sectores precedentes— la aparición de otros nuevos, productos innegables de ese siglo de transformaciones políticas y económicas fundamentales, que se reflejan en la estructura fiscal. Esto lo vemos de inmediato en los impuestos directos, concretamente en los siete primeros ramos, constituidos por los *montepíos* (aunque no se llame así a los dos primeros: *derechos de inválidos y vestuario de inválidos*) que son una creación de la segunda mitad del XVIII (véase el cuadro C. Ajenos, 1º).

Los montepíos se establecieron obedeciendo a la necesidad de ofrecer ciertas garantías de lo que hoy llamamos seguridad social, a una burocracia al servicio del Estado que iba en constante aumento. Fueron creados, bajo el patrocinio del Estado, para proteger de la miseria a las viudas y huérfanos de los empleados públicos, militares y civiles, que durante su vida contribuían con un tanto de su sueldo para formar el fondo de los montes.

En el nacimiento de los montepíos encontramos un ejemplo de transición hacia la nueva idea del Estado de la que hablamos al principio; se confunden las concepciones del patriarcalismo y del absolutismo de los monarcas con la nueva de un Estado autosuficiente que, a fin de asegurar la efectividad de la administración pública, tiene que intervenir para procurar el bienestar de sus nacionales, comenzando por aquellos que le sirven. La explicación hecha por Fonseca y Urrutia es muy ilustrativa de este hecho:

> No pudiendo las católicas entrañas del señor don Carlos III, de feliz memoria, ver con indolencia el desamparo a que quedaban reducidas las viudas, huérfanos y madres de los que morían en su real servicio, y deseando hacer a éstas no sólo el más noble obsequio póstumo, sino dar al último ensaye de su piadoso y verdaderamente augusto corazón, proyectó y redujo a práctica varios establecimientos llenos de humanidad y grandeza, para acudir a tantos daños y honrar las cenizas de sus fieles vasallos, erigiéndolos con el dulce nombre de montepíos.[22]

Así, a lo largo de la segunda mitad del siglo XVIII, fueron establecidos los montepíos, cada uno con su propia reglamentación, como organismos de seguridad social para los trabajadores del Estado: el *Montepío militar,* en 1761; el de *Ministros,* en 1761; el de *Vestuario de inválidos,* en 1773; el de *Inválidos,* en 1775; el de *Oficinas,* en 1784; el de *Pilotos* y el de *Maestranza,* en 1785. Sus fines iban en realidad más allá del otorgamiento de pensiones a viudas, huérfanos y madres de los empleados, pues también se les otorgaban a éstos cuando se veían incapacitados para seguir trabajando.

En principio el rey aportaba cantidades para constituir los fondos iniciales de los montes afectando en ocasiones algunos ramos de la Hacienda pública que tenían fines piadosos.[23]

En los demás montepíos advertimos una tasa regresiva al lado de un principio de progresividad: los empleados contribuían con un tanto correspondiente al valor de media paga mensual de su sueldo anualmente, que les era descontada en seis mensualidades,

---

[22] Fonseca y Urrutia, *Historia*, 1978, vol. VI, p. 5.
[23] Los fines de la seguridad social se realizaban por medio de cofradías o hermandades de tipo religioso, las obras públicas que tenían objetos similares tenían también ese carácter. El carácter secular y público estatal de la seguridad social aparece ya, al lado de la secularización de otros aspectos de la vida, en el siglo XVIII y principios del XIX dentro de los dominios españoles. Véase Chávez, "Orígenes", 1956, pp. 155-183.

además de 8 maravedíes por cada peso de su salario; la tasa aquí es regresiva, pues la proporción descontada es la misma en los salarios bajos y altos. Pero a aquellos empleados que eran ascendidos con un aumento de sueldo correspondiente, se les imponía la obligación de pagar una cantidad equivalente al total de la diferencia líquida percibida por el aumento de sus ingresos. Es aquí donde encontramos el principio de progresividad.[24]

El gasto que registraban los montes ha quedado expresado en sus propios fines: pensiones para las viudas, huérfanos y ascendientes que dependían económicamente de los empleados públicos cuando éstos morían, y pensiones de jubilación para los mismos, cuando se hallaban en imposibilidad de trabajar.

De los otros impuestos directos o personales en el sector de *Ajenos*, el *medio real de ministros* era una carga complementaria al tributo indígena, lo pagaban los indios para mantener el Juzgado General de Indios; el servicio de los indios en los bienes propios [comunales] se transformó en muchos lugares en el *real y medio de comunidad*, es decir, en el pago de una cuota fija anual en vez del servicio obligado en la parcela dedicada al cultivo para sacar recursos para el gasto comunal. Los arbitrios eran impuestos autorizados para costear los gastos municipales —llamémosles así— que muchas veces se imponían directamente a las personas y los más sobre bienes y consumos.[25]

Los impuestos indirectos de este sector —al igual que todos los ramos que lo integraban— eran afectados al pago de gastos determinados, de ahí la necesidad de tratar de cada uno de ellos refiriéndonos al ingreso y al gasto.

El *noveno y medio de hospital* era la parte de los diezmos (un noveno y medio de la mitad de la renta, según hemos visto) destinada a sufragar el Hospital de Indios de México, y del Amor de Dios para dementes. El impuesto de *muralla* se pagaba a razón de un real por cada mula cargada que entrara a la ciudad de México, y se destinaba su producto a la construcción y conservación de las obras de defensa de Veracruz.

Los impuestos sobre *bebidas prohibidas*, sobre *pulques* para *crimen y acordada* —como se les llamó aludiendo al fin a que se destinaban sus productos— y *mezcales* eran impuestos indirectos de tasa alta, cuyos productos se destinaban al mantenimiento de las

---

[24] Fonseca y Urrutia, *Historias*, 1978, vol. VI, p. 79.
[25] Véase Miranda, "Tasación", 1972, pp. 125-152.

Salas del Crimen y el Tribunal de la Acordada, encargado de mantener el orden en los caminos. Hay en estos impuestos una especie de pena obligatoria sobre un comercio indeseable pero usual, que trata de reprimirse.

La *sisa,* impuesto sobre la venta de carnes (un tanto determinado por pieza de ganado) y *vinos* (25 pesos por barril), estaba destinado a una obra pública: los trabajos del desagüe de Huehuetoca.

El derecho de *fábrica de pólvora* era un impuesto mixto, pues lo pagaban los intendentes (éste es su aspecto personal) por el derecho de marcar ganado (aspecto real o indirecto), y su producto era para el mantenimiento de la fábrica de pólvora, monopolio del Estado que hemos visto en la *masa común.*

2º *Los remisibles a España,* que forman el segundo tipo de ingresos en el sector C (*Penas y confiscaciones,* véase el cuadro), eran parte de los *comisos* (ingresos del mismo tipo en la *masa común*) que se enviaban a España con fines específicos, por lo que no se destinaban a sufragar el gasto público novohispano.

4º Los *bienes de difuntos* entraban a la Hacienda pública para protegerlos hasta el momento en que se definía su destino; si había herederos, se entregaban a éstos, si no, pasaban a formar parte del patrimonio del Estado. Caso equiparable era el de los *depósitos* y *particulares* que las oficinas públicas custodiaban mientras se definía la situación. Por lo general, los depósitos eran sumas exigidas a quienes litigaban contra el fisco para garantizar el pago; los particulares eran bienes en custodia, por éstos cobraba las cuotas correspondientes la Real Hacienda; en el caso de bienes de difuntos, los gastos del juzgado, en los otros, los tantos determinados en los procesos.

Las empresas del Estado eran varias y aparecen en los distintos sectores de la Real Hacienda. En el de *ajenos* destacan los productos, o venta de comisos. En el último apartado de este sector encontramos los *fondos piadosos de las Californias* (patrimonio dedicado a sufragar los gastos de las misiones religiosas en ese lugar); las *temporalidades* (bienes de la Compañía de Jesús, expulsada de los dominios españoles en 1767), y la *pensión de catedral,* destinados todos ellos a fines piadosos particulares protegidos por el Estado.

Los *propios y arbitrios,* bienes de los municipios, son públicos y estatales, pero con un fin independiente dentro de la organización política: sufragar los gastos del municipio que era una entidad autónoma; de su protección se encargaba la Real Hacienda.

Como podemos advertir, este sector de *ajenos* tiene características históricas bien interesantes; en él aparecen instituciones anteriores a la época que tratamos, al lado de otras, nuevas entonces, producto de las necesidades que se presentaban con las transformaciones fundamentales que se realizaron a lo largo del siglo XVIII, principalmente en la segunda mitad, en Nueva España. El sentido de secularización de las obras piadosas, el nacimiento de la seguridad social administrada por el Estado y la administración de ciertos efectos públicos con un fin independiente dentro de la estructura del propio Estado, reconociéndose que forman parte de él, son rasgos de modernidad, incluyendo las características anotadas en particular al hablar de los montepíos, donde aparece por primera vez, dentro del sistema tributario, el principio de la progresividad en los impuestos.

El sector D. *estancos especiales: tabacos, naipes y azogues,* empresas monopolizadas por el Estado, separadas de la *masa común* por disposiciones regias debido a razones de conveniencia económica, representan un caso de política económica evidente.

El del *tabaco* fue organizado como Real Estanco en 1768; como un producto de extenso mercado, su control directo resultaba costeable para asegurar un provechoso ingreso público. Además, su comercio implicaba una cuestión de equilibrio entre los distintos centros de producción en los dominios españoles; Cuba era una gran productora, mandaba tabaco a Nueva España y a Europa, y Nueva España tenía sus propios mercados. Guardar el equilibrio de ambos fue una de las principales razones del control directo.

Los *naipes* fueron también un producto con un amplio mercado en los dominios españoles; su control directo por el Estado (Real Estanco establecido en 1765) atendió, sobre todo, a la necesidad de conocer y dirigir su circulación para moderar el juego.

El *azogue,* organizado como Real Estanco (no por primera vez) en 1777, era una materia indispensable para el beneficio del oro y la plata. La escasez de ese producto planteó la necesidad de su distribución eficiente para evitar las irregularidades y la especulación que, de haberse permitido, habrían perjudicado grandemente a la minería. A esta principalísima razón obedeció el control directo del Estado sobre el azogue, y su administración en un sector independiente de la Hacienda pública, sacándolo de la *masa común,* en donde se hallaba en épocas anteriores al lado de otras empresas del Estado.

CARACTERÍSTICAS GENERALES DE LA ESTRUCTURA FISCAL DE NUEVA ESPAÑA A FINALES DEL SIGLO XVIII

A lo largo de este trabajo hemos tratado de dar una idea de los componentes de la estructura fiscal de Nueva España, en la segunda mitad del siglo XVIII, advirtiendo previamente cómo se fue definiendo, mediante reformas políticas y administrativas, y como objeto de estudios particulares, la cuestión hacendaria, hasta darle una entidad propia dentro del gobierno novohispano.

De esa suerte, a finales del siglo, encontramos una organización racional de los múltiples renglones de ingreso y del gasto público que hemos tratado de presentar en el cuadro, el cual representa una base general y definitiva que nos permite hablar de la unidad de las partes (estructura) de la Hacienda pública. Los renglones de ingreso ahí mencionados (*ramos*) fueron alterados constantemente a lo largo del siglo; se crearon nuevos ramos y se suprimieron otros que, en pocos años, volvían a ponerse en vigor; de tal manera que, en un lapso de tiempo más o menos corto, podemos ver aparecer, desaparecer y volver a aparecer nuevas imposiciones tributarias y otros tipos de ingreso, así como advertir alteraciones en su forma de administración y destino en el gasto. Sin embargo, la distribución general de los ramos y los gastos que presentamos fue ya un principio estable en el último cuarto del siglo XVIII, con base en el cual podemos formarnos un concepto sobre el aspecto fiscal de Nueva España, válido para los finales del siglo.

La estructura fiscal novohispana la encontramos integrada en ese entonces por cuatro sectores: la *masa común,* los *particulares,* los *ajenos* y los *estancos especiales: tabaco, naipes y azogue.* Esta organización obedece a principios fundamentales de la administración pública. La *masa común* constituida por el mayor número y variedad de tipos de ingreso, que incluía los tradicionales del Estado español, estaba destinada a sufragar los principales gastos ordinarios de administración y defensa del reino.

El sector de *particulares,* con un número mucho menor de renglones de ingreso, revela una circunstancia especial: la estrecha relación entre la Iglesia y el Estado en la política española, lo cual impone al segundo velar tanto por los bienes destinados a fines piadosos como por los bienes propios; de ahí que se administraran como efectos públicos estatales, lo cual era obvio, pues los bienes, que en principio pertenecían a la Iglesia, se habían cedido al rey, encomendándole el cumplimiento de los fines a los que se hallaban destinados; fines *particulares* —de ahí el nombre del sector—, diferentes de los *comunes* del Estado.

El sector de *ajenos* es el más interesante como producto histórico dentro de la estructura general de la Real Hacienda. En él se advierten ramos del ingreso nacidos ante las necesidades que presentaba la transformación política general de Nueva España: los *montepíos,* como establecimientos destinados a asegurar el bienestar de una burocracia creciente; la administración por el Estado de ciertos bienes que habían sido de las órdenes religiosas o que se aplicaban a fines religiosos (*temporalidades* y *fondos piadosos de las Californias,* respectivamente), lo que denota la afirmación del Estado como soberano y la exclusión de organismos autónomos poderosos dentro del territorio que comprendía éste. Son los inicios de la secularización en la política española.

También dentro de este sector encontramos rasgos de modernidad en los impuestos, pues, como hemos hecho notar, aparece el principio de progresividad, ausente en las demás cargas tributarias de la Hacienda novohispana.

El principio de la autonomía municipal, que data de los primeros tiempos de la formación del Estado español, se afirma en la Hacienda pública novohispana, al dárseles una administración independiente dentro de ellas a los municipios; si bien, por otro lado se reforzó el control político-administrativo, como puede verse en los artículos 15 a 56 de la Ordenanza... de intendentes de 1786.

En el sector de los *estancos especiales* se advierte la política de control estatal de la actividad económica, referida en particular a la producción y comercio de ciertos bienes: el *tabaco,* los *naipes* y el *azogue,* que adquiere aquí una forma especial: monopolio directo y administrado independientemente de otros por el Estado; por más que ese tipo de control monopólico era ya conocido en la administración pública española, como puede comprobarse advirtiendo los que se encuentran dentro de la *masa común* (véase el cuadro).

Nuestra intención ha sido dar una visión general del aspecto fiscal de Nueva España en la segunda mitad del XVIII, pero la amplitud del tema impide hacer comentarios particulares en torno a ciertos ramos de suma importancia. Cada uno de ellos se presta a la realización de monografías que vendrían a aclarar los problemas que pueda plantearse el lector. Lo importante de esos estudios estaría en no perder de vista el interés general que presenta el siglo XVIII para nuestra historia económica y social, viendo los aspectos fiscales particulares como partes de una organización total en proceso de transformación fundamental.

APÉNDICE[26]
LAS POSIBILIDADES DE CUANTIFICACIÓN DEL INGRESO Y
DEL GASTO PÚBLICOS DE NUEVA ESPAÑA EN LA SEGUNDA
MITAD DEL SIGLO XVIII

Las fuentes que hemos utilizado para este trabajo y, principalmente, la *Historia general de Real Hacienda,* pese a que dan abundantes datos sobre el estado de los ingresos y de los gastos públicos, no ofrecen para todos los sectores, ni mucho menos para todos los ramos que los componen, datos completos que puedan referirse a un tiempo determinado fuera del quinquenio 1785-1789 (Fonseca y Urrutia), y 1788-1792 (Maniau) y, en este último quinquenio, sólo por lo que toca a la *masa común.* En ambos quinquenios, el valor del año fiscal se promedia: "año medio".

Además, de ser posible subsanar o llenar las lagunas, bien sea por fuentes que tal vez existan, o por cálculos y medios estadísticos, queda por resolver el problema de la evolución y cuantificación del valor real del ingreso y del gasto, pues si bien es factible conocer su ascenso en términos corrientes, nada sabemos sobre las variaciones del valor adquisitivo de la moneda. De si hubo depreciación en los años de abundancia, ya que la segunda mitad del XVIII fue una época de auge económico sin precedentes en Nueva España, y ese auge económico se traduciría en un aumento del ingreso y del gasto públicos.

Tomando en cuenta las limitaciones que tenemos para lograr una cuantificación correcta, podemos sin embargo darnos una idea de ese hecho utilizando las cifras globales sobre el ingreso público que nos da Humboldt en el *Ensayo político sobre el reino de la Nueva España* (1966) para los años 1712 a 1803, y referir a ellas las que nos dan Fonseca y Urrutia y Maniau para los quinquenios 1785-1789 y 1788-1792, respectivamente, sobre el gasto registra-

---

[26] Bien pudo haberse eliminado este intento de cuantificación. Lo he dejado pese a sus imperfecciones, pues puede ser útil para compararlo y emprender otros más completos. He corregido cifras que había transcrito erróneamente en 1968.

do en la *masa común*, ya que, por lo que respecta a los otros sectores de la Hacienda pública, los datos de estos autores son más incompletos.[27]

No ignoramos lo defectuoso de este procedimiento, pero creemos que para lograr una idea aproximada sobre la cuantía del ingreso y de gasto públicos es útil.

Sobre el ingreso, los datos que da Humboldt son los siguientes:

Año	Total de la renta pública (pesos)	Año	Total de la renta pública (pesos)
1712	3 068 400	1780	15 010 974
1763	5 705 876	1781	18 091 639
1764	5 901 706	1782	18 594 412
1765	6 141 981	1783	19 579 718
1766	6 538 941	1784	19 605 574
1767	6 561 316	1785	18 770 000
1767-1769	8 000 000[a]	1789	19 044 000
1773-1776	12 000 000[a]	1792	19 521 698
1777-1779	14 500 000[a]	1802	20 200 000

[a] Promedio. Total en promedio (incompleto).

Las cifras que nos dan Fonseca y Urrutia y Maniau, aunque limitadas a periodos de tiempo bien cortos, dos quinquenios que se entrecruzan (1785-1789 y 1788-1792), dan la idea de un aumento correlativo del gasto respecto al ingreso, lo que podemos apreciar en la representación gráfica que haremos después de dar las cifras; éstas no obstante que se refieren sólo a la *masa común*, son lo suficientemente representativas del gasto público en general, ya que este sector, como lo hemos indicado, fue el más importante por su cuantía en el ingreso y en el gasto.

[27] Fonseca y Urrutia, *Historia*, 1978, vol. I, cuadro núm. 2, pp. XL y XLI; Maniau, *Compendio*, 1974, p. 46. Véanse notas 5, 6 y 8.

Ingreso o "renta" pública total

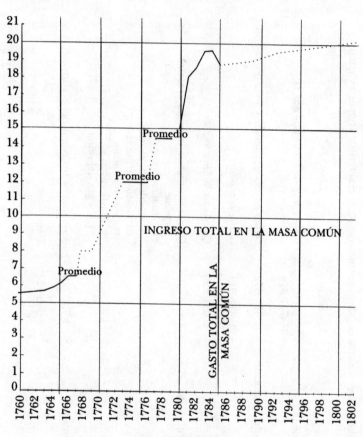

Años 1763-1802

Aspecto fiscal de Nueva España. Masa común de Real Hacienda. Ingreso y gasto

1785-1789	Año medio	1788-1792	Año medio
Valor entero de los ramos que la componen	10 747 878	*Valor entero* de los ramos que la componen	11 184 052.2.2
Gastos especiales: sueldos y administración	1 395 872	*Gastos especiales*: sueldos y administración	1 381 407.1.3
Gastos temporales	9 496 914	*Gastos temporales*	578 326.5.5
Quedan a la *Masa común*	9 031 890	Quedan a la *Masa común*	9 224 526.2.9
Que se destinan a sufragar el *Gasto perpetuo:* I. Situados II. Sueldos de justicia III. Gastos de guerra IV. Sueldos varios V. Pensionistas y VI. Cargas del reino		Que se destinan a sufragar el *Gasto perpetuo:* I. Situados II. Sueldos de justicia III. Gastos de guerra IV. Sueldos varios V. Pensionistas y VI. Cargas del reino	
Sobrante de los pagos del erario	1 752 750	Sobrante de los pagos del erario	82 792.0.9
Gasto total	8 695 128	*Gasto total*	11 096 260

Organización de la Real Hacienda, sectores que la componen: A, B, C y D, ramos que integran cada uno de ellos, ingreso y gasto

Sector: A. Masa común

Ingreso/Ramos	Tasa	Gastos — Especial de recaudación y administración	Gastos — Temporal	Perpetuo
1º Impuestos directos o personales				Todos los ramos de la *Masa común*, una vez deducidos los gastos de recaudación y administración, así como los temporales, cuando los hay, contribuyen a sufragar el gasto perpetuo:
Tributos reales	Regresiva	Sueldos de recaudadores	Pensión a ministros	I. Situados
Servicio de lanzas	Regresiva	S. de recaudadores		II. Sueldos de justicia
Media anata secular (puede considerarse mixta)	Regresiva	S. de recaudadores		III. Gastos de guerra
				IV. Sueldos varios
Impuestos indirectos o reales				
Dos reales novenos	Regresiva	S. de recaudadores		
Derechos de ensaye de oro	Regresiva	S. y materiales		
Derechos de ensaye de plata	Regresiva			
Diezmos de oro	Regresiva		Fuerte y hospital para cuartel, tribunal de Acordada	
Quinto de oro y plata	Regresiva	S. y materiales		
Derechos de vajilla	Regresiva	S. y materiales	Pensión a ministros	v. Pensionistas
Derechos de amonedación oro y plata	Regresiva		Pago de tropas	vi. Cargas del reino
Quinto de perlas	Regresiva			
Derechos de licencias (matanza de ganado)	Regresiva			
Pulperías	Regresiva	S. de recaudadores		
Derechos de grana, añil y vainilla	Regresiva			

Ingreso/Ramos	Tasa	Especial de recaudación y administración	Gastos Temporal	Perpetuo
Impuestos indirectos o reales				
Derechos de entrada de vinos, aguardientes y vinagre	Regresiva			
Armada y avería	Regresiva			
Almojarifazgo	Regresiva			
Alcabalas	Regresiva	S. de recaudadores		
Derechos de anclaje	Regresiva	S. de recaudadores		
Caldos	Regresiva			
Fortificaciones	Regresiva			
Pulques	Regresiva	Sueldos y gastos		
Seda	Regresiva			
Miel de purga	Regresiva			
Buques	Regresiva			
Derecho por servicio de entrada	Regresiva			
Derecho por servicio de salida	Regresiva			
2º Penas y confiscaciones				
Comisos		Gastos de administración		
3º Bienes de la corona por ley				
Tierras				
Salinas				
Minerales en general				

5º Bienes mostrencos

(Diferentes bienes sin dueño que pasan a la corona)

6º Empresas del Estado

   a) En explotación directa:

Papel sellado	Compra de papel, gastos		La afectación de ciertos ramos a gastos especiales (los de la columna anterior) es temporal y no permanente, aunque en realidad fue un hecho constante
Oficios (venta de cargos públicos)	Gastos de administración		
Chancillerías (venta del cargo)			
Arrendamiento de tierras realengas			
Censos enfitéuticos		Casa de ministros	
Composiciones y venta de tierras			
Pólvora (estanco)	Gastos de administración	Pólvora para el ejército	
Sal (algunas salinas, comercio estancado)	Gastos de administración		
Lastre	Compra de piedra		
Excesos (venta de sobrantes en oficinas)			
Varios de mar (servicios diferentes)			
Negros			
Compra-venta de alambre, cobre, plomo y estaño			

Ingreso/Ramos	Tasa	Especial de recaudación y administración	Gastos Temporal	Perpetuo
6º Empresas del Estado				
b) En concesión o arrendamiento:				
Correo (estancado)				
Derechos de alambre, cobre, plomo y estaño (explotación de yacimientos)		Gastos de administración		
Cordobanes (estanco arrendado)				
Nieve (estanco arrendado)				
Explotación y venta de sal (algunas salinas)				
Gallos (estanco)		Gastos de administración		
		Gastos de administración		
Panadería y bayuca (estanco)				
7º Sin clasificación				
Alcances de cuentas (sobrantes a favor que resultan por la rectificación de cuentas)				
Donativos (hechos por los súbditos a la corona que paga con ciertas recompensas)				
Lotería		Gastos de administración	Pensión al hospicio	

Sector: B. Particulares

Ingreso/Ramos	Tasa	Gasto Sólo particular
1º Impuestos directos o personales		
Mesada y media anata eclesiástica (la pagan los prelados por disposición papal)	Regresiva	Mantenimiento de misiones religiosas
Impuestos indirectos o reales		
Diezmos eclesiásticos (del rey por disposición papal puede considerarse mixto)	Regresiva	Obras piadosas
2º Penas y confiscaciones		
Penas de cámara (multas por delitos o faltas)	Regresiva	Pago de sueldos a escribanos, letrados y otros gastos de justicia
7º Sin clasificación		
Subsidio eclesiástico (derecho del rey a recibir limosnas para fines piadosos)		No hay cuenta
Vacantes (sueldos de obispos que no ejercen el cargo por muerte o por remoción. En favor del rey por disposición papal)		Para divulgación de la fe
Bulas de la Santa Cruzada (venta de indulgencias que puede hacer el rey por disposición papal)		Varios fines piadosos y divulgación de la fe

Sector: C. Ajenos

1º Impuestos directos o personales

Ingreso/Ramos		Tasa	Gasto / Sólo particular
Derechos de inválidos (Montepío) (se cobra a los empleados pensionados)		Progresiva	Pensiones y sueldos para las viudas y huérfanos y para los inválidos de guerra, respectivamente
Vestuario de inválidos (se cobra a los empleados pensionados)		Progresiva	Vestido de inválidos de guerra
Montepío militar (se cobra a los empleados pensionados)	Hay un cierto principio de *progresividad*, cuando se descuentan aumentos de sueldo	Regresiva	Pensiones para las viudas y huérfanos de los empleados que contribuyen en vida con los descuentos de sus sueldos
Montepío de oficina (se cobra a los empleados pensionados)		Regresiva	
Montepío de pilotos (se cobra a los empleados pensionados)		Regresiva	
Montepío de maestranza (se cobra a los empleados pensionados)		Regresiva	
Otros montes (se cobra a los empleados pensionados)		Regresiva	
Medio real de ministros (lo pagan los indios tributarios para el juzgado de indios)		Regresiva	Pago de sueldos
Servicio de los indios en los propios y arbitrios			Gastos de municipio

Impuestos indirectos o reales

Ingreso/Ramos	Tasa	Gasto / Sólo particular
Muralla	Regresiva	Conservación de la muralla del fuerte en Veracruz
Bebidas prohibidas	Regresiva	Para gastos de crimen y acordada
Pulques. Para crimen y acordada (arrendado)	Regresiva	
Mezcales	Regresiva	

Señoreaje de minería	Regresiva	Gastos del Tribunal de minería
Sisa (derechos de licencia para venta de carnes y vinos)	Regresiva	Gastos de conservación
Desagüe Huehuetocan	Regresiva	
Impuestos mixtos		
Derechos de fábrica de pólvora (lo pagan los intendentes por el derecho de mercar ganado)	Regresiva	Gastos de la fábrica de pólvora
2º Penas y confiscaciones		
Remisibles a España (parte de los comisos)		Al consejo de superintendentes para su objeto
4º Bienes de difuntos		
Bienes de intestados sin herederos legítimos		
6º Empresas del Estado		
Depósitos (servicio de)		Gastos de administración de los servicios
Particulares (servicio de depósito)		
Productos (venta de comisos)		
7º Sin clasificación		
Fondos piadosos de las Californias		Gastos expresados en el nombre de los ramos
Temporalidades (bienes de la Cía. de Jesús, expulsada en 1767)		

Ingreso/Ramos
7º Sin clasificación

Ingreso/Ramos	Tasa	Gasto *Sólo particular*
Asignaciones (sueldos de los empleados remitidos a España para sus familias)		
Préstamos		
Pensión de catedral (derecho de colectar limosna)		(Construcción de la catedral de México)
Noveno y medio de hospital (igual que el anterior)		(Gastos de hospital de indios en la ciudad de México)
Gastos de estrado		
Propios y arbitrios (tierras de los pueblos beneficiadas con trabajo de los indios o arrendadas a particulares)		

Sector: D. Estancos especiales: tabaco, naipes y azogues

Ingreso	Gasto
Tabaco (venta del producto en bruto o elaborado)	Compra, elaboración y venta del producto
Naipes (venta)	Venta del producto, además soporte una pensión
Azogue (venta)	Compra, venta y administración

Los tres son monopolios del Estado, sustraídos de la *masa común* por disposición regia

BIBLIOGRAFÍA

Altamira y Crevea, Rafael, *Ensayo sobre Felipe II, hombre de Estado, su psicología general y su individualidad humana,* UNAM, México, 1950.

Arcila Farías, Eduardo, *El siglo ilustrado en América. Reformas económicas del siglo XVIII en Nueva España,* Ediciones del Ministerio de Educación, Caracas, 1995, 277 pp.

Brading, David A., *Una Iglesia asediada: el obispado de Michoacán, 1749-1810,* Fondo de Cultura Económica, México, 1994.

Chávez Orozco, Luis, "Orígenes de la política de seguridad social", *Historia Mexicana,* 16, vol. VI, núm. 2, octubre-diciembre, 1956.

Farris, Nancy M., *Crown and clergy in colonial Mexico. The crisis of ecclesiastical privilege,* University of London/The Athlane Press, Londres, 1968.

Fonseca, Fabián de y Carlos Urrutia, *Historia general de Real Hacienda,* Imprenta de Vicente García Torres, México, 1845-1853, 6 vols: I, 1845; II, 1849; III, 1850; IV, 1851; V, 1852 y VI, 1853. Edición facsimilar de la Secretaría de Hacienda y Crédito Público, 1978.

García Martínez, Bernardo, "El sistema monetario en los últimos años del periodo novohispano", *Historia Mexicana,* 67, vol. XVII, núm. 3, enero-marzo de 1968.

Humboldt, Alexander von, *Ensayo político sobre el reino de la Nueva España,* estudio preliminar, revisión del texto, cotejos, notas y anexos de Juan A. Ortega y Medina, Editorial Porrúa, México, 1966 (Col. Sepan Cuantos, 39).

Lira, Andrés, "Aspecto fiscal de la Nueva España en la segunda mitad del siglo XVIII", *Historia Mexicana,* 67, vol. XVII, núm. 3, enero-marzo de 1968.

Maniau, Joaquín, *Compendio de historia general de la Real Hacienda de Nueva España, 1974,* con notas de Alberto M. Carreño, edición de la Sociedad Mexicana de Geografía y Estadística, Imprenta de la Secretaría de Industria y Comercio, México, 1914.

Miranda, José, "La tasación de los cargos indígenas de la Nueva España durante el siglo XVI excluyendo el tributo", en J. Miranda, *Vida colonial y albores de la independencia,* Secretaría de Educación Pública, México, 1972 (Col. SepSetentas).

_____ , *El tributo indígena en la Nueva España durante el siglo XVI,* El Colegio de México, México, 1952 (hay reimpresión posterior).

_____ , *Las ideas y las instituciones políticas mexicanas* (primera parte, 1521-1821), UNAM, México, 1952.

Navarro García, Luis, *Intendencias en Indias,* Escuela de Estudios Hispánicos, Sevilla, 1959.

Pietchmann, Horst, *Las reformas borbónicas y el sistema de intendencias en Nueva España. Un estudio político-administrativo,* Fondo de Cultura Económica, México, 1996.

La Iglesia y la crisis financiera del virreinato, 1780-1808: apuntes sobre un tema viejo y nuevo*

Carlos Marichal
El Colegio de México

> Los polos sobre los que rueda la portentosa monarquía... son los ramos de la agricultura, la minería y el comercio... En ellos se halla repartido el numerario todo de este reino e incorporado en las Obras Pías. Estos son la sangre, que circulando por aquellas arterias en el cuerpo político del reino le conservan su existencia. Con que extraída de él, por cualquier conducto, será su ruina inevitable.
>
> Ayuntamiento de la ciudad de México (1805)

El estudio de la Iglesia en las postrimerías de la época colonial ha despertado el interés de los historiadores repetidamente y ha sido objeto de análisis de muy variado enfoque, abarcando desde la perspectiva ideológica, la política social y la fiscal. (En el presente trabajo nos proponemos ofrecer algunos comentarios sobre la contribución de la Iglesia a las finanzas del gobierno virreinal en una época de guerras internacionales, en las que se vio envuelta la corona española en contra de Inglaterra o Francia, alternativamente.) Nos referiremos concretamente a la guerra contra Inglaterra de 1778-1783, la guerra contra la Convención francesa de 1792-1794, la llamada primera guerra naval contra Inglaterra de 1796-1802 y la segunda guerra naval de 1804-1808. Para enfrentar dichas guerras, la corona española requirió una enorme cantidad

* Publicado en *Relaciones. Estudios de Historia y Sociedad*, núm. 40, 1989, pp. 103-129.

de fondos, tanto de la metrópoli como de las colonias americanas, lo que la llevó a una serie de medidas para extraer caudales de la población sujeta a la monarquía. Entre las fuentes importantes de caudales se contaban los donativos y préstamos que se exigieron de los sectores sociales de Nueva España, incluyendo, por supuesto, a la Iglesia en sus ramos secular y regular. En este ensayo proporcionaremos una muestra preliminar de los ricos materiales que contiene este fondo (conservado en el Archivo General de la Nación) así como de otros materiales de otros ramos, entre ellos Bulas y Temporalidades (relativamente poco trabajados) y el de Consolidación de Vales Reales (uno de los fondos más estudiados). En todo caso, es nuestra opinión que los materiales disponibles sobre las finanzas eclesiásticas y su relación con las del virreinato y, por ende, de la corona española, ofrecen un campo propicio para la investigación. Pero vayamos al tema.

Al doblar el siglo, el gobierno del virreinato de Nueva España había acumulado una ya abultada deuda interna, una parte considerable de la cual, se debía a los préstamos contratados desde 1781 para ayudar a financiar las guerras metropolitanas. Otra parte igualmente importante era consecuencia de la apropiación por el Estado de los sobrantes de una serie de fondos o ramos particulares, la mayoría de ellos vinculados a la Iglesia.[1] De hecho, si se analizan con detenimiento los recursos extraordinarios de los que dispuso el gobierno novohispano para coadyuvar a los gastos financieros y militares del imperio español en esos años, se llega a la conclusión de que la institución que probablemente proporcionó la mayor cantidad de dineros al erario público fue la Iglesia, a través de muy diversos canales. Que fuera así no tenía nada de singular, ya que en España las instituciones eclesiásticas también fueron obligadas a aportar sumas cuantiosas a la corona. La más importante medida adoptada en este sentido fue la Consolidación de Vales Reales llevada a cabo desde 1798 hasta 1808, la que permitió al Estado recibir aproximadamente 1 630 millones de reales vellón (81 500 000 pesos fuertes) por cuenta de la venta de propiedades eclesiásticas en la península.[2]

---

[1] Para una serie de estimaciones de la deuda interna del virreinato véase TePaske, "Financial", gráfica 7. Quisiera agradecer al profesor TePaske su amabilidad al proporcionarme este ensayo en prensa y su permiso para citar materiales del mismo. TePaske, "Crisis", en ese mismo volumen.

[2] Véase el estudio ya clásico de Herr, "Hacia", 1971, p. 65.

La Consolidación de Vales Reales, sin embargo, no se extendió a Nueva España y al resto de las colonias americanas sino hasta fines de 1804. Antes de esa fecha, las autoridades virreinales prefirieron extraer recursos de la Iglesia en las Américas por otros medios más circunspectos y menos taxativos. Ello quizá se debiera a que existía conciencia de que la Iglesia americana tenía menos propiedades (en la forma de bienes raíces urbanos y rurales) que la española o, posiblemente, obedecía al sentimiento de que resultaría excesivamente peligroso debilitar a la mayoría de la población indígena. En todo caso, las autoridades hacendarias buscaron caminos distintos para extraer recursos de la Iglesia. Estos incluyeron el aumento de los impuestos eclesiásticos cedidos a la corona, el vaciamiento de algunos ramos especiales como el de Temporalidades (que administraba las antiguas propiedades de los jesuitas), el traspaso de una parte de los diezmos al fisco real, el pago de subsidios eclesiásticos al gobierno y la contribución por instituciones religiosas de numerosos donativos y préstamos. En su conjunto, estas transferencias de fondos de la Iglesia novohispana constituyeron un instrumento de apoyo crítico para la monarquía en el momento de su crisis financiera más grave. Comenzaremos con un breve repaso de las contribuciones eclesiásticas a los préstamos para la Real Hacienda, pasando luego al análisis de los aportes efectuados por medio de impuestos y otros ramos.

LOS PRÉSTAMOS DE LA IGLESIA NOVOHISPANA

No existe hasta la fecha ningún estudio exhaustivo de los principales donativos y préstamos levantados en el virreinato de la Nueva España entre 1780 y 1804 para financiar las guerras internacionales de la monarquía, pero de manera tentativa nos parece conveniente subrayar la importancia específica de la contribución eclesiástica. En el caso de Nueva España debe tenerse en cuenta que era una práctica ya establecida desde el siglo XVII que las autoridades hacendarias recurrieran a la Iglesia para subsidios y/o donativos, especialmente en épocas de guerra.[3] Pero desde 1780 la presión ejercida por el fisco sobre las instituciones eclesiásticas fue más sistemática y rigurosa. Ello se manifestó, en primer lugar,

---

[3] "Se pidieron donativos (de la Iglesia) en 1624, 1636, 1647, 1696, 1703, 1710, 1723, 1765 y 1780, para mencionar sólo algunos", Lavrin, "Conventos", 1986, p. 195.

en las recaudaciones efectuadas a partir del donativo requerido por Carlos III en agosto de 1780 a sus súbditos americanos que ya hemos comentado. El virrey comenzó por hacer una especial solicitud de contribución al arzobispo y obispos, a los cabildos de las iglesias principales, a las órdenes de monjas y frailes, a los colegios de religiosos y a otras instituciones eclesiásticas. Los prelados, por su parte, instruyeron a los curas parroquiales para que reunieran a los habitantes de los pueblos y los convencieran de las bondades del donativo de la guerra.[4] Sin embargo, no conocemos el monto exacto y total de la contribución eclesiástica, cuestión que deberá ser aclarada por un estudio actualmente en curso.[5] Otras contribuciones eclesiásticas de carácter indirecto al financiamiento de la guerra con Inglaterra (1779-1783) se relacionaban con los aportes del Consulado de Comercio y del Tribunal de Minería. Estas instituciones prestaron más de 2 500 000 pesos a la corona para los gastos bélicos. Pero ambas, a su vez, pidieron a crédito cuantiosas sumas de instituciones eclesiásticas (fundamentalmente de los juzgados de obras pías y capellanías) para completar sus cuotas. Aparentemente, el Consulado recibió unos 300 000 pesos por este concepto y el Tribunal de Minería cerca de 1 000 000 de pesos.[6]

En el caso del donativo y préstamo de 1793 para la guerra contra Francia se cuenta con mayor cantidad de información sobre la contribución de la Iglesia, que fue de gran importancia. Del total de 1 559 000 pesos recaudados de la población novohispana, 63% de los fondos provino de corporaciones eclesiásticas.[7] Las

[4] Véase, por ejemplo, la carta de marzo de 1781 del arzobispo de México en la que informa al virrey que se han dirigido "a todos los integrantes de la diócesis instrucciones para el donativo...", AGN, Donativos y préstamos, vol. 10, exp. 30, fs. 263-270.

[5] La investigación a la que hacemos referencia ha sido emprendida por Carlos Rodríguez del Archivo General de la Nación, y promete ofrecer información completa sobre el donativo y préstamo decretado en 1780.

[6] Sobre los préstamos eclesiásticos que tomó el Consulado, véase Pérez, "Consulado", p. 540. Sobre las deudas del Tribunal de Minería véase Howe, *Mining*, 1949, p. 378. También debe anotarse que del préstamo a censo redimible decretado a principios de 1783, 88% del total de 523 376 pesos fue aportado por instituciones eclesiásticas de Guadalajara: la catedral, obras pías, órdenes religiosas, etc. Calderón, *Historia*, 1968, vol. 2, p. 147.

[7] Calculado con base en las listas de contribuciones y los cuadros referentes al donativo de 1793 en varios expedientes en AGN, Donativos y préstamos, vol. 1, y en particular del expediente 80, fs. 317-318.

mayores contribuciones fueron los 320 000 pesos del Juzgado de
Bienes Difuntos de la ciudad de México y los 300 000 pesos apor-
tados por el dean y cabildo de la catedral de Guadalajara. El arzobispado de México también proporcionó gruesas sumas: 100 000
pesos de los fondos del Juzgado de Capellanías de la capital y
60 000 pesos de las reservas de la catedral. En el caso de la catedral
de Puebla, fue imposible obtener fondos del juzgado local de capellanías, por lo que el Cabildo, después de considerable regateo,
accedió a entregar fondos propios por valor de 50 000 pesos:
21 000 de la masa decimal y 29 000 de limosnas acumuladas en
la catedral.[8] Asimismo, varias instituciones religiosas de la intendencia de Valladolid enviaron 70 000 pesos y el Colegio de San
Luis Gonzaga de la ciudad minera de Zacatecas remitió otros
80 000 pesos.

Por otra parte, debe tenerse en cuenta que los préstamos de
2 000 000 de pesos del Tribunal de Minería entregados a la Real
Hacienda en 1793 y 1794 (como el anterior empréstito minero de
1781) fueron posibilitados por el recurso al crédito eclesiástico.
De acuerdo con documentación del Tribunal, éste tomó préstamos de casi un centenar de instituciones religiosas y privadas para cumplir su compromiso financiero. Por otra parte, se estima
que casi la mitad del préstamo del Consulado de Comercio por
1 000 000 de pesos (otorgado en 1793) se obtuvo gracias a una
serie de créditos adelantados por capellanías y obras pías.[9] Así lo
confirmaba el Tribunal de Minería en una representación a la corona:

> Este Tribunal, el del Consulado y los Cabildos de las ciudades y vi-
> llas del reino en los casos de los anteriores donativos y préstamos
> que ha hecho necesarios la general revolución de la Europa, no te-
> niendo en sus fondos los caudales necesarios para manifestar su
> fidelidad y ayudar en lo posible a la corona, el principal asilo que
> han tenido para hacerse de ellos es ocurrir a las Obras Pías, toman-
> do a réditos sus capitales para ponerlos como los han puesto a los
> pies del trono en el tiempo de sus urgencias.[10]

[8] AGN, Donativos y préstamos, vol. 1, exp. 55, fs. 173-174, y vol. 32, fs. 272-76.

[9] Sobre las deudas del Tribunal véase Howe, *Mining*, p. 382, nota 42. Sobre las deudas del Consulado véase Pérez, *Consulado*, p. 540.

[10] La representación fue presentada en 1805. Véase el texto en Sugawara, *Deuda*, 1976.

En el caso del donativo decretado por el virrey Branciforte a principios de 1795, diversas instituciones eclesiásticas también participaron con importantes contribuciones. El virrey señaló que "a pesar de las generosas contribuciones con que ambas Españas han socorrido al real erario, éste se halla exhausto..." Por consiguiente, instó a los prelados, comunidades religiosas, cofradías y cabildos de las catedrales a que buscaran fondos adicionales. El Cabildo de la catedral de Puebla, por ejemplo, dio 25 000 pesos de su mesa capitular en forma de donativo y 25 000 "de los fondos de la fábrica [la catedral] en calidad de préstamo".[11] Por su parte, el Cabildo de Guadalajara entregó un préstamo de 100 000 pesos y un donativo de 16 000 pesos.[12] En cambio, algunas órdenes religiosas argumentaron que no podían contribuir sino con una pequeña suma como fue el caso de los Agustinos de Michoacán, quienes estaban "en miserable estado" ya que tenían gravada "la cantidad de 400 000 pesos, poco más o menos, cuyas pensiones y réditos paga con mucha dificultad y considerables demoras".[13]

Los aportes eclesiásticos más considerables que se han identificado fueron aquéllos realizados a favor del préstamo a censo redimible anunciado en el mismo año de 1795, siendo administrado por el Consulado de Comercio y contando con la garantía del ramo del Tabaco. De Guadalajara vinieron sumas cuantiosas incluyendo las aportaciones del convento de Santa Gracia (49 800), del convento de Santa Mónica (54 000) y del Juzgado de Capellanías (453 000). La Archicofradía del Santísimo Sacramento en la ciudad de México entregó 250 000 pesos al Consulado para el empréstito, mientras que la Tercera Orden de San Francisco entregó 105 000 pesos al fisco. Diversos colegios religiosos sacaron fondos de sus reservas para el mismo fin: el Real Colegio de Indias de Nuestra Señora de Guadalupe proveyó 10 000 pesos y el Colegio de Niñas Educandas de San Luis Potosí envió 69 000 pesos.[14]

[11] AGN, Donativos y préstamos, vol. 32, fs. 272-276.

[12] Por su parte, el arzobispo y el Cabildo de la catedral de México donaron otros 20 000 pesos. Para mayores detalles sobre estos aportes eclesiásticos véase AGN, Correspondencia de virreyes, 1a. serie, vol. 180, exp. 243 y exp. 365 y vol. 183, exp. 88.

[13] Se entiende por el texto que dicha orden había hipotecado una parte importante de sus bienes, AGN, Donativos y préstamos, vol. 13, f. 418.

[14] Para datos sobre las contribuciones eclesiásticas al empréstito del tabaco véase AGN, Consulado, vol. 312, exp. 8, leg. 4; y Lavrin, "Capital", 1985, pp. 52-55.

Por último, es menester mencionar las contribuciones al donativo de 1798, comenzando con aquellas proporcionadas por diversos conventos. En cada caso, se celebraron reuniones de los directivos de las respectivas órdenes de religiosos y religiosas para instar a los miembros a demostrar su lealtad al monarca. Un ejemplo lo proporciona el informe de José Joaquín de Oyarzábal, ministro provincial y supervisor de las monjas de Santa Clara, quien llamó a reunirse a los prelados "más decorados y de mayor ciencia y experiencia que a la presente se hallaban en esta ciudad", resolviendo que se debían pedir oraciones a todas las monjas en contra del enemigo inglés. Oyarzábal agregaba: "Esto es por lo que mira a lo espiritual; y en lo temporal [...] se pide a todas las comunidades que contribuyan [al donativo]".[15] De hecho, el convento de Santa Clara efectuó una contribución temporal cuantiosa (40 000 pesos), algo superior a la de otros conventos de la capital. Sustanciales también fueron las aportaciones de diversos obispos, Valladolid (50 000), Puebla (20 000) y Guadalajara (40 000), mientras que el obispo de Oaxaca no logró mandar más que 6 000 pesos, arguyendo que la penuria de su diócesis le impedía reunir mayor cantidad de caudales.[16]

Aparte de estos préstamos, desde 1792, la corona solicitó a los obispos de Nueva España una serie de aportes que se denominaban "Subsidios eclesiásticos". De acuerdo con los datos de la Caja Real de México, que proporciona TePaske, se recaudaron por concepto de estos subsidios 171 573 pesos en 1792-94; 1 370 349 pesos en 1798-1800 y 889 946 pesos en 1804-08. No obstante, dado el estado de la investigación actual sobre las finanzas virreinales es difícil determinar hasta qué punto estas cifras son completas.

BULAS, DIEZMOS Y TEMPORALIDADES EN EL FINANCIAMIENTO IMPERIAL

Si bien las contribuciones eclesiásticas a la corona española a través de préstamos, donativos y subsidios fueron cuantiosas, no

---

[15] AGN, Donativos y préstamos, vol. 16, fs. 169-170.
[16] Hay información precisa sobre las contribuciones personales e institucionales al donativo y préstamo de 1798 en la *Gaceta de México*, desde octubre de 1798 hasta septiembre de 1799. Asimismo, hay abundante documentación complementaria en AGN, Donativos y préstamos, vols. 2, 15, 16, 18, 19, 20, 25, 27 y 28.

debe olvidarse que existían otros fondos de la Iglesia que engrosaron las arcas de la Real Hacienda, la mayoría de los cuales consistía en los sobrantes de diversos "ramos particulares". En algunos casos, como el de las bulas de la Santa Cruzada y los diezmos, puede sugerirse que su aporte monetario fue de una importancia igual o mayor que el de los préstamos ya reseñados. Al pasar a la consideración de estos ramos, debe tenerse en cuenta no obstante, que existen graves carencias en la información estadística actualmente disponible, lo que sólo permite un análisis parcial.

Dentro de la Real Hacienda existían una serie de "ramos particulares" que consistían esencialmente en recursos eclesiásticos que habíanse traspasado a la corona en siglos anteriores. Éstos incluían las bulas de la Santa Cruzada, los novenos (diezmos eclesiásticos), vacantes mayores y menores, medias anatas y mesadas eclesiásticas. Cada uno de estos ramos contaba con su propia administración y su propio tesoro donde se acumulaban sobrantes. Dado el propósito religioso de los mismos, la corona acostumbraba destinar dichos fondos para los objetivos de tipo espiritual o caritativo establecidos. Pero hacia fines del siglo XVIII, el gobierno resolvió modificar su política. En primer lugar incrementó la recaudación de cada uno de estos "impuestos" eclesiásticos y después comenzó a transferir los sobrantes de los ramos mencionados a las cajas reales de Hacienda.

Una de las contribuciones eclesiásticas más importantes bajo el control del gobierno eran las bulas de la Santa Cruzada que pagaban los fieles en forma de limosnas a cambio de indulgencias y otros documentos religiosos dispensando determinados pecados. Aunque supuestamente las bulas eran voluntarias, en la práctica eran administradas casi como cualquier impuesto de la corona. El máximo responsable de la administración de las bulas, el comisario general y juez apostólico de la Santa Cruzada, acostumbraba remitir órdenes a las diócesis novohispanas para que los curas levantasen censos de "los habitantes mayores de siete años capaces de comprar la bula".[17] Pero esta especie de presión fiscal era frecuentemente resentida e inclusive rechazada por los pueblos campesinos. Por ejemplo, en el pueblo de Xochimilco, próxi-

---

[17] Morin, *Michoacán*, México, 1979, p. 41.

mo a la capital, el cura mandó encarcelar a varios indígenas que se habían demorado en los pagos de bulas que, evidentemente, no deseaban adquirir.[18]

Los ingresos por cuenta de bulas eran sorprendentemente altos, alcanzando un promedio anual de 240 000 pesos en 1780-1784 y de 62 000 pesos en 1785-1789 (véase cuadro 1). De acuerdo con antiguas normas, el producto líquido debía destinarse a gastos "contra infieles y a la defensa de la fe".[19] De allí que no fuese extraño que la corona se sintiera justificada en utilizar estos recursos para coadyuvar a las guerras en las que se vio envuelta. El monto total de metálico obtenido del ramo de bulas en los últimos años del siglo XVIII todavía no se ha estimado con precisión, pero existen indicios de que fue de gran importancia. De acuerdo con TePaske, para 1798 las autoridades hacendarias habían obtenido un total de aproximadamente 16 000 000 de pesos de los ramos de bulas y novenos, incluyendo tanto los ingresos ordinarios como los sobrantes acumulados en sus arcas en la capital y en todos los obispados.[20]

Dada la enorme deuda contraída por la Real Hacienda con estos y otros ramos eclesiásticos, y dada la manifiesta imposibilidad de liquidar los débitos, en 1800 los encargados de la Real Caja de México solicitaron por medio del virrey Berenguer la posibilidad de incorporarlos dentro de los ramos comunes del fisco. Esta medida ofrecía la posibilidad de liquidar dicha deuda con base en una medida puramente contable, pero al mismo tiempo, permitía seguir utilizando los ingresos anuales de los mismos ramos para cubrir los déficit del gobierno. El ministro de Hacienda, Soler, contestó en el afirmativo, pero insistiendo en que los sobrantes de bulas debían ser remitidos directamente a la península. Sin embargo, ello no resultaba posible ya que, de acuerdo con los funcionarios novohispanos, eran precisamente los ramos

---

[18] El cura local acusó a los habitantes de ser "mal educados y ejemplares en la embriaguez", lo que no le impidió extraer más de 2 000 pesos de la comunidad por concepto de bulas en el año de 1791, AGN, Bulas y Santa Cruzada, vol. 4, exp. 14, fs. 324-25.

[19] Fonseca y Urrutia, *Historia*, 1845-1853, vol. I, p. XXXII. Debe señalarse que las cifras que proporciona esta fuente difieren de las de TePaske resumidas en el cuadro 3.

[20] Tepaske, "Financial", p. 6.

Cuadro 1. Ingresos de la Real Caja de México por cuenta de
ramos eclesiásticos, 1780-1808ª (promedios anuales en pesos)

Año	Bulasᵇ	Novenosᶜ	Total ramosᵈ	Temporalidadesᵉ
1780-1784	249	185	519	n.i.
1785-1789	620	574	1 367	n.i.
1790-1794	396	515	1 030	775
1795-1799	153ᶠ	732ᶠ	945	372
1800-1804	260	1 129	1 762	591
1805-1808	133	1 144	1 817	865

ª Los datos registrados en la Real Caja de México no incluyen necesariamente
lo recabado en las demás 21 cajas del virreinato.

ᵇ Bulas de Santa Cruzada y demás indulgencias cuyos réditos se entregaban
a la corona.

ᶜ Novenos, diezmos y vacantes mayores y menores eran todos ramos fiscales
cuyos ingresos provenían de la masa decimal eclesiástica.

ᵈ Bajo la denominación de "ramos eclesiásticos particulares" incluimos los
ramos de bulas de Santa Cruzada, mesadas y media anata eclesiástica, novenos,
diezmos, espolios y vacantes mayores y menores.

ᵉ El ramo de Temporalidades consistía en las ex propiedades jesuitas que
eran administradas por la corona.

ᶠ En los años de 1797 y 1798, las cuentas de la Caja Real de México registran
entradas de sumas descomunales por los ramos de Bulas (más de 8 000 000 de
pesos en ambos años) y Novenos (más de 7 000 000 de pesos en 1797 y 1798).
Evidentemente, ello no corresponde a los ingresos de dichos ramos, sino que se
explica por la incorporación formal de dichos ramos a la contabilidad de la Real
Hacienda, incluyendo los sobrantes y créditos a cuenta de estos ramos como
aportes efectivos. Para mayor información consúltese la introducción al texto citado de TePaske.

FUENTE: Elaborado con base en datos de TePaske, *Real*, 1976.

eclesiásticos los que permitían equilibrar las cuentas internas de
la Caja Real de México.[21]

En 1802 el Consejo de Indias resolvió llevar a cabo una nueva
política, por medio de la cual, se reorganizaba el ramo de bulas
en Nueva España y Perú y se exigía que se remitiera la tercera par-

[21] Para una interesante carta del virrey Iturrigaray del 26 de febrero de 1803
en la que se reseñan los pleitos entre los funcionarios de la Caja Real y Soler, véase
AGN, Correspondencia de virreyes, 1a. serie, vol. 214, exp. 330, fs. 201-203.

te de los ingresos a la Caja de Consolidación en la península. El Consejo instruyó a los subdelegados de la Comisión de Vales Reales para que reunieran estados completos de las existencias y sobrantes del ramo de bulas en cada intendencia de Nueva España con el fin de poder separar la tercera parte y remitirla a la península. Se ordenaba asimismo que se debían custodiar "los caudales procedentes de este arbitrio en arcas de tres llaves, sin tocar a ellos con ningún motivo, hasta que haya de verificarse su traslación a las cajas de los puertos habilitados", para luego embarcarse "en cuantos buques vinieran a cualquiera de los puertos habilitados de España, consignándolos a la orden y disposición del Consejo, y en su nombre a la Comisión de Vales Reales".[22]

De todavía mayor importancia para el real fisco que las bulas eran los ingresos que procedían de los diezmos y, en particular, de los novenos reales, los que proporcionaban al Estado una novena parte de todos los diezmos recaudados por la Iglesia en el virreinato. Originalmente, el propósito de los novenos había consistido en financiar la construcción de las iglesias catedrales en América, pero posteriormente se habían canalizado directamente a la tesorería del gobierno. De acuerdo con las estadísticas de la Caja Real de México, los novenos proporcionaban un promedio anual de 185 000 pesos en 1780-1784 y de 574 000 pesos en 1785-1789, pero éstas representaban únicamente los ingresos derivados de los diezmos recogidos por el arzobispado de México. Puede suponerse que dicha cifra, por lo tanto, no representaba sino una fracción del total de novenos, a los que habría que agregar las sumas procedentes de las diócesis de Puebla, Valladolid, Guadalajara y Oaxaca.

Por otra parte, hay que tener en cuenta que, desde 1798, se reorganizó este ramo con el objeto de permitir que la corona obtuviera un mayor porcentaje de los diezmos; un ejemplo de ello (aunque no el único) fue el decreto del 28 de noviembre de 1804,

---

[22] La cita es de AGN, Bulas y Santa Cruzada, vol. 25, fs. 420. Asimismo debe observarse que el Consejo elaboró un plan detallado especificando los montos de cada una de las bulas que se utilizarían para este fin. Por ejemplo, las bulas de "sumario de vivos", que costaban quince pesos plata a cada fiel que lo adquiría, se repartían así: diez pesos para la Hacienda novohispana y cinco pesos a la Consolidación de Vales Reales en España. De los "lacticinios" (bula otorgada a los mismos eclesiásticos) que costaban seis pesos, se retendrían cuatro pesos y se remitirían dos pesos a la península. *Ibid.*, fs. 422-426.

por el cual, se agregó un noveno adicional con el objeto de contribuir a la amortización de vales reales.[23] De hecho, de acuerdo con las cifras de la caja matriz de la ciudad de México, el gobierno recibió más de 500 000 pesos anualmente por la cuenta de los diezmos entre 1804 y 1808, cifra que presupone que la corona estaba recibiendo una gran parte de los ingresos eclesiásticos por cuenta de este rubro. De nuevo, como en el caso de las bulas, puede observarse cómo las autoridades hacendarias presionaron sobre estos ramos eclesiásticos para solventar la crisis financiera cada vez más aguda de la monarquía.

Otra fuente de ingresos proveniente de los diezmos era el ramo denominado de "vacantes mayores y menores", el cual se refería a los cargos vacantes de obispados, abadías, dignidades, canongías, racioneros y medios racioneros. Mientras no se llenasen dichos puestos, era obligación de la Iglesia entregar a la Real Hacienda los sueldos que debían cobrar estos cargos vacantes, siendo dotados con una cierta cantidad de los diezmos recogidos en la respectiva diócesis. Los vacantes proporcionaban un ingreso anual promedio que no superó los 150 000 pesos, como promedio anual, entre 1780 y 1800, pero desde esa última fecha hasta 1808 proporcionaban un promedio de cerca de 400 000 por año a las cajas reales. A su vez, hay que tener en cuenta los ingresos por cuenta de las "medias anatas y mesadas eclesiásticas" que consistían en la obligación de los nuevos prelados de entregar la mitad de sus ingresos al fisco durante el primer año de su ejercicio (ver cifras agregadas en la columna 3 del cuadro 1).

Por último, hay que mencionar las contribuciones fiscales obtenidas a través del ramo de Temporalidades, el cual, desde 1767, administraba los bienes de la disuelta orden de los jesuitas. El grueso de dichas propiedades consistía en colegio e iglesias en las ciudades, y en haciendas y ranchos en las zonas rurales. En el arzobispado de México, de acuerdo con una fuente contemporánea, el ramo de Temporalidades se encargaba de la administración de

---

[23] Para correspondencia acerca de la organización del nuevo noveno decimal AGN, Diezmos, vol. 21, fs. 274-280. Costeloe remarca la importancia del noveno adicional que se cobraba a partir del establecimiento de la Consolidación de Vales Reales en noviembre de 1804, pero los datos de TePaske (resumidos en el cuadro 3) sugieren que el mayor aumento en las transferencias por cuenta de los diezmos se produjo desde 1798, o sea con el establecimiento de la Consolidación de Vales Reales en la península. Costeloe, "Administración", 1986, p. 121.

40 haciendas y en la diócesis de Puebla de 53 haciendas y ranchos.[24] Resulta difícil determinar exactamente qué cantidad de los ingresos de este ramo se remitía a la península para gastos militares o financieros de la monarquía, ya que los montos registrados por las cuentas publicadas de las cajas reales no proporcionan suficiente detalle. No obstante, otras fuentes no seriales indican que dicha contribución fue significativa. Por ejemplo, en 1790 se remitieron 300 000 pesos desde Nueva España a la península por cuenta de Temporalidades y en 1792 otros 400 000 pesos.[25] Asimismo, hay indicaciones de que los aportes de este ramo a los préstamos a la corona fueron de alguna importancia.[26]

La prueba más clara del empeño del gobierno español por utilizar los recursos de este ramo para solventar la crisis financiera de la monarquía, se produjo en 1798, cuando se publicó una real cédula, por la cual, se ordenaba que "los fondos y bienes que restan de las Temporalidades de España, Indias e islas filipinas se incorporen en la Real Hacienda con destino a la amortización de vales reales". La misma cédula agregaba que, aun cuando el grueso de los fondos debía utilizarse para pagar la deuda interna del gobierno, en caso de emergencia, podía destinarse una parte de los dineros para "urgentes necesidades de la monarquía", presumiblemente de tipo militar.[27] En esta instancia, como en la de los diezmos, las autoridades hacendarias de la monarquía estaban empeñadas en utilizar los fondos de tipo eclesiástico para sacar a flote su ambicioso plan de amortización de la deuda interna. Así, para amortizar los vales reales en la metrópoli se procedió a estatizar y vender propiedades de conventos y monasterios; en América ello se efectuó, en primera instancia, con base en la apropiación de los ingresos y sobrantes de los "ramos particulares y ajenos" por parte de Hacienda. Pero también se procedió a la venta de propiedades del ramo de Temporalidades lo cual constituyó

[24] Fonseca y Urrutia, *Historia*, 1845-1853, vol. 5, p. 227.
[25] *Ibid.*, vol. 5, p. 192.
[26] Temporalidades proporcionó 160 000 pesos para el préstamo a censo redimible para la corona entre 1795 y 1978. Lavrin, "Capital", 1986, p. 55. Asimismo, el Tribunal de Minería tomó a crédito importantes sumas de Temporalidades para completar sus préstamos a la corona.
[27] Véase la real cédula sobre el destino de los fondos y bienes de Temporalidades a la Amortización de Vales Reales, dada en San Lorenzo a 2 de noviembre de 1798. AGN, Reales Cédulas Originales, vol. 171, exp. 163, fs. 204-205.

—en cierto sentido— el antecedente de la Consolidación de Vales Reales, introducida en el virreinato a fines de 1804.[28]

LA PROSPERIDAD EFÍMERA, 1802-1804

Tras la ratificación del Tratado de Paz de Amiens, en marzo de 1802, entre España, Francia e Inglaterra, la situación de la Hacienda del imperio español tendió a mejorar. Una de las causas de esta mejoría provino de la reanudación del envío de cuantiosas remesas de plata de México a la península. Testimonio de ello lo proporcionan las noticias de la salida de buques desde Veracruz, a partir de abril de 1802, con destino a los puertos españoles con importantes cargamentos de frutos del país y de plata acuñada. De acuerdo con cifras recopiladas por el Consulado de Veracruz, en ese año se exportaron casi 20 000 000 de pesos desde el virreinato por cuenta de la Real Hacienda, de los cuales algo más de 12 000 000 fueron destinados a la península y aproximadamente 7 000 000 a los *situados* del Caribe.[29]

Con objeto de reforzar esta política de extracción de los recursos del virreinato más rico del imperio, la corona resolvió nombrar un nuevo virrey, José de Iturrigaray, quien llegaría a ser la figura clave para organizar la Consolidación de Vales Reales en Nueva España. Durante el sexenio de su gobierno (1803-1808), Iturrigaray adquirió fama singular por malversar fondos en beneficio personal y de su familia.[30] No obstante, desde el punto de vista del presente estudio, lo que interesa resaltar fue su papel en dos terrenos: 1) la organización de la Consolidación de Vales Reales en el virreinato; y 2) su afán por transferir grandes sumas de plata

[28] Faltan estudios detallados sobre el tema en el virreinato de Nueva España, pero la documentación disponible en la sección de Temporalidades en el Archivo General de la Nación es abundante. A partir de una revisión superficial de algunos documentos, puede sugerirse que las ventas de las antiguas propiedades jesuitas tendieron a intensificarse hacia fines del siglo, lo cual explicaría por qué las remesas a la metrópoli por cuenta de Temporalidades aumentaron en este periodo (véase cuadro 1).

[29] Véase nota 2 del estado número 15 de las balanzas del comercio de Veracruz publicadas en Lerdo de Tejada, *Comercio*, México, 1856.

[30] Véanse, por ejemplo, los ácidos comentarios de Alamán acerca de los peculados de Iturrigaray; Alamán, *Historia*, 1849, vol. I, pp. 46-48.

en beneficio del Ministerio de Hacienda metropolitano, tanto en los últimos años de paz (1803-04), como durante la nueva guerra de España con Inglaterra (1805-1808).

Desde las primeras semanas de su regencia, Iturrigaray no escatimó esfuerzos por demostrar su lealtad a la corona, desplegando considerables esfuerzos para remitir una importante suma de caudales. En carta del 7 de marzo de 1803, el virrey informaba a Soler, ministro de Hacienda, que acababa de ordenar el envío de 2 000 000 de pesos en los navíos San Julián y Miño que regresaban a la península. Estos fondos se componían de los ingresos de los ramos de tabacos y naipes, así como 150 000 pesos de sobrantes del de Temporalidades.[31]

Después, sin embargo, las remesas disminuyeron posiblemente por la escasez de numerario en la Caja Real, causada por las enormes extracciones del año anterior, o por el hecho de que los comerciantes novohispanos habían acaparado la mayor parte de la plata en circulación con el objeto de alimentar el intenso comercio transatlántico que siguió a la declaración de la paz.[32] Mientras tanto, el virrey se dedicó a reducir el peso de la deuda interna novohispana, concluyendo la incorporación de diversos ramos de tipo eclesiástico a los ramos ordinarios de la Real Hacienda, liquidando de esta manera los cuantiosos créditos que habían adelantado a la Caja Real.[33]

Durante 1804, en cambio, Iturrigaray logró reunir sumas más cuantiosas para trasladar a la península, donde el ministro de Hacienda, Soler, esperaba ansiosamente noticias de la llegada de la plata mexicana, ya que su anuncio hacía subir inmediatamente la cotización de los vales reales, calmaba a los acreedores internos de la monarquía y aplacaba a los banqueros holandeses que ha-

---

[31] AGN, Correspondencia de virreyes, 1a. serie, exp. 2, f. 25, exp. 40, f. 75 y exp. 51, f. 92.

[32] En total, el Consulado de Veracruz estimó que Iturrigaray envió solamente 5 000 000 de pesos por cuenta de la Real Hacienda a la península en el transcurso de 1803. Por otra parte, hay constancia de que envió 1 671 000 pesos al *situado* de La Habana y, por interpósito del gobernador de La Habana, 300 000 pesos a las tropas francesas que ocuparon la isla de Santo Domingo. AGN, Correspondencia de virreyes, vol. 214, exp. 189, fs. 26-29.

[33] TePaske, como ya se ha indicado, calcula que ello implicó una reducción de alrededor de 16 000 000 de pesos de la deuda interna del gobierno novohispano. TePaske, "Financial", p. 14 y gráfica 7, p. 27.

bían otorgado cuantiosos empréstitos al gobierno español. En agosto, el virrey pudo informar al ministro que había remitido 13 000 000 de pesos a la metrópoli en los navíos de guerra Sabina, Anfitrite, Rufina y Venganza. Poco después, agregó Iturrigaray, se habían mandado 2 500 000 pesos a La Habana para cubrir gastos del *situado* de Cuba y de otros puntos de Barlovento.[34]

A pesar del aporte de dichos fondos, tras la declaración de la nueva guerra con Inglaterra a fines de 1804, la coyuntura volvió a tornarse angustiosa para la Hacienda madrileña. La guerra, provocada por la armada británica al capturar cuatro buques españoles provenientes de Buenos Aires con una gran cantidad de caudales, paralizó el comercio transatlántico.[35] A partir de entonces, las autoridades españolas comenzaron a dar patadas de ahogado debido a la situación cada vez más crítica de la Real Hacienda. Las remesas de México y del resto de América se redujeron abruptamente, mientras que en la metrópoli los déficit crecían con rapidez, y los vales reales se depreciaban. Por otra parte, en 1804 se presentó una terrible crisis agraria que exigió fuertes gastos de emergencia, incluyendo la importación de granos de Francia. Por último y para rematar la situación, Napoleón intensificó la presión sobre el gobierno de Carlos IV para obtener el pago del subsidio de guerra acordado el año anterior, por el cual, España se veía comprometida a entregar 192 millones de reales por año al tesoro francés para librarse de compromisos militares exigidos por el régimen napoleónico.

Quedaban pocas opciones para la corona. Entre las últimas se contaba el recurrir de nuevo a la Iglesia novohispana para obtener fondos con que cubrir los abultados compromisos militares y financieros del imperio. Con este objeto, se ratificó la extensión de la Consolidación de Vales Reales a Nueva España y al resto de América, el 24 de noviembre de 1804.

---

[34] AGN, Correspondencia de virreyes, 1a. serie, vol. 219, exp. 551, fs. 285-60 y exp. 656, fs. 385-87.

[35] Las fragatas de guerra Mercedes, Medea, Clara y Fama procedentes del virreinato del Río de la Plata fueron detenidas y apresadas por otras cuatro inglesas en el cabo de Santa María, "siendo conducidas a Inglaterra, excepto la Mercedes, que se voló en el combate que tuvieron". Carta del gobernador de La Habana a Iturrigaray, 17 de enero de 1805, AGN, Marina, vol. 217, exp. 2.

LA CONSOLIDACIÓN DE VALES REALES EN NUEVA ESPAÑA, 1804-1808

Hacia fines de 1804, tanto el Ministerio de Hacienda en Madrid como la Real Caja en México, se enfrentaban al mismo dilema, el cual consistía en obtener nuevos aportes en metálico para cubrir los compromisos extraordinarios de la monarquía, envuelta en una nueva guerra con Inglaterra. Las posibilidades de reunir caudales dentro del virreinato de Nueva España, sin embargo, ya resultaban más limitadas que hacía un decenio. Los recursos fiscales ordinarios ya no daban abasto debido a las extraordinarias extracciones de fondos para la península y los *situados* en 1802-04; los llamados "ramos particulares y ajenos" de la Hacienda habían sido literalmente vaciados; y los repetidos préstamos y donativos habían colmado la paciencia y la capacidad de pago de la población novohispana. No quedaba, por consiguiente, otra alternativa que la de intentar la aplicación de una medida radical y potencialmente peligrosa: la estatización de algunos de los bienes raíces y capitales de la Iglesia.

Dicha política, conocida como la Consolidación de Vales Reales, se había iniciado en la metrópoli en 1798. Seis años más tarde, el ministro de Hacienda, Miguel Cayetano Soler, ordenaba su extensión a los dominios americanos e instaba a los prelados eclesiásticos a prestar su apoyo para lograr la mayor recaudación de fondos posible. A pesar de la clara intención secularizadora de dicha medida, no implicaba que se nacionalizaran todos los bienes de la Iglesia. Como señalaba el real decreto: "Los bienes raíces que resultaban propios de las iglesias y comunidades religiosas no se comprenden en la enajenación, siempre que sean los fondos dotales, con cuyos productos se sostiene la fundación y sustentan sus individuos."[36] En otras palabras, el gobierno no tenía como objetivo la expropiación del conjunto de propiedades de la Iglesia, las cuales eran numerosas y siguieron siéndolo aún después de la Consolidación. Todavía en 1813, por ejemplo, las corporaciones religiosas eran propietarias de 47% de las casas de la ciudad de México "sin considerar los edificios religiosos: conventos, iglesias, parroquias, establecimientos de instrucción e ins-

---

[36] Véase texto completo del decreto en Sugawara, *Deuda*, pp. 13-26.

tituciones de beneficiencia que ocupaban una gran extensión del área urbana".[37]

En la práctica, la nueva ley afectó fundamentalmente a los fondos líquidos disponibles de aquellas instituciones eclesiásticas conocidas como los juzgados de obras pías y capellanías, las cuales administraban los bienes y capitales de las más variadas fundaciones religiosas. Así lo indicaba el ilustre historiador Lucas Alamán al comentar los efectos de la Consolidación en el virreinato:

> La riqueza del clero no consistía tanto en las fincas que poseía, aunque éstas eran muchas, especialmente en las ciudades principales como México, Puebla y otras, sino en los capitales impuestos a censo redimible sobre las de los particulares, y el tráfico por la imposición y redención de estos caudales hacía que cada juzgado de capellanías, cada cofradía fuese una especie de banco.[38]

La afirmación de Alamán, sin embargo, debe ser matizada ya que los juzgados de capellanías no eran bancos sino instituciones muy *sui generis* y características de la forma en que se administraba el crédito del antiguo régimen. Los juzgados recibían y administraban los fondos que legaban particulares para determinados fines religiosos (como podían ser el mantenimiento de instituciones caritativas, colegios religiosos u hospitales, o el cumplimiento de ciertos oficios, siendo los más comunes las oraciones o misas para los difuntos). Frecuentemente, los administradores de los juzgados daban estos fondos en préstamo a propietarios que los solicitaban, recibiendo a cambio una tasa de interés de 4 o 5% anual. No se conoce el monto total de estos "capitales a rédito" administrados por los juzgados de obras pías y capellanías del virreinato, aunque los contemporáneos estimaban que podían sumar de 40 a 50 000 000 de pesos.[39] Eran precisamente estos capitales los que la corona deseaba que se transfiriesen a sus cajas para amortizar o "consolidar" los vales reales.

---

[37] Morales, "Distribución", 1986, p. 81.
[38] Alamán, *Historia*, 1849, p. 66.
[39] Casi todas las representaciones coincidían en que el valor de dichos capitales se aproximaba a esta suma, como se puede observar en Sugawara, *Deuda*, 1976, pp. 29, 36, 47, 48. Sin embargo, se requiere un prolijo examen de la documentación contenida en el ramo de Consolidación del AGN para determinar cuál sería la validez de estas estimaciones.

La nueva legislación tendió a gravar, sobre todo, a aquellos comerciantes, terratenientes y mineros que habían tomado préstamos de los juzgados de capellanías, pero a su vez representó un golpe en contra de las personas que habían legado fondos a determinadas obras pías o capellanías. En este sentido, la Consolidación representó una amenaza para el conjunto de las clases propietarias novohispanas, ya que todos sus miembros estaban directa o indirectamente vinculados a diversas fundaciones religiosas. Por ello su realización provocó un número inusitado de protestas, conocidas como "representaciones", solicitando su suspensión.

El virrey Iturrigaray, no obstante las protestas, siguió al pie de la letra las perentorias órdenes de Soler en el sentido de proceder sin retraso a recoger los fondos y a remitirlos a la península. Obedeciendo las instrucciones del Consejo de Indias y de la Junta de Consolidación de España, inició los trámites para formar una Junta Superior de Consolidación de Vales Reales en la ciudad de México, que iba a ser integrada por el virrey, el arzobispo, los regentes y un fiscal de la Audiencia y dos funcionarios nombrados por la corona, el "diputado general" Antonio José Arangoiz y el "contador", Diego Madolell.[40] Estos últimos funcionarios, sin embargo, tardaron varios meses en llegar de España, por lo que el arzobispo rogó al virrey que se suspendiera la Consolidación durante un tiempo. Iturrigaray se negó a ello y ordenó que se procedieran a formar juntas subalternas en todas las intendencias, para realizar el recuento de fondos o propiedades disponibles e integrarlos a la Caja de Consolidación.

A partir de septiembre de 1805, las diversas juntas de Consolidación comenzaron a recaudar los fondos requeridos. En algunos casos, se exigía a los deudores la entrega a las cajas reales de los capitales tomados en préstamo; en otros, se procedía a la subasta de las propiedades de obras pías con el mismo fin.[41] Entre

---

[40] Acerca de los nombramientos de funcionarios para la Consolidación en Nueva España, véanse las comunicaciones a Iturrigaray por parte del conde de Montarco, presidente del Consejo de Indias y de Antonio Porcel, secretario de Carlos IV en AGN, Reales cédulas originales, vol. 195, exp. 30, fs. 61-63 y exp. 114, fs. 243-246.

[41] Las reglas básicas para llevar la cuenta y razón de ambos tipos de fondos recaudados, se encuentran en el reglamento firmado por Manuel Sixto Espinosa, director de la Caja de Consolidación en Madrid, fechada el 21 de enero de 1805. AGN, Consolidación, vol. 1, exp. 5, fs. 84-85.

los sectores más afectados se encontraban los terratenientes, ya que eran clientes asiduos de los créditos ofrecidos por los juzgados de capellanías y, a la vez, los más fieles donadores a las obras pías y capellanías. El riquísimo ganadero, el marqués de Aguayo, por ejemplo, se vio precisado a hacer entrega de 462 000 pesos a la Caja de Consolidación, una suma enorme para la época. Por su parte, Gabriel de Yermo, propietario de numerosas haciendas azucareras, recibió instrucciones para remitir 184 700 pesos. De manera similar, el conde de Santiago Calimaya, dueño de un pueblo y una gran hacienda en el valle de Toluca, recibió órdenes de entregar 51 300 pesos. Nada extrañamente, estos grandes propietarios resintieron la presión fiscal y el marqués de Aguayo lideró un grupo importante de terratenientes, quienes redactaron una petición que enfureció al virrey.[42]

Los mineros más acaudalados también protestaron. Un número importante tenía deudas pendientes con diversas obras pías, capellanías y cofradías. El conde de la Valenciana, dueño de las minas de plata más productivas de Guanajuato y de América, fue instado a entregar 57 000 pesos a la Caja de Consolidación, como lo fueron el conde de Regla (70 000 pesos), conde de Rul (83 348 pesos) y varios miembros de la rica familia minera de los Fagoaga (115 937 pesos).[43] Por su parte, la Junta de Consolidación reclamó al Tribunal de Minería la entrega de 500 000 pesos que debía a varias obras pías. Sin embargo, el Tribunal contestó que dichos fondos los había entregado a la propia corona para los donativos de 1793 y 1798, por lo que no se sentía compelida a cumplir con esta nueva reclamación. Por dicho motivo y con el fin de proteger a sus asociados, el Tribunal presentó una representación al virrey, por medio de la cual, hizo saber que la nueva política fiscal amenazaba con llevar a la bancarrota a numerosos mineros:

> No tienen, pues, por sí los dueños caudal bastante... y tampoco pueden adquirirlo por otro medios porque en este reino no hay cambios, bancos o fondos públicos donde tomar dinero o logro, y el único arbitrio que antes había era ocurrir a los juzgados de capellanías, a las arcas de los conventos, a la de las cofradías, en una palabra a las obras pías.

---

[42] Véase el texto de la carta en Sugawara, *Deuda*, 1976, pp. 88-92. Asimismo véanse comentarios en Ladd, *Mexican*, 1976, p. 102.

[43] Ladd, *Mexican*, 1976, pp. 100-101.

Pero las exigencias de la Caja de Consolidación no pesaron solamente sobre los más ricos terratenientes, comerciantes y mineros, sino que se hicieron extensivas a otros sectores propietarios menos pudientes.[44] En la intendencia de Valladolid, por ejemplo, 537 propietarios firmaron una célebre representación redactada por el eclesiástico Manuel Abad y Queipo, en la cual se criticaba la excesiva concentración de tierras en manos de los mayores hacendados y se protestaba en contra de la mesta de ganaderos y del monopolio de la comercialización de la carne en la ciudad de México ejercido por "cuatro ganaderos ricos de esta corte".[45] Pero por encima de todo, los "labradores" de Michoacán reclamaban la suspensión de las medidas de Consolidación, ya que éstas causaban graves perjuicios a la agricultura regional. De manera similar, los hacendados de la zona triguera de Tepeaca, en la intendencia de Puebla, protestaron en contra de la presión fiscal. Que estas protestas no eran retóricas puede observarse a partir de un estudio reciente elaborado por Francisco Cervantes, el cual demuestra que, en efecto, el resultado de la Consolidación fue la reducción del crédito agrícola de manera drástica en la región de Puebla en ese periodo.[46]

Pero el grupo social más seriamente golpeado, por las nuevas exigencias fiscales fue, precisamente, aquél menos preparado para soportar su impacto: las comunidades indígenas del conjunto del virreinato que se vieron obligadas a entregar un total de 750 000 pesos a las Juntas de Consolidación.[47] Dichas comunidades ya habían efectuado importantes contribuciones financieras a la corona, desde hacía algunos decenios, como lo demuestra el hecho de que habían entregado más de 100 000 pesos para la compra de acciones del Banco de San Carlos en 1783, además de otras sumas importantes para los donativos de 1793, 1795 y 1798. Dichos aportes socavaron las bases de las cajas de las comunida-

---

[44] Un detallado análisis de los contribuyentes a la Consolidación en la intendencia de Oaxaca se encuentra en Hamnett, *Politics*, 1971, pp. 110-111 y apéndice 9.

[45] Sugawara, *Deuda*, 1976, pp. 66-67.

[46] Cervantes, "Iglesia", México, 1986, pp. 51-74.

[47] Esta cifra era equiparable a la suma de dinero entregado por todos los conventos de monjas, los cuales eran las instituciones religiosas que poseían la mayor cantidad de bienes raíces en Nueva España. Véase Lavrin, "Execution", 1973, p. 41.

des indígenas, las cuales constituían una especie de reserva monetaria para época de crisis agraria.[48] Pero sin duda alguna fue la Consolidación la medida que dio el golpe de gracia definitivo a estas instituciones comunitarias.[49]

En total, el proceso de Consolidación en Nueva España produjo 10 321 800 pesos para la corona.[50] La recaudación de esta enorme suma tenía el objetivo ostensible de ayudar a la Real Hacienda a amortizar su abultada deuda interna, pero en la práctica, estos fondos se destinaron a cubrir algunos compromisos financieros internacionales de la monarquía. Compromisos tan delicados y secretos que Soler y Espinosa no se atrevieron a informar a nadie, excepto al virrey Iturrigaray y a algunos de sus allegados más próximos, del destino final de los fondos de las obras pías mexicanas. De hecho, al revisar la documentación de distintos ramos en el Archivo General de la Nación, no hemos encontrado indicación alguna de que ni las autoridades de la Iglesia ni los demás afectados por la Consolidación supieran que, la mayor parte de los dineros entregados, no se destinaban a las arcas de la monarquía española, sino a la tesorería del imperio napoleónico.[51] Éste era un secreto de Estado bien guardado y era un reflejo de la creciente complejidad de las finanzas de la monarquía española en el momento de su mayor crisis.

[48] Las comunidades indígenas protestaron en más de una ocasión porque los fondos que se habían visto obligadas a entregar al Banco de San Carlos no les producían réditos en metálico, sino que se les pagaba con vales reales, valor de cambio que no tenía utilidad en Nueva España. Véase la carta del 27 de julio de 1804 de Iturrigaray a Soler en la que expone la miseria de las comunidades indígenas. AGN, Correspondencia de virreyes, 1a. serie, vol. 219, exp. 533, f. 231.

[49] Debe agregarse que las entregas de dos terceras partes de los capitales de las cajas de comunidades no fue voluntaria, sino impuesta por una resolución del 25 de junio de 1806 de la Junta Superior de Consolidación. Para las consecuencias a más largo plazo de esta resolución véase Lavrin, "Execution", 1973, pp. 41-42.

[50] Existen ciertas discrepancias con respecto al monto de las recaudaciones por cuenta de la Consolidación, pero las cifras que parecen más confiables son las de Asunción Lavrin consignadas en el cuadro 4. Compárense con Hamnett, "Appropriation" 1969, pp. 100-110; y Flores, "Consolidación", 1969, pp. 362-364.

[51] Para una amplia bibliografía sobre este tema puede consultarse mi monografía "Crisis", en prensa.

BIBLIOGRAFÍA

Alamán, Lucas, *Historia de México, desde los primeros movimientos que prepararon su independencia el año de 1808 hasta la época presente*, FCE/ Instituto Cultural Helénico (facsímil de la edición de J. Mariano Lara, 1849-1852), México, 1985.

Calderón Quijano, J., *Historia de los virreyes de Nueva España en el reinado de Carlos III*, Escuela de Estudios Hispanoamericanos, Sevilla, 1968.

Cervantes, Francisco, "La Iglesia y la crisis del crédito colonial en Puebla" en L. Ludlow y C. Marichal (comps.), *Banca y poder en México, 1800-1925*, Grijalbo, México, 1986.

Costeloe, Michael, "La administración, recolección y distribución de los diezmos en el arzobispado de México, 1800-1860" en A. Bauer (comp.), *La Iglesia en la economía de América Latina, siglos XVI al XIX*, INAH, México, 1986.

Flores Caballero, Romeo, "La consolidación de Vales Reales en la economía, la sociedad y la política novohispanas", *Historia Mexicana*, vol. XVIII, núm. 71, 1969.

Fonseca, Fabián de y Carlos de Urrutia, *Historia general de Real Hacienda*, Imprenta de Vicente García Torres, México, 1845-1853, 6 vols.

Hamnett, Brian, "The appropriation of mexican Church wealth by spanish bourbon government: la Consolidación de Vales Reales, 1805-1809", *Journal of Latin America Studies*, vol. 1, núm. 2, 1969.

_____, *Politics and trade in southern Mexico*, Cambridge University Press, Cambridge, 1971.

Herr, Richard, "Hacia el derrumbe del antiguo régimen: crisis fiscal y desamortización bajo Carlos IV", *Moneda y Crédito*, núm. 118, septiembre 1971.

Howe, W., *The minning guild of New Spain*, Harvard University Press, Cambridge, 1949.

Ladd, D., *The mexican nobility at independence, 1780-1826*, Institute of Latin American Studies, University of Texas, Austin, 1976.

Lavrin, Asunción, "The execution of the Law of Consolidation in New Spain: economic aims and results", *Hispanic American Historical Review*, vol. 53, núm. 1, 1973.

_____, "El capital eclesiástico y las elites sociales en Nueva España a finales del siglo XVIII" en E. Florescano (comp.), *Orígenes y desarrollo de la burguesía en América Latina, 1700-1955*, Nueva Imagen, México, 1985.

_____, "Los conventos de monjas en la Nueva España" en A. Bauer (comp.), *La Iglesia en la economía de América Latina: siglos XVI al XVIII*, INAH, México, 1986, p. 195.

_____, "El capital eclesiástico y las elites sociales" en A. Bauer, *La Iglesia en la economía de América Latina: siglos XVI al XVIII*, INAH, México, 1986.

Lerdo de Tejada, Miguel, *Comercio exterior de México*, Imprenta de Rafael y Rafael, México, 1853.

Marichal, Carlos, "Crisis financiera y comercio neutral en la Nueva España, 1780-1808", Banco de España, en prensa.

Morales, María Dolores, "La distribución de la sociedad en la ciudad de México, 1813-1848", *Historias*, núm. 12, 1986.

Morin, Claude, *Michoacán en la Nueva España del siglo XVIII: crecimiento y desigualdad en una economía colonial*, FCE, México, 1979.

Pérez Herrero, Pedro, "El Consulado de Comerciantes de la ciudad de México", tesis de doctorado, Centro de Estudios Históricos-COLMEX.

Sugawara, Masae (comp.), *La deuda pública de España y la economía novohispana, 1801-1809*, INAH, México, 1976 (Col. Científica del INAH, 28).

TePaske, John, *La Real Hacienda de Nueva España: la Real Caja de México, 1576-1816*, INAH, México, 1976 (Colección Científica, núm. 41).

_____, "The financial desintegration of the royal government of Mexico, 1790-1820" (Véase TePaske, "Crisis", en esta misma antología).

La crisis financiera del virreinato de Nueva España a fines de la colonia*

John Jay TePaske
Duke University

Al momento del grito de Dolores la desintegración económica de la administración colonial era ya un hecho. Aquí se analizan las causas y efectos de esa crisis financiera.

No es tarea fácil marcar con precisión el comienzo de la era de la independencia hispanoamericana, ese momento histórico cuando afloró el carácter social independentista en México y otras regiones de las Indias españolas.[1] Algunos estudiosos ponen énfasis en la transición que colocó en el trono de España a la dinastía de los Borbones y las reformas imperiales que la siguieron; otros señalan como crucial la difusión del pensamiento ilustrado y los

* Deseo expresar mi gratitud a la Tinker Foundation National Endowment for the Humanities, American Philosophical Society, y al Duke University Research Council, quienes proveyeron los recursos que hicieron posible este trabajo. Éste es parte de un proyecto más amplio en el que se estudia y analiza la estructura fiscal de Perú y México. El profesor Herbert S. Klein, de Columbia University, es coautor de dicho proyecto. El segmento de esta ponencia correspondiente a Nueva España fue presentado en un congreso en la Universidad de California-Irvine, en febrero de 1987. Una versión aumentada del mismo, la cual incluía a Perú, fue presentada en el XLVI Congreso Internacional de Americanistas en Amsterdam, el primero de julio de 1988.

Tomado de *Secuencia. Revista de Historia y Ciencias Sociales*, Instituto Mora, nueva época, núm. 19, enero-abril de 1991, México, pp. 123-140.

[1] Debemos aclarar desde el principio que ésta es una vista panorámica y amplia de las condiciones fiscales de Nueva España durante el periodo de la independencia.

ejemplos de las revoluciones en Norteamérica, Francia y Haití; otros, por su parte, argumentan que se inició en el momento en que las tensiones entre criollos y peninsulares se tornaron insoportables para los primeros, optando éstos por la independencia; algunos señalan la década de 1790 como el inicio del periodo independentista, al momento en que los lazos comerciales entre España y sus colonias fueron transformados radicalmente. Este trabajo sostiene que la época de la independencia se encuentra enmarcada en el contexto del derrumbe del sistema fiscal imperial de Nueva España. En México la desintegración del estado colonial no fue un fenómeno repentino; fue más bien un proceso gradual y aparentemente inexorable, con inicios a principios de la década de 1780. Al momento del grito de Dolores, esa desintegración era ya un hecho.

INGRESOS Y EGRESOS EN EL MÉXICO COLONIAL TARDÍO

La base para este estudio sobre Nueva España[2] la constituyen las cartas-cuentas de las diversas cajas reales y los registros financieros de entradas y salidas de las reales haciendas de la ciudad de México y de las demás regiones del virreinato.[3] Desafortunadamente, y en contraste con lo completo de las series del siglo XVIII, muchas de las cuentas de principios del XIX no se encuentran en los archivos. Esta ausencia se debe a que dichos documentos nunca llegaron a manos del Tribunal de Cuentas de la ciudad de México o a la Real Contaduría de Madrid, debido a las interrupciones en la comunicación entre la colonia y su metrópoli, y al estallido de la lucha independentista en 1810. Las cuentas de la Caja Central de México sólo llegaron hasta 1817, mientras que las de las regiones mineras de Guanajuato y Sombrerete sólo cubren hasta 1816, exhibiendo, además, lagunas en su contenido. En el caso de

[2] Aunque también está basado en el análisis de los expedientes de los reales oficiales en el Archivo General de Indias (AGI), Sevilla, México, legajos 2348-2386; y otros documentos en AGI, Indiferente general, legs. 41, 43 y 1707-08.

[3] Las cartas cuentas de las diversas cajas de México han sido publicadas en TePaske y Klein, *Ingresos y egresos*, vols. I y II, 1986-1988. El primer volumen incluye las cajas de Acapulco, Arizpe, Bolaños, Campeche, Chihuahua, Durango, Guadalajara, Guanajuato y Mérida; el segundo cubre México, Michoacán, Oaxaca, Pachuca, presidio del Carmen, Puebla de los Ángeles, Rosario, Saltillo, San Luis Potosí, Sombrerete, Tabasco, Veracruz, Zacatecas y Zimapán.

Durango sólo han sobrevivido las cartas-cuentas anteriores a 1813; en otras cajas reales regionales, como las de Veracruz, Acapulco, Guadalajara, y San Luis Potosí, hay sólo algunas cartas-cuentas salteadas, y en algunos casos no hay ninguna disponible. Como nota positiva, puede destacarse que han sobrevivido la mayoría de las cartas-cuentas del periodo separatista para el rico distrito minero de Zacatecas; hay también registros de acuñación, series de estados de deudas anuales de las reales haciendas de Nueva España y estadísticas publicadas sobre comercio y recibos aduanales. Estudiadas junto a las cartas-cuentas, estas fuentes producen un cuadro bastante completo de las vicisitudes financieras que afectaron al virreinato de Nueva España, durante el agitado periodo de la emancipación.[4]

Durante las últimas décadas del periodo colonial los ingresos fiscales alcanzaron su cenit. En la Caja Real matriz de la ciudad de México, para dar un ejemplo, las entradas aumentaron de un promedio de 2 000 000 de pesos anuales en la primera década del siglo XVIII hasta más de 14 000 000 anuales un siglo después; esto es, aumentaron siete veces (véase gráfica 1). Si se consideran los impuestos depositados en la Real Hacienda central provenientes de las cajas entre 1801 y 1810 (gráfica 2), los ingresos anuales del virreinato alcanzaron un promedio de 20 000 000 de pesos en esa década, ascendiendo a 28 000 000 en 1809, un año antes del levantamiento de Hidalgo. Este aumento resulta impresionante aun cuando se considera el factor inflacionario.[5]

Por lo general, las cajas regionales del virreinato siguieron los mismos patrones de la Caja Central de la ciudad de México. En el distrito de Guadalajara, por ejemplo, los ingresos promediaron 163 000 pesos al año en la primera década del siglo XVIII y casi 740 000 en los primeros diez años del XIX, es decir cuatro veces más.[6] En la misma década (1801-10) las recaudaciones de Guanajuato, Zacatecas y Sombrerete alcanzaron sus niveles más altos, al menos nominalmente, y exhibieron, en general, las mismas tendencias alcistas de la capital y Guadalajara. Con contadas ex-

---

[4] Las fuentes específicas de este análisis pueden encontrarse al final de este trabajo donde se describen las "Fuentes para las gráficas".

[5] TePaske, "Economic", 1985, pp. 119-142; Coatsworth, "Limits", 1982, pp. 25-52.

[6] El ingreso anual promedio de Guadalajara está basado en el quinquenio 1801-1805; no hay datos completos para 1806-1810.

cepciones cíclicas o anuales, la tendencia a lo largo del siglo XIX, tanto en la Caja Central de la ciudad de México como en las cajas regionales, fue de un crecimiento marcado de los ingresos. Éstos llegaron a su más alto nivel justo en vísperas del levantamiento de Hidalgo. Entre los factores que explican dicha tendencia se encuentran un aumento de cuatro veces en la producción de plata, acompañado de mayores recaudaciones de impuestos argentíferos; la institución de un sistema más racional y eficiente de cobro de impuestos; nuevas imposiciones fiscales puestas en vigor por los Borbones y sus ministros, especialmente en el último cuarto del XVIII, y el crecimiento poblacional de Nueva España.

Sin embargo, este cuadro color de rosa de aumentos en el renglón de ingresos resulta menos positivo si se atiende al renglón de gastos. Comenzando en las décadas de 1770 y 1780, cuando la inflación empezaba a reducir los ingresos fiscales, aumentaron dramáticamente los gastos militares. Estos gastos incluían fondos destinados a los situados y a desembolsos extraordinarios[7] para el sostenimiento de los presidios de la región del Caribe, el armamento de flotas para escoltar los convoyes cargados de plata, y el mantenimiento naval y militar de las Filipinas. Además, en la década de 1770 las remisiones a Castilla aumentaron astronómicamente, de un promedio anual de menos de 1 000 000 de pesos en décadas previas, hasta casi 5 000 000 de pesos anuales en la última década del XVIII.[8] Para agravar más la situación, algunos de los nuevos impuestos dirigidos al sostenimiento de programas de índole social y económica, tales como construcción de carreteras, establecimiento de hospitales y servicios legales para la población indígena, y pensiones de retiro para funcionarios y militares, no resultaron suficientes, haciendo necesaria la transferencia de otros fondos fiscales. Al mismo tiempo, nuevas contribuciones como las reales cotizaciones hechas en los obispados mexicanos para la Real Orden de Carlos III sangraron fuera de Nueva España los fondos necesarios para cubrir las necesidades locales.

Así fue como los déficit empezaron a crecer. A principios de la década de 1770 las deudas de la Real Hacienda mexicana ascendían a poco más de 3 000 000 de pesos; para el año 1810, habían

---

[7] En la primera década del XVIII había cerca de 30 renglones de entrada en los libros de la ciudad de México; a finales de siglo había más de cien.

[8] TePaske, "Política", 1983, pp. 76-82.

aumentado diez veces, llegando a 31 000 000 de pesos (gráfica 7), sin contarse los atrasos de los situados adeudos a los presidios de la Florida, Cuba, Puerto Rico, Santo Domingo y las Filipinas.[9] Los funcionarios reales emplearon diversos métodos para contrarrestar estos déficit. Ya hemos señalado que uno de éstos consistía en dejar de remitir los situados destinados a la región circuncaribeña y las Filipinas, dejando así los presidios a merced de sus propios recursos. Otra medida era obligar a las diversas instituciones religiosas y privadas a comprar bonos estatales garantizados por el estanco del tabaco o la Aduana de la ciudad de México, con un interés de 4 o 5%. También se obligaba periódicamente a instituciones como el Consulado o el Tribunal de Minería a que hicieran préstamos al gobierno con o sin interés. Dicho esto en cifras, las deudas acumuladas por fondos tomados de los capitales de instituciones laicas y religiosas ascendían, en 1810, a 18 500 000 pesos; la deuda correspondiente a préstamos alcanzaba, por su parte, la suma de 8 500 000 pesos.[10] También se dependía de los donativos al gobierno, recurso éste que ayudó al sostenimiento del Estado desde los primeros años de la colonia.

Hasta 1810 los oficiales reales también cubrieron gastos recurriendo a las reservas de los ramos ajenos o de los particulares[11] de las cajas donde se habían acumulado enormes capitales que fueron transferidos a la Real Hacienda. Más susceptibles a esto, fueron en México los ramos de bulas de la Santa Cruzada y novenas. De hecho, para 1798 la Real Hacienda había secado estas reservas, habiendo tomado 16 000 000 de pesos de ellas. Esta deuda fue borrada, al menos en los libros, cuando España declaró que las bulas y novenas eran ramos de la Real Hacienda. Este "alivio" resultó bastante fugaz, ya que la deuda empezó a acumu-

[9] Los virreyes generalmente incluían el monto de los situados atrasados al escribirle al monarca sobre las vicisitudes financieras del virreinato. Este renglón no se incluía en las relaciones de deudas remitidas anualmente a España por los oficiales de la Real Hacienda.

[10] AGI, México, leg. 2023. Estado que manifiesta los débitos en que quedó la Tesorería General de Ejército y Real Hacienda de esta capital en 31 de diciembre de 1810..., México, 29 de enero de 1811.

[11] Estos ingresos se reservaban específicamente para la corona, obras pías, defensa, destrucción de caminos y fines similares. Se los diferenciaba de los ramos de Real Hacienda.

larse nuevamente después de 1805 (véase gráfica 7). Los depósitos, bonos y garantías colocados por funcionarios e instituciones en las cajas, también fueron apropiados por oficiales de Hacienda. Estos fondos, al igual que las temporalidades confiscadas a los jesuitas, se habían extinguido ya para 1810. De hecho, cuando el levantamiento de Hidalgo, no quedaban reservas de los ramos especiales; todos los sobrantes se habían gastado en esfuerzos bélicos y de defensa, tanto en las Indias como en la península. Las instituciones religiosas y laicas, al igual que los propietarios mexicanos, habían sido exprimidos de tal manera que poco les quedaba para contribuir a las exigencias del empobrecido Estado colonial.

INGRESOS Y EGRESOS DE LA HACIENDA MEXICANA, 1810-1821

El estallido de las guerras de Independencia fue otro fuerte golpe para el debilitado aparato fiscal de Nueva España. Tal como señalábamos anteriormente, en 1809, incluyéndose los ingresos enviados a la ciudad de México por las cajas regionales, entraron a la Hacienda central más de 28 000 000 de pesos (véase gráfica 9), la más alta cifra hasta entonces. Un año después, sin embargo, las entradas se habían reducido 10 000 000, a apenas 18 000 000 de pesos. En 1811 volvieron a bajar hasta 3 500 000. Desde entonces no sobrepasaron la marca de los 10 000 000, al menos hasta 1817. El nadir fue 1812, con 8 700 000. Dicho esto de otra forma, los ingresos se redujeron 36% de 1809 a 1810, otro 21% entre 1810 y 1811, y todavía un 36% de 1811 a 1812. Considerándose el periodo entre 1809 y 1817 (último año para el que se conservan cuentas de la Caja Central) la caída fue de 70%. Es más, en 1817 las entradas nominales eran inferiores a las que se recaudaban a fines de la década de 1770.

La principal causa de este descalabro fue la interrupción repentina de los envíos de las diversas cajas regionales a la ciudad de México. Antes de 1810 las cajas de provincia habían sido consistentes en sus envíos de fondos a la capital para servir las necesidades del virreinato y del imperio. Entre 1795 y 1810, estas remisiones a la ciudad de México ascendieron a más de 98 400 000 pesos (véase gráfica 2), un promedio de 5 800 000 pesos al año, representando un tercio de todas las recaudaciones registradas en las cuentas de la ciudad de México. Entre 1811 y 1817, los fondos de las cajas subordinadas enviados a la capital, sólo llegaron a 1 900 000 pesos, para un promedio de 318 000 al año. En términos porcentuales, las recaudaciones de las cajas regionales llegaron a constituir sólo 4% del total recibido, testimonio dramático de la pérdida de ingresos provinciales.

La magnitud de esta crisis puede verse también al analizarse las cifras de las cajas regionales de Zacatecas, Durango y Guanajuato. Entre 1791 y 1810, por ejemplo, los oficiales reales de Zacatecas enviaron cerca de 85% de sus recaudaciones; entre 1811 y 1821 enviaron menos de 25%. En Guanajuato, aproximadamente 80% de todos los impuestos cobrados fue remitido a la ciudad de México entre 1791 y 1807, envíos que promediaron 1 500 000 pesos anuales. Entre 1812 y 1816, estas transferencias bajaron a tan sólo 28% del ingreso fiscal total; más significativo todavía, las recaudaciones anuales en Guanajuato se redujeron a un promedio de 800 000 pesos anuales, la mitad de lo que eran antes del grito de Dolores. Las remisiones de la Caja de Durango a la ciudad de México en el periodo 1791-1810, ascendieron a aproximadamente 75% de los ingresos, con un promedio anual de 375 000 pesos; desde 1811 a 1813 estos envíos bajaron a sólo 31% del total recibido por dicha caja.

Las súbitas bajas en los envíos de las cajas regionales a la ciudad de México no siempre significaron situaciones críticas en los distritos provinciales. A pesar de que las recaudaciones se redujeron en la mayoría de las cajas entre 1810 y 1812, una vez que pasó el efecto inicial de la guerra, particularmente luego de la derrota de José María Morelos y el final de la guerra peninsular, los ingresos volvieron a subir, aunque no a los niveles anteriores. En Zacatecas, por ejemplo, a pesar de que la tendencia general fue de disminución, hubo recuperación entre los años 1813-1814 y 1816-1817 (gráfica 4). Por otro lado, no obstante la carestía de mercurio, la producción minera de Zacatecas se recuperó notablemente, aunque nunca llegó a los niveles anteriores a la independencia (gráfica 5). Las recaudaciones de impuestos sobre ventas también se mantuvieron altas, probablemente debido a aumentos en las tarifas de la alcabala.

El impacto del descenso en las remisiones de las cajas provinciales a la ciudad de México no debe subestimarse. Fuera cual fuese la razón, los oficiales reales de Zacatecas decidieron retener los impuestos localmente antes de verlos partir en caravanas de mulas por caminos peligrosos. Muchos de estos fondos ahora iban a parar a la misma localidad como salarios de militares, gastos que aumentaron enormemente durante las luchas de emancipación. Por ejemplo, en Zacatecas los gastos militares ocupaban anualmente menos de 1% de los ingresos antes de 1810; a partir de ese año y hasta 1817, ocuparon casi 30%. En Guadalajara, donde los gastos militares llegaban a 37% de lo recaudado en los primeros años del XIX, el porcentaje se duplicó, llegando a 73% en 1816. El distrito de Guanajuato, donde se gastaba alrededor de 2% del ingreso en defensa antes de 1810, se llegó a gastar 43%. También aumentaron otros gastos locales. En Zacatecas se tuvo que incurrir en el gasto de improvisar una Casa de acuñación para pesos fuertes. Resulta claro, a pesar de estos gastos, que la guerra de Independencia fue el pretexto que usaron los oficiales locales de Hacienda para dejar de sostener económicamente el aparato imperial. Estos oficiales entendieron que era mejor usar los recursos para mantener la seguridad y autonomía local antes que enviarlos a las insaciables autoridades del virreinato con sede en la capital. De buenas a primeras se había deshecho la madeja fiscal que había unido en simbiosis a las diversas cajas del virreinato.

La reducción en la producción de plata —y la consecuente disminución de entradas por concepto de esta producción— era otra fuente de problemas para el aparato fiscal mexicano. El análisis de los registros de acuñación indica que la producción minera declinó en general durante la segunda década del siglo XIX (gráfica 6). Entre 1791 y 1810, la Casa de Moneda acuñó un promedio de 23 000 000 de pesos al año. Para el periodo 1811-1821 el promedio descendió en casi dos terceras partes hasta 8 500 000 al año. (El más crítico de los años fue 1812 cuando sólo se acuñaron 4 400 000 pesos, cifra que contrasta con el récord de 27 100 000 en 1805). Después de 1812 la acuñación creció modestamente hasta 1817, cuando bajó un poco; luego creció hasta alcanzar 12 000 000 de pesos en 1819. Ya para 1821 la acuñación se había reducido hasta llegar a 5 900 000 pesos, testimonio vivo del efecto del Ejército de las Tres Garantías en Nueva España.[12]

---

[12] Las cifras de acuñación son un excelente indicador de la producción minera. Entre 1691 y 1810 la correlación entre acuñación y producción fue de .98828 y entre 1731 y 1810 fue de .98138.

RESPUESTAS MEXICANAS A LA CRISIS DEL CONFLICTO
INDEPENDENTISTA

Considerado el aspecto financiero, la sublevación de Hidalgo no
pudo haber ocurrido en peor momento. Durante los 30 años
previos, las cajas mexicanas habían sido limpiadas de sus excedentes y reservas. Llamadas a prestar y donar una y otra vez, las instituciones clericales y laicas ya no tenían con qué seguir sostenien-
do el reino; por su parte, los atrasos de los situados a los presidios
caribeños crecían geométricamente. El cuadro era tal que los ex-
pertos en finanzas, tanto en España como en México, llegaron al
convencimiento de que todo lo que podía ser gravado lo había sido ya, con la excepción de la riqueza indígena, la cual estaba
exenta.

En 1810, dada la seriedad del levantamiento popular, el virrey
y la Hacienda enfrentaron la apremiante necesidad de pagar
sueldos a las milicias, tropas regulares y otros gastos de armamento. A pesar de las dificultades, los oficiales de Hacienda recurrie-
ron a viejas y nuevas tácticas para contrarrestar las bajas en los
envíos regionales.[13] Entre los viejos métodos se encontraron las
loterías forzadas y el aumento de las tarifas de alcabalas y al-
mojarifazgos. La alcabala había subido de 3 a 5% en la época pre-
via a la independencia hasta 8% en 1816. El virrey también gravó
con nuevos impuestos a artículos como el pulque y el tabaco, requirió más préstamos y donativos y redujo los salarios de los empleados estatales. En 1812 el virrey Francisco Xavier Venegas
aumentó los impuestos a casi todos los productos de consumo
urbano (propios y arbitrios) para enfrentar las exigencias de la
guerra. Quizás el único método que no utilizaron los oficiales
reales fue la transferencia de fondos de un ramo a otro, y esto debido a que en los ramos ajenos y en los particulares ya no quedaba nada que transferir. Los mismos habían sido vaciados en la
desesperación por solucionar crisis anteriores. Al mismo tiempo
la oficialidad gubernamental siguió ignorando sus responsabilidades: pagar a los militares y administradores, enviar los situados
de la región circuncaribeña, pagar pensiones, sostener las instituciones piadosas y educativas, y remitir sobrantes a España. Na-

---

[13] El grueso del peso de los nuevos impuestos recayó sobre la población urbana. Para una descripción excelente de esto véase Anna, *Fall*, 1978, pp. 140-161.

da de esto, sin embargo, era nuevo. Desde la década de 1780 los mexicanos se habían acostumbrado a los propios y arbitrios, impuestos especiales de tiempos de guerra, y al aumento de las tarifas en los impuestos establecidos. También estaban familiarizados con las peticiones de préstamos voluntarios o involuntarios, donativos forzados, y rebajas en los salarios de los funcionarios. Lo que ahora sucedía era que ya se habían extinguido los fondos de los ramos particulares y ajenos.

En este contexto de la desesperación fiscal, los oficiales de Hacienda demostraron gran inventiva. En la ciudad de México se las ingeniaron para crear un impuesto de bienes raíces; tanto los propietarios como los arrendatarios, adelantándose al siglo XX, establecieron impuestos escalonados sobre las rentas. En sus primeros cuatro años (hasta marzo de 1816) el nuevo tributo sobre la propiedad inmueble urbana produjo 277 000 pesos netos, un promedio de 70 000 pesos al año.[14] Establecido por decreto del virrey a mediados de diciembre de 1813, el impuesto escalonado sobre la renta se fijó en 3% para salarios de 300 pesos y 12.5% para salarios de 12 000 pesos o más. Aún no está claro cuánto produjo este nuevo tributo.

De una u otra manera, los agentes aduaneros se las ingeniaron para mantener los ingresos de la aduana de la ciudad de México bastante estables (gráfica 8). Aunque las recaudaciones de alcabalas bajaron —a pesar de los aumentos en sus tarifas— las entradas por otros impuestos como el del aguardiente aumentaron, particularmente después de 1815. Las autoridades también levantaron un nuevo impuesto a los convoyes para cubrir los gastos de mantener abierta la ruta de Veracruz a la capital, lográndose así mantener un mínimo de flujo de bienes.[15] Resulta interesante que los ingresos aduaneros de la ciudad de México eran 600 000 pesos más altos en 1820 que en 1810. Esto refleja la capacidad de la Aduana de poder mantener sus ingresos mediante nuevos impuestos y nuevas tarifas. Mientras se reducían los envíos de las cajas regionales, la Aduana trataba de compensar aumentando sus aportaciones. Esto, sin embargo, no fue suficiente para enfrentar los crecientes gastos militares.

[14] AGI, México, leg. 1489, Informe del virrey, México, 4 de marzo de 1816.
[15] AGI, México, leg. 1494, Carta del virrey Juan Ruiz de Apodaca al ministro de Real Hacienda, México, 11 de noviembre de 1817.

   Los fondos hacían falta desesperadamente. En 1795, por ejemplo, el monto total de los gastos militares de la Caja Central de
México ascendió a 600 000 pesos, incluyendo el dinero para el
sostenimiento de las milicias y tropas regulares (gráficas 3 y 10).
Para 1810 estos gastos se habían triplicado hasta 1 600 000, y para
1812 se habían quintuplicado, llegando a 3 000 000 de pesos.
Después de 1812, sin embargo, ya sea por falta de fondos o porque se habían debilitado los rebeldes, comenzaron a bajar los gastos en este renglón; en 1817 llegaban a poco más de 900 000
pesos. La falta de recursos parece ser la causa principal; en una
palabra el gobierno virreinal no tenía fondos que gastar. El hecho
de que los gobiernos locales tuvieran que hacer esfuerzos deses-
perados para cubrir sus gastos militares es testimonio del fracaso
financiero del gobierno central; hasta entonces los asuntos de defensa habían sido responsabilidad del gobierno virreinal.[16]
   Fuera de Nueva España el impacto sobre los presidios caribeños
fue más severo aún. Las interrupciones de la guerra afectaron
profundamente a Florida, Cuba, Puerto Rico y al presidio del Carmen, además a las Filipinas (gráfica 11). Para el periodo 1795-
1810, por ejemplo, los situados enviados por México promediaron
1 700 000 anuales. Entre 1811 y 1817 los mismos se redujeron a
un promedio de sólo 80 000 pesos, y entre 1815 y 1817 eran prácticamente nulos. Esto deja ver que los presidios del Caribe y las
Filipinas fueron los más afectados por las guerras de independencia. Debe notarse la capacidad de supervivencia de estas regiones
que hasta entonces habían dependido del situado.
   A lo largo de dos décadas, entre 1791 y 1810, las exigencias bé-
licas en Europa y América dejaron a las reales haciendas de México en un estado de miseria, que no permitía enfrentar los levan-
tamientos independentistas. En la década de 1790 la deuda había
aumentado de 13 900 000 en 1791 a más de 34 000 000 en 1798.
Ese año se redujo la deuda a 22 700 000 a raíz de la transferencia
de los ramos de indulgencias y novenas a la Real Hacienda (gráfica 7). Los siguientes siete años fueron buenos para la Real Hacienda de Nueva España, reduciéndose significativamente la

---

   [16] La incapacidad del gobierno virreinal de proveer tropas y equipo bélico fue
lo que motivó a los gobiernos locales a buscar recursos para defenderse de los
insurrectos. Véase en particular la ponencia de Archer, "Causa", 1989, pp. 88-
108.

deuda a 17 400 000 pesos. El descalabro se dio en el siguiente quinquenio (1806-1810), cuando los ingresos no crecieron al ritmo de los gastos, duplicándose la deuda hasta llegar a 31 100 00 pesos a fines de 1810.

Curiosamente, aunque la deuda siguió aumentando después de 1810 —llegó a 37 500 000 en 1815— la tasa de crecimiento se redujo por razones obvias: los oficiales de la Real Hacienda no podían seguir exprimiendo económicamente al país, al cual poco le quedaba por ver gravado o secuestrado. Hasta la platería de las iglesias y casas particulares había ido a parar al subsidio del esfuerzo bélico. Por otro lado, muchos de la clase acaudalada habían llevado sus capitales fuera del país. Con inflación alta, carestía de artículos de lujo y altos impuestos encareciendo el precio de los productos, el Consulado se vio imposibilitado de hacer nuevos préstamos; la producción de plata había declinado, y los ramos especiales de la Real Hacienda se habían agotado. Un estimado de la época señalaba que en 1816 la deuda de la Hacienda mexicana era de 81 000 000 de pesos, contando 24 000 000 en situados atrasados. El analista que llegó a dicho estimado creyó que de esa suma podían dejarse de pagar 41 000 000, lo que se debía a la Casa de Moneda, al Estanco del Tabaco, a los ramos particulares y ajenos, y los situados, entre otros. También podrían borrarse otros 7 700 000 a no ser que los acreedores pudieran demostrar la legitimidad de la deuda contraída con el Consulado, con el Juzgado de Intestados, con las reales audiencias de México y Guadalajara, con las comunidades indígenas de México, Valladolid y Oaxaca, con los cabildos eclesiásticos de Nuevo León, Valladolid y Guadalajara, con el Tribunal de Minería y con la Real Lotería. Los restantes 32 000 000 tenían que pagarse para mantener el crédito del gobierno y para asegurar la supervivencia de aquellas instituciones religiosas que tanto habían hecho durante los últimos 30 años a favor del esfuerzo bélico en el país y en Europa.[17] El pago de la deuda se inició en 1817 cuando diversos acreedores recibieron 2 000 000 de pesos. Un poco más fue pagado en los siguientes tres años, pero en 1821 el triunfo del Ejército de las Tres Garantías hizo de la deuda algo irrelevante.

[17] Sala de Manuscritos, Biblioteca Nacional, Madrid, doc. 19710, f. 23, Sobre la deuda de la Real Hacienda y medio de restablecer su crédito, año 1817.

RECAPITULACIÓN

El colapso del sistema fiscal mexicano de la época de la independencia se dio por etapas. La primera empezó en la década de 1780 cuando se le impuso nuevas cargas a la Real Hacienda para sufragar las guerras en ambos lados del Atlántico. En México el resultado de esto fue tener que acudir, hasta extinguirlos, a los fondos de bulas de la Santa Cruzada, temporalidades, novenas, depósitos y otros. Las necesidades también obligaron a tomar prestado a diversas instituciones laicas y religiosas a intereses de 3, 4 o 5%, garantizándolos con el Estanco del Tabaco y los recibos de Aduana. En Nueva España, durante la primera década del siglo XIX, el virreinato también se apropió y vendió tierras pertenecientes a corporaciones piadosas, en un esfuerzo por cubrir los gastos locales y peninsulares.[18] Es un hecho que, para 1810, la oficialidad de la Hacienda había recurrido a lo que entendían ser todas las fuentes financieras del virreinato.

El levantamiento de Hidalgo resultó ser sólo otro rudo golpe a la Hacienda virreinal, golpe que aumentó la carga del ya sobrecargado sistema fiscal colonial. Ante esta nueva obligación, en un contexto en el cual las arcas de la Hacienda se encontraban casi vacías, el gobierno empezó a ignorar algunas de sus responsabilidades, tales como remitir situados al Caribe y otras fronteras del imperio español. En la segunda década del siglo XIX los más afectados por la crisis resultaron ser estos presidios. Más significativa todavía fue la interrupción en las remisiones de sobrantes de las ricas provincias mineras a la Caja Central de México. Hasta entonces ésta había sido una fuente vital para el sostenimiento del virreinato y de España. Medidas temporales como, por ejemplo, mayores niveles de impuestos sobre la renta, gravámenes a la propiedad inmueble, préstamos forzados y loterías, transferencias de fondos de un ramo de Hacienda a otro, donativos y reducciones salariales para burócratas y militares ayudaron en parte a proveer los recursos para preservar la unidad de México pero no fueron suficientes para controlar el crecimiento de la deuda de la Real Hacienda.

Para el futuro de México —el Estado-nación que se gestó durante la época de la independencia—, el hecho más significativo

---

[18] Hamnett, "Appropriation", 1969, pp. 85-113.

resultó ser el descalabro fiscal del sistema financiero que unía a la ciudad de México con el resto del país, sistema que, por más de tres siglos, había enlazado al centro y a la periferia. La reconstrucción de estos vínculos resultaría ser otra tormentosa historia dentro de la forja del Estado mexicano, historia casi tan tormentosa como la de su destrucción.

Gráfica 1. Ingresos netos de la Caja matriz de México, 1795-1817

Millones de pesos de 272 Maravedís

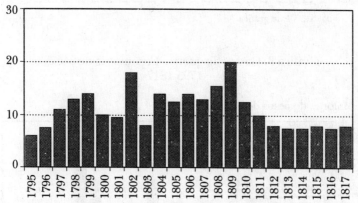

FUENTE: Tomada de las cartas-cuentas de AGI, México, legs. 2029 y 2061-72 y de AGN, México, Libro de Hacienda, 68 y 81. Las cartas-cuentas de 1817 provienen del mismo archivo y me fueron proporcionadas atentamente por mi amigo y colega el doctor Juan Carlos Garavaglia.

Gráfica 2. Remitido a Caja matriz de cajas foráneas,
1795-1817

Millones de pesos de 272 Maravedís

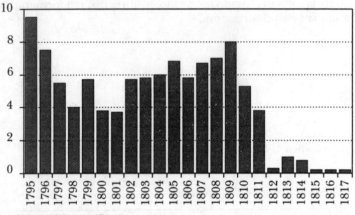

FUENTE: Véase gráfica 1.

Gráfica 3. Gastos de guerra, Caja matriz de México,
1795-1817

Millones de pesos de 272 Maravedís

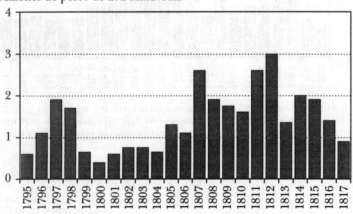

FUENTE: Véase gráfica 1.

Gráfica 4. Ingresos, Real Caja de Zacatecas, 1791-1821

Pesos de 272 Maravedís

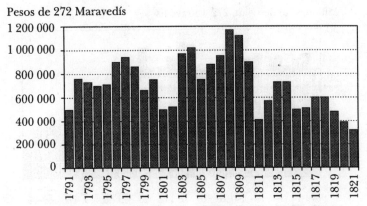

FUENTE: Las cuentas de Zacatecas se encuentran en AGI, Guadalajara, legs. 481-82; México, legs. 2032, 2034, y 2376. La Biblioteca William Clementes de Ann Arbor, Michigan, tiene las cuentas de 1807-12, 1814-15, 1817-19 y 1821 en su colección de Zacatecas.

Gráfica 5. Derechos sobre plata, Real Caja de Zatecas, 1791-1821

Pesos de 272 Maravedís

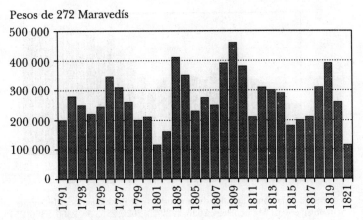

FUENTE: Véase gráfica 4.

Gráfica 6. Acuñación de Casa de Moneda de México, 1791-1821

Millones de pesos de 272 Maravedís

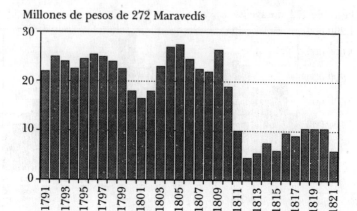

FUENTE: Las cifras de acuñación aparecen en Howe, Mining, 1949, pp. 453-459. Éstas han sido cotejadas con las que aparecen en AGI, leg. 1489, 2800, 2802-3, 2806, 2819-20, 2827-29, y 2831; Indiferente general, leg. 1714. También hay cifras en la Sala de Manuscritos, Biblioteca Nacional, Madrid, ms. 1399.

Gráfica 7. Débitos de la Real Hacienda de México, 1791-1817

Millones de pesos de 272 Maravedís

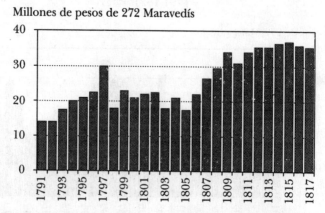

FUENTE: Relaciones anuales de la deuda de la Real Hacienda de México se encuentran en AGI, México, legs. 2020, 2022-23, 2026, 2355-58, 2360, 2366, 2373, 2375, y 2387.

Gráfica 8. Cobrado en la aduana de México, 1810-1821

Millones de pesos de 272 Maravedís

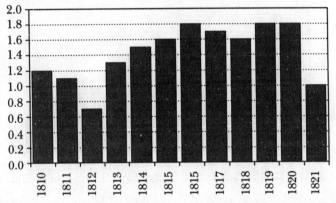

FUENTE: Alamán, *Historia*, 1942: una redición del original de 1849-1852, incluye una cantidad de estadísticas de los periodos de independencia y temprano nacional, entre los que se encuentran los de aduanas aquí usados. Véase también Ortiz de Ayala, *Resumen*, 1822.

Gráfica 9. Ingresos brutos de la Real Hacienda de México, 1795-1817

Millones de pesos de 272 Maravedís

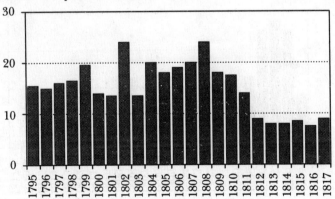

Gráfica 10. Gastos de guerra y situados Real Hacienda de
México, 1795-1817

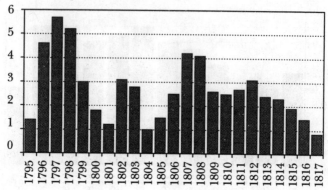

Millones de pesos de 272 Maravedís

Gráfica 11. Situados remitidos a Filipinas y Gran Caribe,
1795-1817

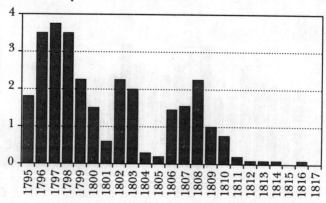

Millones de pesos de 272 Maravedís

BIBLIOGRAFÍA

Alamán, Lucas, *Historia de Méjico desde los primeros movimientos que prepararon su independencia en el año de 1808 hasta la época presente*, Libros del Bachiller Sansón Carrasco, México, 5 vols., 1985-1986.

Anna, Timothy E., *The fall of the royal government in Mexico city*, University of Nebraska Press, Lincoln, 1978.

Archer, Christon, "La causa buena: the counterinsurgency army and the war of Ten Years" en Jaime E. Rodríguez (comp.), *The independence of Mexico and the creation of the new nation*, University of California, Los Ángeles, 1989, pp. 88-108.

Coatsworth, John, "The limits of colonial absolutism: the State in eighteenth-century Mexico" en K. Spaldine (comp.), *Essays in the political economic and social history of colonial Latin America*, University of Delawere, Newark, 1982.

Hamnett, Brian R., "The appropriation of mexican Church wealth by the spanish Bourbon government", *Journal of Latin American Studies*, vol. I, 1969.

Howe, Walter, *The mining guild of New Spain and its tribunal general, 1770-1821*, Harvard University Press, Cambridge, 1949.

Ortiz de Ayala, Tadeo, *Resumen de la estadística del imperio mexicano*, Imprenta de doña Herculana del Villar y Socios, México, 1822.

TePaske, John Jay, "Economic cycles in New Spain in the eighteenth century: the view from the public sector" en R. L. Garner and W. B. Taylor, *Iberian colonies new world societies: essays in memory of Charles Gibson*, edición particular, Pensilvania, 1985.

_____, "La política española en el Caribe durante los siglos XVII y XVIII", Antonio Acosta y Juan Marchena (comps.), *La influencia de España en el Caribe, la Florida y la Luisiana, 1500-1800*, Instituto de Cooperación Iberoamericana, Madrid, 1983.

_____ y Herbert S. Klein, *Ingresos y egresos de la Real Hacienda de Nueva España*, vols. I y II, Instituto Nacional de Antropología e Historia, México, 1986, 1988.

ALCABALA O TRIBUTO. LOS INDIOS Y EL FISCO (SIGLOS XVI AL XIX). UNA ENCRUCIJADA FISCAL

Margarita Menegus
CESU-UNAM

Desde el siglo XVI fueron escritos numerosos tratados sobre el derecho del monarca español a recibir tributos de los indios americanos. Al aceptar los naturales a Carlos V como su soberano y monarca asumieron también la obligación de tributarle. La razón es clara: la república de indios transfirió el poder supremo de manos de Moctezuma al rey castellano, quien a partir de ese momento se constituyó en su defensor y protector. El tributo, según el derecho político medieval, permitía al monarca promover el bien común y administrar la justicia. Por derecho natural, todos los súbditos debían tributar al soberano, con excepción de los nobles y los clérigos quienes, por sus grandes servicios a la república, fueron desde siempre eximidos de dicha obligación. En este sentido, tan sólo el rey o el emperador podían imponer tributos, por ello fray Alonso de la Veracruz decía que los encomenderos pecaban si, por propia iniciativa, los asignaban a los naturales.[1]

Según la concepción jurídica medieval, los tributos eran de dos tipos: personales, cuando se imponían directamente a la persona, y reales, cuando eran impuestos a las cosas. Respecto al *tributo*, el cual se denominaba también *censo territorial*, decía Juan López de Palacios Rubios que los romanos lo habían aplicado de dos clases para solventar sus necesidades públicas, uno territorial y otro personal. El primero era el que se pagaba por la posesión de un campo al fisco y se llamaba comúnmente censo. Igualmente se consideraban censos aquellos que se pagaban por el usufructo de pastos y prados.[2] El autor distingue claramente entre dominio

---

[1] Veracruz, *Dominio,* 1968.
[2] *Ibid.,* pp. 156-157.

o soberanía y propiedad en sentido estricto al hacer la siguiente consideración: "El censo de que hablamos fue impuesto sobre los campos en razón del dominio del suelo mismo y no porque fuesen propiedad del pueblo romano o del emperador, sino porque estaban enclavados en territorio sometido a la dominación del imperio romano." Esta diferencia entre dominio y propiedad ha sido frecuentemente motivo de confusión entre los historiadores que hablan de la propiedad en América,[3] pues, como dice Palacios Rubios: "Tratábase [...] de bienes libremente pertenecientes a particulares, sin que sobre ellos tuviesen el príncipe o el pueblo romano otro derecho que no fuera el de jurisdicción o protección."[4]

El tributo personal por cabeza fue impuesto a las provincias sujetas al imperio romano por el emperador Octavio César Augusto.

> Una vez que sometió el mundo al imperio romano convirtiéndose en monarca del orbe, y queriendo saber el número de regiones del universo entero, el de ciudades en cada región, y el de personas en cada ciudad, mandó que todos los hombres, saliendo de los barrios, aldeas y pagos, se concentrasen en la ciudad de donde eran originarios y pagasen por cabeza.[5]

Éste es el origen del tributo personal, el cual pasó luego al mundo hispanocristiano con el nombre de *capitación*, que quiere decir que se tributa por persona sin atención a su hacienda o riqueza. A veces también se llama *moneda forera*.[6]

Los tributos sobre las cosas se desglosaban a su vez en cuatro clases: primero uno llamado *tributo* cuando era sobre la propiedad territorial, animales o frutos de la tierra; otro llamado *gabela*[7] que *gravaba* mercancías negociables; un tercero llamado *guía* o *pedagium*,[8] que coincide con el anterior pero que se distingue por su

[3] Peset y Menegus, "Rey", 1994, pp. 563-600.
[4] *Ibid.*, p. 157.
[5] *Ibid.*, pp. 163-164.
[6] Valdeavellano, *Curso*, 1968, p. 348. Nos dice que en la alta edad media, los colonos en León y Castilla recibieron el nombre de tributarios y más tarde el de foreros por razón de que pagaban el *forum*, foro o censo al señor. En la baja edad media en cambio fue más frecuente el uso de pechero. En *Partidas*, se dice: "Pechos o tributos son los que se pagan al rey, en señal del reconocimiento de señorío".
[7] López, *Islas*, 1954, p. 167. Según Juan López de Palacios Rubios la gabela "consistía en el pago de la décima parte del precio de cualquier cosa vendida".
[8] Valdeavellano, *Curso*, 1968, p. 606. El autor dice que en sentido amplio el impuesto de tránsito fue designado en la época altomedieval con los nombres de

finalidad específica de cuidar a los caminantes y, por último, el *servio* o *indictio*,[9] de la misma naturaleza que el anterior, pero destinado a la atención de circunstancias extraordinarias. Dicho esto, dejaremos asentado que el tributo impuesto a los naturales fue de carácter personal y por individuo entre los 18 y los 60 años de edad.

Fray Alonso, al igual que algunos otros tratadistas del siglo XVI, hizo hincapié en el hecho de que tan sólo el rey tenía derecho a imponer tributos, en virtud de los abusos que frecuentemente cometían los encomenderos en esta materia. Desde la llegada de Ramírez de Fuenleal como presidente de la Segunda Audiencia, hasta la década de 1560, la corona procuró retasar el tributo indígena para que pagasen menos que en tiempos de Moctezuma con el fin de atraer a los indios a la vida cristiana; sin embargo, a partir del ascenso al trono de Felipe II, el tributo sufrió un aumento progresivo. Por otra parte se multiplicaron las cargas tributarias que gravaban a los indios: Felipe II aumentó la tributación personal de ocho reales a once y además impuso el medio real de ministros, para que con dicho ingreso se sostuviera el Tribunal de Indios. Quienes se ocuparon hacia fines del siglo XVI y principios del XVII del tributo de los indios, lo hicieron con otra preocupación en mente, la de debatir el monto del tributo; también cuestionaron la legitimidad del servicio personal expresado por medio del repartimiento forzoso de mano de obra o la llamada mita minera para Perú.[10]

---

pedagium, pedaticum y *peajem* y en la baja edad media con el de peaje. Todas ellas se aplicaron génericamente al impuesto que gravaba el tránsito, tanto de personas como de mercancías.

[9] Una contribución directa que, en el bajo imperio romano, el Consejo Imperial fijaba anualmente, una cantidad que recaudaba en atención a las necesidades del Estado sin tomar en cuenta las posibilidades económicas de los súbditos. La notificación pública se llamaba *indictio. Ibid.,* pp. 159-160.

[10] El repartimiento forzoso de mano de obra, ampliado durante la gestión de los virreyes Toledo en Perú y de Enríquez en Nueva España, causó gran indignación entre algunos religiosos, pues dicha institución coartaba la libertad de los indios y contradecía las sucesivas reales cédulas en materia de servicios personales. Pero además presuponía sujetar a los indios a una servidumbre contraria a la libertad declarada por Paulo III en su *Breve* de 1537. Así, desde el último tercio del siglo XVI apareció una abundante literatura contra esta institución. Por dar un solo ejemplo se pueden ver los *Memoriales del padre Silva,* publicados por Paulino Castañeda D. en 1983.

A principios del siglo XVII, fray Juan de Zapata y Sandoval y Alonso de la Peña Montenegro, entre muchos otros, encararon este tema. Fray Juan de Zapata y Sandoval, de la Orden de San Agustín y natural de Nueva España, en su tratado *Commentaria in prinani pasten Divi Thomae*, explicaba los tributos reales así:[11] al primero lo llamaba *censo*, tomándolo en su sentido romano; al segundo, *tributo*; al pechar español, *gabela*, como la alcabala española y, finalmente, la *guiadagium* o *pedaguium*, impuesto sobre el transporte de bienes de un sitio a otro. El propio fray Juan de Zapata, en otro texto, *De iustitia distributiva* (1609), afirmaba que el tributo que los indios de Nueva España pagaban era excesivo: "pues ni siquiera tienen alimento que pueda satisfacerlos, habitan pobrísima casa, no tienen bienes permanentes, ni haberes de cuyos réditos puedan sustentarse, ni pueden adquirir nada para el día de mañana porque sirven a los españoles como si estuvieran a ellos vendidos por la paga cotidiana".[12] Unos años después, Alonso de la Peña Montenegro,[13] en su obra *Itinerario para párrocos de indios*, publicada en 1668 en Madrid, nos dice con otras palabras cuál fue el origen y la naturaleza del tributo de los indios americanos. El tributo indígena está justificado, pues "no admite género alguno de duda: porque los reyes y príncipes soberanos y absolutos pueden a sus vasallos obligarlos a que les contribuyan, porque como está a su cargo el defenderlos y gobernarlos, es necesario valerse de este medio [...]". Sin embargo, al explicarnos la diferencia entre los tributos personales y reales, nos dice que el primero recaía sobre la persona sin distinción de sus riquezas y hacienda, el otro en cambio se repartía en razón de la hacienda y negociación e industria de las personas.[14] "El tributo que pagan los indios a su majestad

[11] Nació en México hacia 1546, y fue electo obispo de Chiapas en 1613 y posteriormente, en 1621, fue nombrado obispo de Guatemala, donde murió en 1630.

[12] Zapata y Sandoval, *Disceptación*, 1994-1995.

[13] De la Peña Montenegro nació en 1596 en Galicia, y para 1622 enseñaba filosofía en la Universidad de Santiago de Compostela, en donde también recibió el grado de doctor en Sagrada Teología. Fue nombrado obispo de Quito donde arribó en 1654 y permaneció ahí hasta su muerte en 1687.

[14] Peña, *Itinerario*, 1995, pp. 411-412. De la Peña pone el siguiente ejemplo para sostener su argumentación: los indios que laboraban en las minas de Charcas y Potosí obtenían por su trabajo cuatro reales al día, y los voluntarios doce, por lo cual consideraba que estaban en condiciones de pagar un tributo anual de seis pesos; en cambio los naturales de Quito, quienes laboraban como gañanes o pastores, solamente recibían doce patacones, cantidad que le parecía claramente insuficiente para el sostenimiento de una familia.

y a sus encomenderos es personal: pues todos le pagan igualmente, sin atender más que a las personas y no a las haciendas, porque
todos están baldados de ellas como pobres y miserables que son."
Es decir, que todos pagaban por igual porque todos eran igualmente pobres. Sin embargo, De la Peña Montenegro se pregunta
enseguida si en conciencia los indios pobres deben pagar tributo.
Reitera y concluye que dada su miseria, pagan el tributo personal,
mas no el real; pero advierte: "si llega la pobreza a tanto que no
puede sustentarse a sí y a su familia porque tiene muchos hijos y
lo que gana, por ser poco, no alcanza para vestir y comer, entonces no tiene obligación en conciencia a pagar tributos, ni real, ni
personal..." Ni la ley natural, ni la de gentes puede obligarlo a tributar.

En suma, los tratadistas del siglo XVII no cuestionaban el derecho del monarca a recibir tributos de sus vasallos, pero la tasa debía ser justa. Y lo justo se entendía de dos maneras: que fuese fija-
da por una autoridad competente, es decir el monarca, y justo en
los términos aludidos por Zapata y Sandoval, o sea, que el monto
fuese razonable. Juan de Solórzano Pereira, en *Política indiana*,
dedica el libro II al tributo indígena y lo define como personal y
no real, pues "las tierras, posesiones o haciendas de los indios, no
son las que deben estos tributos".[15] Justifica, al igual que los autores anteriores, el derecho del monarca a dichos impuestos y aña-
de su derecho a recibirlos incluso de indios infieles; para ello se
apoya en el padre Acosta, quien asentó que los judíos sujetos a
Roma tributaban. Él considera, al igual que fray Alonso de la Veracruz, que sólo el rey puede imponerlos, pues "en materia de tributos y colectas es verdad, de tal suerte que ni las ciudades, comunidades, ni señores de vasallos, aunque tengan jurisdicción, los
pueden imponer sin licencia real",[16] de lo contrario, se consideraba un crimen de lesa majestad. Es menester subrayar la relación
existente entre el tributo y la riqueza o patrimonio de los individuos, pues como veremos más adelante ello determinará en buena medida la evolución del régimen fiscal de los indios.

Dicho lo anterior, el lector podrá fácilmente advertir la relación entre un tributo personal y un tributo como la alcabala que
grava a las cosas o a los bienes. Ambos son ingresos o patrimo-

---

[15] Solozarno, *Política*, 1703, libro II, cap. XIX.
[16] *Ibid.*, libro II, cap. XXI.

nio del rey o de la monarquía, el primero es considerado un impuesto directo y el segundo, indirecto.[17] En América, a los indios se les impuso en un principio únicamente el tributo directo, personal; sin embargo, en el siglo XVIII se contempló la posibilidad de añadirles algunos tributos indirectos, como la alcabala y el peaje.[18] Estos intentos de reforma tributaria de fines del siglo XVIII apuntan, como veremos más adelante, hacia un cambio cualitativo en las relaciones políticas entre los indios y el soberano.

Después del siglo XVI, son escasos los estudios sobre el tributo indígena. Luego de la espléndida obra de José Miranda sobre el tributo indígena en ese primer siglo, la historiografía ha dejado al margen este tema por considerarlo quizá suficientemente acotado.[19] Sin embargo, con motivo de las retasaciones de Felipe II y del derrumbe de los señoríos indígenas, el tributo continuó siendo objeto de preocupación de algunos religiosos americanos, como hemos aludido arriba. En este sentido, las notas que a continuación se presentan sobre esta materia pretenden llamar la atención sobre la enorme laguna historiográfica existente particularmente para los siglos XVII y XVIII. Estas páginas, lejos de aspirar a llenar el vacío historiográfico, se centrarán en una discusión

[17] Lira, "Aspecto", 1968, pp. 361-394. El autor nos dice que los impuestos directos eran cuatro, el tributo, el servicio de lanzas, la media anata secular y los tres reales novenos. El primero grava a los indios, castas y mulatos, el segundo a quienes poseían títulos nobiliarios castellanos, el tercero a quienes ocupaban cargos u oficios del Estado, y el último es el derecho del rey sobre una parte del diezmo eclesiástico. Es decir, que los diferentes grupos sociales tributaban de manera distinta (pp. 374-375). Los impuestos indirectos son 24 y están ampliamente estudiados por el autor.

[18] En México, hasta donde se sabe, los primeros derechos de peaje fueron impuestos en 1759 en Veracruz, para gravar el tránsito de mercancías entre Jalapa y Orizaba. Posteriormente, en 1792, se gravó el camino nuevo de Toluca a la ciudad de México. En principio no había distinción entre quienes debían pagar el derecho de peaje. Sin embargo, en el caso del camino de Toluca el arancel de 1792 otorgaba a los "pobres" una rebaja. Con todo, es interesante subrayar que dicho tributo ya no hace la distinción entre indios, españoles, mestizos, mulatos, etcétera.

[19] Aunque no sea su objetivo central, Andrés Lira se ocupa del tributo personal. Menciona que el impuesto o tributo personal denotaba una condición despreciable o de inferioridad, en su opinión porque el origen de este impuesto es medieval (los pechos). Sin embargo, habría que revisar en el futuro cuáles son las diferencias entre el tributo indígena y el pecho. También son interesantes los trabajos de Jáuregui, "Fundamentos", 1993, pp. 363-383; Castañeda, "Problema", 1983, pp. 493-550.

iniciada hacia 1792 y parcialmente resuelta en 1803, sobre si los indios debían o no pagar el derecho de alcabala. En segundo término, me ocuparé de la evolución del tributo indígena en sus dos acepciones, a fines del periodo colonial y en su tránsito hacia la época independiente.

DEL TRIBUTO REAL O LA ALCABALA

La argumentación que nos ofrece De la Peña, permite comprender la razón por la cual los indios fueron eximidos parcialmente del tributo real correspondiente a la alcabala. Hay que subrayar que esta exención no era global, pues la real orden de Felipe II del 1 de noviembre de 1571 eximía del pago de alcabala a los indios. Sin embargo, dicha cédula fue modificada en 1588 eximiéndolos tan sólo en relación con los productos de la tierra, quedando la obligación de dicho pago para el caso de que se negociase con mercaderías españolas.[20] Es menester reiterar que el argumento utilizado para determinar si se pagaba o no este tributo real fue el de la riqueza del individuo. Es decir, si un indígena tenía una hacienda suficiente para mercar con productos de Castilla o de China, entonces podía y debía pagarlo.

El régimen tributario de los negros y mulatos era diferente al dispuesto para los indios. Mientras que en la década de 1560 los indígenas pagaban un peso y media fanega de maíz, la real cédula del 26 de abril de 1564 ordenaba:

> Paguen a su majestad el *tributo* en cada un año de dos pesos el negro o negra, mulato o mulata que fueren casados, y el mismo tributo de dos pesos pague el que fuere labrador u oficial en cualquier género de labranza, oficio o ministerio, aunque así hombres como mujeres, un peso de ocho reales cada uno mientras fueren solteros [...].[21]

Tampoco estaban exentos del pago de la alcabala, por lo cual debían cumplir con una doble tributación: una personal y otra sobre las mercaderías que vendieran. Los mestizos estaban en

---

[20] Esta real orden pasó a la *Recopilación de Leyes de Indias* en su ley 24, título 13, libro 8.
[21] Garavaglia y Grosso, *Alcabalas*, 1988, pp. 77-78.

cambio exentos del pago del tributo personal. Los intentos por sujetarlos a dicho régimen a principios del siglo XVII fracasaron.[22] No obstante, desde el 25 de mayo de 1693 se determinó que los mestizos pagasen la alcabala.

El creciente proceso de mestizaje, así como la activa participación económica de todos los estratos sociales en el comercio, llevó a la Junta de Real Hacienda a discutir, hacia 1792, si los naturales debían seguir gozando del privilegio de la exención dada por Felipe II en materia del tributo real. Los motivos expuestos en la real orden eran múltiples, pero todos nacían de una misma inquietud, la de si dicha exención daba lugar a que españoles, mestizos y mulatos defraudaran continuamente a la Real Hacienda. Para discutir el punto, la Junta Superior de Hacienda solicitó diversos informes a la Dirección General de Aduanas Foráneas, y a la correspondiente a la ciudad de México, así como al Real Tribunal de Cuentas, al fiscal protector de indios y al fiscal de la Real Hacienda.

La discusión se centró sobre los siguientes puntos: en primer lugar, si los indios debían seguir gozando del privilegio que les fue otorgado en el siglo XVI, y en segundo, si los bienes de las Cofradías de Indios debían estar exentos del tributo. Por otra parte, los oficiales de la Real Hacienda también hicieron alusión a los problemas frecuentes de defraudación al fisco resultantes del amplio proceso de mestizaje, pues en las receptorías, los encargados difícilmente podían distinguir entre indios, mulatos y mestizos, con lo cual en muchas ocasiones los mestizos y mulatos se hacían pasar por indios con el propósito de no pagar la alcabala. En opinión del fiscal de la Real Hacienda, "entre estas castas hay algunas que fácilmente se distinguen del indio puro, pero otras no dejan de confundirse con él". Y más aún, el propio fiscal decía que en la provincia de Zacatecas "no hay indios puros de los sujetos a la corona". También se quejaban del poco control que había sobre las segundas ventas realizadas por los indios, pues estas transacciones estaban sujetas al pago de la alcabala y con frecuencia no se cumplía con dicho gravamen. El expediente abierto en 1792 fue cerrado unos años después, en 1803.[23]

---

[22] Solórzano, *Política*, 1703, libro II, cap. XXIV. Asienta que fueron dadas las reales cédulas de 1600, 1612 y 1619 para someter a los mestizos al régimen tributario. Pero al parecer su ejecución tuvo resultados desiguales en algunas provincias de América.

[23] Archivo General de Indias (AGI), México, 2371. En adelante las citas siguientes provienen de este legajo salvo en donde se indique lo contrario.

Juan Navarro, el fiscal de la Real Hacienda, para emitir su opinión partió del supuesto de que el "fin de la franquicia de los indios del derecho de alcabala fue inclinarlos a la industria en los ramos de la labranza y crianza"; es claro que con dicho privilegio se deseaba impulsar las labores de los indios. Para saber si aún era necesario mantener el régimen de privilegio tributario, el fiscal recurrió a estudiar las *Cartas de Cortés,* recientemente editadas por el arzobispo Lorenzana, para determinar la calidad de las industrias que tenían los naturales al momento de la conquista.

El fiscal encuentra en las cartas de Cortés que de:

> estas relaciones brotan la verdad o buena fe con que aquel gran general escribía al rey, y en ellas manifiesta que halló unas ciudades populosas, como eran entre otras las de Tlaxcala, Cholula, Huejotzingo, Texcoco y México, asegurando que el orden y construcción de sus casas y palacios era tan bueno, como los que podían reconocerse en otros reinos civilizados.

Y que si las ciudades estaban bien construidas y eran opulentas, también lo estaban sus industrias.

"En cuanto a tejidos y vestuarios de los indios también notó el Excmo. Cortés cosas tan finas que lo admiraron, y tan abundantes como lo acredita la diversidad de especies con que los pueblos contribuían a su emperador, las que no sólo argüían la habilidad del indio, sino también que estaba muy dedicado a el trabajo." Sin embargo, admite el fiscal que, en "la actualidad, es raro el tejido fino que se encuentra hecho por los indios". El largo parecer del fiscal continúa sobre el arte de la pedrería, de las plumas, y de las joyas en oro y plata, y también observa que ahora "nada de esto trabajan los indios, ni tienen alhaja alguna a excepción de uno u otro que usa hebillas de plata muy mal hechas". Y concluye: "por todo esto, no me detengo en opinar que, en cuanto a bienes temporales, están en el día peor los indios que en el primer siglo de su conquista y, en secuencia, que aún se hallan en necesidad del auxilio de la exención de alcabalas en sus comercios, frutos y efectos de la tierra".

Para determinar la conveniencia de introducir o no el pago de la alcabala, es decir el tributo real, que graba la hacienda del individuo, era menester determinar en primer lugar la magnitud de su riqueza. Por ello, el fiscal, al comparar su industria, manufacturas y riqueza en las dos épocas, concluye que la pobreza indígena es mayor y, por tanto, no se justifica la imposición del nuevo tributo. Pero por otra parte advierte: "la tierra y los hombres son los fondos de las monarquías", y en otras palabras, "porque de su trabajo sustenta y edifica las iglesias, hace mayores rentas y útiles las minas, y cultiva los campos, ejercita los oficios y artes más trabajosos, humildes e infructuosos y, en sustancia, son los indios las manos y pies de estas dilatadas provincias [...]". Decía en suma, que no sólo los indios estaban a fines del siglo XVIII más pobres y que habían perdido sus artes, sino que eran el sostén de la monarquía, y que por ello, sería injusto gravarlos más. El director del Real Tribunal de Cuentas, habiendo leído el informe de Navarro, concluyó que la introducción de la alcabala podría acabar incluso con la actual manufactura de tejidos, es decir, que lejos de traer beneficios al reino, la imposición de la alcabala podría aniquilar la industria textil existente.

En cambio, el superintendente de la Aduana de México, Miguel Páez, centró su parecer en torno a los fraudes que cometían los españoles y castas con motivo del privilegio de que gozaban los naturales. Una manera de evitar dichos fraudes era saber cuáles efectos y productos acostumbraban tener los indios. En su opinión, bastaba con aplicar un criterio de sentido común, pues los naturales criaban y comerciaban regularmente con los mismos productos, es decir, aves, carneros, lana, carne salada, sal, chile, cerdos, semillas y tejidos de algodón. Afirmó asimismo, que la renta de la alcabala producía más de 3 000 000 de pesos líquidos anuales para la Real Hacienda, y estimó que la magnitud del fraude podía llegar a sumar 1 500 000 pesos. Aconsejaba dejar a los administradores del ramo la facultad de proceder en esta materia utilizando su discreción y conocimientos para remediar los fraudes, pues aseguraba que los indios, por ganarse medio real, introducían en las plazas mercancías de los españoles y castas. A este respecto, desde l767, Gálvez había mandado castigar con la pena del duplo y con 30 días de cárcel a quienes de esa manera defraudaran a la Real Hacienda. Para remediar los fraudes, propuso que cada administrador extendiera en su jurisdicción papeles que certificaran la exención y en donde se anotara el nombre del indio y lo que llevaba a vender. También discutió si los indios que compraban mercancías de la tierra a otros para venderlas debían o no pagar el impuesto, es decir, los naturales dedicados al comercio.

En l791-1792, los funcionarios reales llevaron a cabo un control en todas las subreceptorías alcabalatorias con el fin de conta-

bilizar la magnitud de la alcabala que la Real Hacienda dejaba de
percibir en virtud del privilegio otorgado a los naturales. Contabilizaron cinco meses correspondientes al año de 1791 y otros cinco del año siguiente. En las sujetas a la administración general y
partido de la Aduana de México, se calculó que, durante los cinco
meses de 1791, 10 280 indios acudieron al mercado a vender productos por un valor de 72 709 pesos, y que la alcabala que por ello
dejaron de pagar los indios sumaba 4 362 pesos. En las receptorías
sujetas a Veracruz tan sólo se registraron 76 indios, quienes ven-
dieron un total de 2 456 pesos, cuya alcabala representaba 76 pesos. Y bajo este rubro, en varios libros alcabalatorios sujetos a la
Dirección General se sumaron 53 223, indios, quienes mercaron
un total de productos por valor de 776 963 pesos, cuyo impuesto
de alcabala sumaba 48 500 pesos. En total registraron 63 579
indios con productos por un valor de 852 128 pesos y 52 938
pesos de alcabalas no cobradas. El ejercicio de 1792 arrojó un
resultado aún más sorprendente de 206 258 indios que habían
mercado productos por 2 842 532 pesos con una alcabala no cobrada de 170 327 pesos.[24] Los resultados, aunque parciales, pro-
yectaron cifras importantes que dejan entrever el interés de las
autoridades por cobrar a los naturales el derecho de alcabala. Por
otra parte, comentaban que era muy difícil su cobro debido a la
multiplicidad de tianguis que había en Nueva España.

Pero según las autoridades, había otro tipo de fraude, el realizado por quienes compraban mercancías a los indios para luego
revenderlas. En estas segundas ventas, el pago de la alcabala era
obligatorio, sin embargo, creían que rara vez se efectuaba. Los
regatones o rescatadores merodeaban alrededor de los mercados
mineros y urbanos y salían al encuentro de los indígenas para
comprarles sus mercancías antes de que llegasen al mercado,
para luego venderlas ellos directamente a mayor precio. Desde el
último tercio del siglo XVI, las autoridades se quejaban de que
éstos encarecían injustificadamente los productos. En 1802, la
Dirección General de Aduanas solicitó a las receptorías que le in-
formaran si estaba en práctica el cobro de la alcabala sobre segundas ventas de las mercancías adquiridas a los indios. Más de la mitad de las 102 receptorías respondieron afirmativamente, otras
dijeron que se cobraba parcialmente y tan sólo en diez recepto-

---

[24] Biblioteca Nacional de México (BNM), Ms. 1406.

rías afirmaron que no se tenía la costumbre de cobrarla. La Junta Superior de Hacienda reiteró su decisión de que se llevara a cabo mediante una resolución del 26 de septiembre de 1803 que decía: "las ventas que hagan los que compran a sujetos privilegiados [...] debían pagar alcabala aun en el caso de que ambas se hubieren realizado en un mismo suelo alcabalatorio".[25] Sin embargo, creían que era una empresa difícil de lograr cabalmente, pues los funcionarios calculaban que de las segundas ventas, la Real Hacienda dejaba de percibir entre 80 000 y 130 000 pesos.[26]

La fundación de cofradías de indios proliferó a partir del siglo XVII. En muchas comunidades, dichas instituciones religiosas se establecieron como bienes de comunidad. Por ejemplo, normalmente el ganado de una cofradía pastaba en las tierras comunales, o se le cedían tierras de común repartimiento o se plantaban magueyes para que con su producto se sostuviera la corporación. Así, para fines del siglo XVIII una parte de las tierras comunales de las repúblicas de indios habían sido transferidas a dicho régimen. Por medio de la cofradía, sus miembros podían sufragar con mayor facilidad las diversas cargas económicas, pues con el dinero de ésta pagaban las obvenciones eclesiásticas, el tributo personal y, en caso de necesidad, incluso podían obtener préstamos de ella. Como institución económica, la cofradía producía para el mercado y, en ocasiones, el monto de sus ventas podía representar una suma considerable. Los bienes pertenecientes a la Iglesia habían estado exentos del pago de alcabalas hasta el Concordato de 1737, cuando la corona decidió reformar dicho privilegio con respecto a la propiedad de nueva adquisición. Asimismo, la corona buscó reformar la religiosidad barroca limitando las representaciones públicas y restringiendo el gasto que estas celebraciones acarreaban. Con ese mismo espíritu reformador, mandó suprimir todas las cofradías de indios que no tuviesen licencia real. La gran mayoría de las cofradías o hermandades indígenas carecían claramente de dicho instrumento legal. La pretendida reforma a las cofradías tuvo varias motivaciones que no atañen al tema que ahora abordamos; sin embargo, basta con dejar asentada la embestida borbónica contra la religiosidad popular, su actitud dubitativa en torno a la desamortización de los bienes eclesiásticos y

[25] *Ibid.*, p. 20.
[26] *Ibid.*, Ms. 1406.

su consecuente sometimiento a un régimen fiscal. Con todo, su iniciativa en cuanto al pago de alcabala por los productos vendidos por las cofradías de indios no prosperó.

Según la información recabada por las autoridades de la Junta Real de Hacienda, estaba claro que el comercio indígena era intenso, que las arcas reales perdían ingresos debido a la exención tributaria, que, por otra parte, ese privilegio permitía toda clase de irregularidades por parte de indios, castas y de los mestizos. Aun así, en 1803 la Junta de Real Hacienda determinó mantener la exención del pago de alcabala, pero convino en que, por otra vía independiente, se promoviera en el gobierno superior la propuesta de eliminar el tributo personal, con el propósito de equiparar jurídicamente a los indios con los españoles y, por tanto, también en cuanto al pago de derechos. Otras voces como la de Abad y Queipo proponían también eliminar la división de la sociedad en dos repúblicas e integrarla en una sola; pero dicha iniciativa presuponía una honda transformación de las relaciones políticas, económicas y sociales sobre las que se había cimentado la sociedad colonial.

LA REVOLUCIÓN LIBERAL Y LAS CORTES DE CÁDIZ

El 26 de mayo de 1810, el virrey don Francisco Xavier Venegas determinó —en un gesto más político que humanitario— suprimir el tributo en Nueva España. El texto dice así: "Es su real voluntad que se liberte de tributos a todos los indios contribuyentes, con expresa prohibición a sus gobernadores indios, caciques y encomenderos de que se les exija la menor cantidad por razón de tributos." Asimismo, con respecto a las otras contribuciones, Venegas mandaba que se abriera un expediente en donde cada gobernador, corregidor e intendente informase al respecto. Se refería concretamente a las contribuciones del medio real de ministros y del medio real de hospital. En el mismo decreto ordenaba que se repartieran tierras a los pueblos que tuviesen necesidad de ellas; unos meses más tarde, el 5 de octubre del mismo año, hizo extensiva dicha abolición tributaria a los mulatos, negros y demás castas.[27]

---

[27] Fábila, *Cinco*, 1981, pp. 58-60.

Esta medida no impidió, sin embargo, el levantamiento del padre Hidalgo y, por iniciativa de José María Morelos, los insurgentes decretarían entonces por su parte la supresión del tributo personal con las siguientes palabras: "nadie pagará tributo, no habrá esclavos en lo sucesivo [...] no hay Cajas de Comunidad y los indios percibirán las rentas de sus tierras como suyas propias, en lo que son tierras".[28] Estas dos disposiciones, las de Venegas y Morelos, nos llevan al problema central del tributo indígena. Por un lado, tienen la virtud de considerar al tributo en la multiplicidad de formas de lo que comúnmente se conoce como tributo indígena: que es el personal, el medio real de ministros, el medio real de hospital y, por último, el real y medio dado a la propia comunidad con el fin de sufragar los gastos de la república.

Por otra parte, se relaciona asimismo claramente al tributo con la propiedad, haciendo con ello alusión al tributo real, que se finca en la riqueza y en la hacienda personal de los individuos. Es decir, si retomamos el sentido último del tributo real, se advierte que éste no podía exigirse a quienes carecían de patrimonio propio. Si bien los indios gozaban de una parcela comunitaria de usufructo familiar, la comunidad era en esencia la propietaria de todas las tierras de su república. Para fines del periodo colonial, las autoridades ya habían advertido que la distribución de la propiedad era inequitativa y que, en ocasiones, los pueblos carecían de suficientes tierras. Por ello, cuando el virrey Venegas mandó abolir el tributo personal, ordenó simultáneamente el repartimiento de la propiedad, y determinó en seguida que los naturales pagasen la alcabala.

La circular que envió la Junta Superior de Hacienda a todas las subreceptorías de alcabalas del reino decía así: "A virtud de haberse libertado a los indios del pago de tributos, y por consiguiente exceptuádose en las contribuciones a los demás vasallos [...] ha acordado la Junta Superior de Hacienda queden sujetos a la exacción del derecho de alcabala."[29] Por tanto, a partir de 1811 los indígenas quedaron sujetos al pago de la alcabala y libres del tributo personal.

La abolición del tributo personal que pagaban los indios tenía claras implicaciones políticas que apuntaban hacia una reestruc-

[28] *Ibid.*, p. 63, 17 de noviembre de 1810. Disposición aboliendo la esclavitud y que los indios percibirán las rentas de sus tierras.
[29] Archivo Histórico del Estado de México (AHEdo de México), Nueva España, vol. 34, exp. 67.

turación de la sociedad novohispana. Este hecho se traducía en
sí mismo en un principio de igualdad política entre los miembros
de la sociedad americana. Dicha equiparación política presuponía también una igualdad fiscal. Nadie pagaría ahora un impuesto personal, sino únicamente los tributos considerados reales o
indirectos. Si bien después de consumada la conquista la corona
determinó que los naturales de América eran libres y de igual condición que los españoles, al poco tiempo dicha igualdad y libertad
fueron paulatinamente mermadas. El servicio personal, el trabajo coercitivo, la separación de las dos repúblicas, etc., fueron imponiendo límites a la libertad del indio, a la vez que se lo sometía
a un régimen de tutela, con el argumento de que eran cristianos
nuevos. En esencia, la separación de las dos repúblicas implicaba una separación jurídica, es decir, que ambas se rigieron siempre por leyes diferentes. Las medidas dadas por el virrey Venegas fueron sancionadas por las Cortes de Cádiz. La discusión que
se produjo entre los diputados allí reunidos en torno a esas disposiciones, reiteró esta relación entre tributos indirectos y propiedad.

Para cuando dichas iniciativas llegaron a las Cortes de Cádiz,
el levantamiento insurgente se había extendido exitosamente por
Guanajuato, Guadalajara, San Luis Potosí, Puebla, etc. Las Cortes generales se ocuparon los días 12 y 13 de marzo de 1811 del
decreto dado por el virrey Venegas, resolviendo aprobar la exención de tributos otorgada a los indios de Nueva España, y determinando hacerla extensiva a todo el imperio americano. Propusie-
ron asimismo que dicha exención se extendiera también a todas
las castas de América. Estas tres iniciativas quedaron aprobadas
de inmediato, sin embargo, la proposición alusiva al repartimiento
de tierras causó mayor discusión. El debate se centró en la pregunta de si en el reparto de tierras a los indios se debía o no incluir a las demás castas. Los diputados Valiente y López opinaron
que se debía hacer el repartimiento de tierras a las castas tomando
para tal fin tierras realengas, sin afectar con ello a terceros. El diputado Uría precisó: "lo que sobra en América es tierra, lo que falta
son brazos. Por tanto, me parece que no sólo conviene, sino que
es de absoluta necesidad...". En la discusión se pasó luego a analizar el problema de qué tierras debían repartirse a unos y otros,
se llegó a la conclusión de que a las castas se les dieran baldíos o
realengos. En cambio a los indios, por ser naturales y tener, por
tanto, un derecho originario, se les podían y debían dar tierras de

cualquier índole, incluyendo que dicha dotación podía afectar los
intereses de terceros, es decir, la propiedad española.[30] Es interesante subrayar que, a pesar de la igualación política y fiscal que
habían aceptado los diputados de las Cortes de Cádiz, se mantuvo
la distinción racial en cuanto al acceso a la propiedad a que legíti-
mamente podían aspirar unos y otros.

Con respecto al tributo de los encomenderos, simplemente
decidieron estudiar la mejor forma de resarcirlos, sin embargo,
consideraron que los descendientes del emperador Moctezuma
debían conservar sus títulos de encomenderos. Tanto este tema
como en el anterior se percibe una ambigüedad política con respecto a lo "indígena" y a sus privilegios.

La abolición de los tributos personales creó también otros problemas de índole más bien práctica y económica, pues aquélla significaba una pérdida de ingresos por parte de la tan necesitada
Real Hacienda, ya que los funcionarios reales encargados de la
recaudación del tributo personal recibían 5% del mismo como
parte de su salario. Para remediar dicha pérdida, el propio virrey
novohispano propuso restituir el sistema de repartimiento forzoso de mercancías como un mecanismo de compensación para
los alcaldes y corregidores. Ante esta iniciativa de "que el virrey de
México quiere sustituir los repartimientos a los tributos", el diputado Lisperguer expresó claramente que era "la [medida] más im-
política del mundo". Las Cortes determinaron en seguida reiterar
la prohibición del repartimiento de mercancías. Sin embargo, hay
que reparar en la observación hecha por el señor Mendiola,
de que los alcaldes o subdelegados podían compensar esta pérdida con el nuevo impuesto de alcabala fijado sobre el aguardiente de mezcal; ya que en buena medida la explotación del maguey
la realizaban mayoritariamente los indios, así, los impuestos sobre
el mezcal o el pulque los gravaban directamente como productores. Esta carga continuó después de la independencia y durante
el gobierno de Lorenzo de Zavala en el Estado de México, cuando
se decretó una alza en los impuestos que se pagaban por los magueyes, se produjeron innumerables protestas.[31] La mecánica fiscal era la siguiente: se suprimía el tributo personal, pero a la vez

---

[30] *Diario,* 1870, t. I, pp. 668-672. En relación con el tema de la propiedad y
el levantamiento de Hidalgo visto en las Cortes de Cádiz, véase Menegus, *Cortes,*
1989, pp. 453- 464.

[31] Marichal, Miño y Riguzzi, *Primer,* 1994, pp. 43-44.

se introducían las cargas indirectas: el peaje, la alcabala, y los impuestos sobre la producción de aguardientes.

EL PERIODO INDEPENDIENTE

Una vez consumada la independencia, muchas de las medidas tomadas por el virrey Venegas, las Cortes de Cádiz e Hidalgo y Morelos fueron reiteradas. El 9 de octubre de 1821 una circular enviada por Tomás Díaz Bermudo, director general de la Aduana Nacional, determinó que quedaban abolidos todos los privilegios de alcabala "de cosa, persona y lugar concedidos a las ventas o permutas que celebraban los indios, comunidades, cofradías, colecturías de diezmos y demás corporaciones y particulares, exceptuándose de esta regla general sólo los comestibles, que se comprehendieron en las tarifas únicamente para que se les cobrase la alcabala eventual [...]"[32] Es decir que las corporaciones antiguamente exentas, como la Iglesia o las cofradías, y los indios pagarían todos por igual los derechos de alcabala. En 1822 Anastasio Bustamante mandó suprimir las contribuciones del real de ministros, medio real de hospital y uno y medio real de cajas de comunidad, alegando que dichas contribuciones gravaban a los indios contra toda justicia.[33] Asimismo, en virtud de la igualdad adquirida por los indios con la independencia, se determinó que se admitiera en los hospitales a los indios enfermos, como a cualquier otro ciudadano. En efecto, como pudimos apreciar en otro trabajo, se suprimió la contribución de real y medio por cabeza de familia para gastos de la comunidad. Los ingresos municipales para el Estado de México, por ejemplo, fueron determinados en 1824 considerando únicamente como tales la renta proveniente de propios y arbitrios. Los municipios, así como las ciudades, pagaban una contribución directa al estado, que consistía en 4% de sus ingresos provenientes de propios y arbitrios y 2% del producto de sus bienes de comunidad. Sin embargo, en el caso del Estado de México, el gobernador Melchor Múzquiz dispuso en 1827, dada la pobreza de los pueblos indígenas, eximirlos del pago de la contribución directa.[34]

[32] AHEdo de México, Nueva España, 1821, vol. 40, exp. 8.
[33] *Ibid.*, Imperio Mexicano, 1822, vol. 59, exp.7.
[34] Menegus, "Desamortización", 1995, pp. 18, 22 y 23.

Si bien en el caso de México la categoría de indio desapareció para dar lugar a la de vecino o ciudadano, en otras partes de América, por ejemplo en Perú, la utilización de la categoría "indio" continuó vigente para efectos fiscales. La falta de estudios sobre este tema, así como las diferencias entre la legislación de cada estado, hace difícil precisar en qué momento y cómo se estableció el impuesto per cápita y el impuesto predial. Con frecuencia se sustituyó el uso de la categoría "indio" con la de "pobre", otorgándole de nuevo en algunas ocasiones, por ese motivo, un régimen de excepción.

A MODO DE CONCLUSIÓN

En suma, a fines del régimen colonial estaban sentadas las bases para igualar jurídicamente a la sociedad novohispana, eliminando tanto la división en dos repúblicas como las diferencias en materia tributaria. Las llamadas reformas borbónicas fueron, en su conjunto, intentos por parte de la monarquía española de modernizar al imperio bajo los preceptos del mercantilismo liberal, como recientemente lo ha definido Luis Jáuregui. Por ello, los primeros decretos emitidos por los gobiernos independientes reiteraron las disposiciones dadas por las Cortes de Cádiz y las del propio virrey Venegas. El prolongado proceso de mestizaje llevó a las autoridades virreinales a proponer la disolución de las dos repúblicas y a intentar la imposición de un régimen fiscal uniforme pues, como hemos referido, los indios, los mulatos y las castas pagaban el tributo personal y, los segundos, también la alcabala, mientras que los mestizos y los criollos no pagaban un tributo personal, pero sí otros de carácter indirecto, como la alcabala. Si bien la independencia propició un reordenamiento fiscal más igualitario y liberal, esta transformación fue más difícil de lograr en materia de propiedad.

Las reformas borbónicas instauradas en el último tercio del siglo XVIII intentaron transformar el régimen de propiedad comunal de los pueblos de indios, pero obtuvieron resultados muy parciales. Procuraron fomentar también las explotaciones de carácter individual y eliminar las tradicionales sementeras de explotación colectiva, y buscaron asimismo repartir tierras ociosas y promover el repartimiento de tierras a quienes carecían de ellas. Pero quizá lo más importante en materia de propiedad fue la actitud que asumió la corona en estos últimos años del absolutismo: en las leyes que emitió parece subrayar su dominio sobre las tierras americanas; por ejemplo, con respecto a la propiedad de las comunidades intentó que quienes usufructuaran una parcela de común repartimiento pagasen un canon o censo; entendido éste como una renta o tributo territorial por ser de territorio realengo perteneciente al patrimonio del rey, que éste cedía graciosamente a las comunidades para su beneficio. Pero lo importante aquí es la actitud del rey con respecto a la propiedad americana que observamos en la documentación a fines del siglo XVIII, en donde asume su potestad sobre América. Esta actitud la vemos, por ejemplo, en el bando dado por el virrey Iturrigaray en 1807 en los siguientes términos:

> que para el arreglo de las mercedaciones y adjudicaciones de tierras realengas ha acordado, a petición del señor fiscal de Real Hacienda, la Junta Superior de ella en 10 de mayo de 1802, y el rey se dignó aprobar en real cédula de 14 de febrero de 1805, fue una calidad legal de señalar término, que efectivamente se determinó fuese el de un año, que los dueños de tierras dentro de él poblasen y cultivasen las incultas y baldías, con apercibimiento de que, *de lo contrario, caerían del dominio* y se rematarían y aplicarían a los que las denunciasen.

Lleva así el término realengo a sus últimas consecuencias al declarar toda tierra inculta como sinónimo de realenga. La política económica de la monarquía estaba impregnada de ideas fisiocráticas y utilitaristas, por ello veía en la tierra inculta una aberración. En consecuencia, se ordenó que si el poseedor la dejaba de cultivar más de un año, pasaba a dominio del rey. Pero aún más interesante es la aclaración de que no importaba el medio por el cual el poseedor obtenía las tierras: "ya sea heredadas, compradas, mercedadas o por cualesquiera título".[35] Este ejercicio absoluto del poder real explica su determinación de reordenar la propiedad americana. Y como he intentado sugerir arriba, este reordenamiento estaba estrechamente vinculado a un reordenamiento político, social y, por su puesto, tributario. Se buscaba forjar una nueva sociedad integrada por individuos útiles a la monarquía y económicamente productivos. Claro está que la igualdad

---

[35] Solano, *Cedulario,* 1984, pp. 542-543; Contreras, "Estado", 1988, pp. 517-548.

política y tributaria tenía sus límites dentro de una monarquía que fincaba la soberanía en el rey y no en el pueblo, como se determinaría dentro del liberalismo.

SIGLAS Y BIBLIOGRAFÍA

AGI   Archivo General de Indias
AGN   Archivo General de la Nación, México.
AHEdo de México   Archivo Histórico del Estado de México
BNM   Biblioteca Nacional de México

Castañeda, Paulino, *Los memoriales del padre Silva sobre la predicación pacífica y los repartimientos,* CSIC, Madrid, 1983.

————, "Un problema ciudadano: la tributación urbana" en *Estudios sobre la ciudad iberoamericana,* CSIC, Madrid, 1983.

Contreras, Carlos, "Estado republicano y tributo indígena en la Sierra Central en la posindependencia", *Revista de Indias,* vol. XLVIII, enero-agosto de 1988, CSIC, Madrid.

Diario de las sesiones de las Cortes generales y extraordinarias, Madrid, 1870, t. I.

Fábila, Manuel, *Cinco siglos de legislación agraria 1493-1940,* SRA, México, 1981.

Garavaglia, Juan Carlos y Juan Carlos Grosso, *Las alcabalas novohispanas (1776-1821),* AGN/Banca Cremi, México, 1987.

Jáuregui Frías, Luis A., "Los fundamentos de la política fiscal" en Leonor Ludlow y J. Silva R. (comps.), *Los negocios y las ganancias de la colonia al México moderno,* Instituto Mora/IIH-UNAM, México, 1993, pp. 363-383.

Lira, Andrés, "El aspecto fiscal de la Nueva España en la segunda mitad del siglo XVIII", *Historia Mexicana,* El Colegio de México, vol. XVII, núm. 3, enero-marzo de 1968.

López de Palacios Rubios, Juan, *De las islas del mar océano,* FCE, México, 1954.

Marichal, Carlos, Manuel Miño y Paolo Riguzzi, *El primer siglo de la Hacienda pública de México 1824-1923,* El Colegio Mexiquense/Gobierno del Estado de México, México, 1994, vol. I.

Menegus, Margarita, "La desamortización de bienes comunales y municipales en el Valle de Toluca", *Siglo XIX. Cuadernos de Historia,* Universidad de Nuevo León, año IV, núm. 12, mayo-agosto de 1995, pp. 7-27.

————, "Las Cortes de Cádiz ante las revueltas agrarias en la Nueva España: 1810- 1812" en *Materiales para el estudio de la Constitución de 1812,* Tecnos, Madrid, 1989, pp. 453-464.

Peña Montenegro, Alonso de la, *Itinerario para párrocos de indios. Libros I-II*, CSIC, Madrid, 1995 (Corpus Hispanorum de Pace).

Peset, Mariano y Margarita Menegus, "Rey propietario o rey soberano", *Historia Mexicana*, El Colegio de México, vol. XLIII, núm. 4, abril-junio de 1994, pp. 563-600.

Recopilación de Leyes de Indias.

Solórzano Pereira, Juan, *Política indiana*, Amberes, 1703.

Solano, Francisco de, *Cedulario de tierras. Compilación de legislación agraria colonial (1497-1820)*, UNAM, México, 1984.

Valdeavellano, Luis G. de, *Curso de historia de las instituciones españolas*, Alianza Universidad, Madrid, 1968.

Veracruz, fray Alonso de la, *De dominio infidelius et iusto bello* en Ernest Burrus, *The writings of Alonso de la Veracruz*, Roma, 1968.

Zapata y Sandoval, Juan, *Disceptación sobre justicia distributiva y sobre la acepción de las personas a ella opuesta*, UNAM, México, 1994-1995, 2 vols.

Finanzas y Estado en México, 1820-1880*

Marcello Carmagnani
El Colegio de México

INTRODUCCIÓN

Cuando se abordan temáticas que conciernen al periodo comprendido entre la independencia y el porfiriato, se aprecia inmediatamente lo difícil que es superar los lugares comunes y los juicios que tienden, a toda costa, a cara cterizar este periodo como anárquico. De este modo la historiografía ha quedado dominada ciegamente por la imagen creada por los ideólogos del porfiriato que, para exaltar el nuevo orden, pintaron con colores oscuros el pasado, definiéndolo con base en elementos externos, evidenciando así el desorden, lo ilógico y la incongruencia.[1]

* Publicado originalmente en italiano, *Nova Americana*, núm. 5, 1982, pp. 175-213 y en español, *Ibero-Amerikanisches Archiv,* vol. 9, núm. 3, 1983, pp. 279-317. [Traducción de José Fernández Santillán.]

[1] Este estudio constituye una parte de la investigación interuniversitaria sobre las formas históricas del Estado financiada por el Ministerio della Publica Instruzione. Sin embargo, es gracias a la invitación de la Universidad Autónoma Metropolitana (Iztapalapa) de la ciudad de México y a la hospitalidad del Departamento de Investigaciones Históricas de la Dirección de Estudios Históricos del INAH, que he podido desarrollar la primera fase de mi investigación. El Centro de Estudios Históricos de El Colegio de México me ha concedido la posibilidad de exponer las líneas centrales de esta investigación. Por tanto, deseo expresar mi agradecimiento a los directores de estas instituciones, los amigos y colegas Enrique Florescano, del cual he recibido significativos apoyos, Sonia Lombardo de Ruiz, Josefina Z. Vázquez e Hira de Gortari. Además, estoy en deuda con tantos amigos y colegas que en Italia, en México y en Estados Unidos me han dado consejos y aceptado discutir los resultados de esta investigación.

Esta imagen negativa, que tiene como referente único la ideología, encontró en la evolución de las finanzas del Estado una de las *pruebas* que buscaba. No por casualidad en el grueso volumen *México. Su evolución social,* a cargo de Justo Sierra y publicado en el momento de máximo esplendor del régimen porfirista, uno de los colaboradores presentaba así las finanzas estatales precedentes de la república liberal:

> la brevísima e imperfecta reseña que precede nos suministra ya elementos para descubrir los principales pivotes sobre que giró nuestra hacienda por muchos y largos años: el deficiente perpetuo, aumentando sin cesar la deuda pública, y el afán, perpetuo también, de amortizarla, determinado por las exigencias de acreedores poderosos e influyentes, a los que nuestros gobiernos no sabían ni podían resistir porque eran los únicos que les sacaban de sus constantes apuros pecuniarios.[2]

Las consecuencias eran funestas:

> Impuestos y arbitrios empíricos, vejatorios y hasta extravagantes, aumento injustificado de gastos; ineptitud y corrupción de empleados y funcionarios; desmoralización de todas las clases sociales por el contrabando y el fraude en gran escala; medidas violentas, desde el préstamo forzoso hasta la corrupción de las conductas que el infortunado comercio confiaba a la custodia de las autoridades públicas; cambio frecuente de formas de gobierno, pasando de la federación al centralismo y viceversa, con profundo trastorno y perturbación de impuestos, cuentas y oficinas; arrendamiento en términos ruinosos de la venta del tabaco y de las casas de moneda, con prohibición de modificar las leyes que mantenían aquel monopolio y regían sobre la producción y exportación de metales preciosos; fundación del Banco de Avío; restablecimiento de monopolios de antaño abolidos; prohibiciones; multiplicidad de aranceles; alcabalas; derechos de internación y otros gravosos impuestos en que ya nos ocupamos al hablar del comercio; emisión excesiva, por vía de recursos fiscales, de moneda de cobre, que todo lo perturbaba, causando verdaderas ruinas; dilapidación de las salinas y demás bienes nacionales; emisiones disparadas de bonos que nadie tomaba y que, vendidos a vil precio, aumentaban incesantemente la deuda pública; cuanta calamidad, en suma, puede pesar sobre un pueblo, tanto pesó sobre México, víctima, al mismo tiempo, de

---

[2] Sierra, *México,* 1901, t. II, p. 357.

la anarquía política y social en todas sus formas y con todas sus vergüenzas, incluso la pérdida de la mitad del territorio.[3]

Este largo fragmento de 1901 contiene todos los elementos que por medio siglo reencontraremos en los estudios y en los ensayos concernientes a la forma republicana en México. El enlace que se establece entre "desorden" financiero y "anarquía" política queda ampliamente presente hasta en una parte de la reciente historiografía. Esta orientación continúa subrayando que:

la crisis perpetua de las finanzas públicas era el resultado de un círculo vicioso; llegados al poder con una tesorería en quiebra, los gobiernos no tenían otra solución que arrojarse en los brazos de los especuladores, los cuales ponían condiciones y exigían garantías tan ruinosas para la economía como para el tesoro público. Este sistema, lejos de contribuir a la recuperación financiera, no tenía otro resultado que el aumento de la deuda pública y la hipoteca de los únicos recursos con que podía contar el gobierno. En cuanto el dinero prestado se agotaba, la caída del gobierno era inevitable y la bancarrota financiera se agravaba aún más.[4]

A partir del final de 1950 se comienza a delinear, gracias a la actividad desarrollada por Daniel Cosío Villegas y su *Historia moderna en México,* un cambio de perspectiva. Los estudios de Bazant, Costeloe, Hale, L. González y M. González Navarro han proporcionado, a continuación, una contribución relevante para superar el viejo esquema interpretativo.[5]

Estas recientes contribuciones han creado la posibilidad de reexaminar las complejas cuestiones concernientes a las finanzas del Estado mexicano a la luz de la forma que asume en los primeros sesenta años de vida independiente. Para alcanzar este objetivo, me ha parecido oportuno afrontar esta compleja temática estudiando una parte del fenómeno financiero estatal, aquella referente a los recursos, con el fin de ubicar sus implicaciones de naturaleza económica y social. Me parece que esto sea un modo para crear las bases de una interpretación rigurosa del fundamen-

[3] *Ibid.,* p. 363.
[4] López, *Estructura,* 1967, p. 169.
[5] Un cuadro exhaustivo de la bibliografía lo proporciona Florescano, *Bibliografía,* 1980.

to económico y social de la forma estatal. De esta manera se quiere llamar la atención sobre el hecho de que las formas históricas del Estado en general, y de las mexicanas en particular, no pueden ser estudiadas exclusivamente en su dimensión doctrinaria o de estructuras de poder político.

UNA VISIÓN DE CONJUNTO: LAS TENDENCIAS DE LAS ENTRADAS ESTATALES

La historiografía esencialmente ha puesto en evidencia que el problema central de las finanzas del Estado mexicano antes de 1870 es la creación y la persistencia de un déficit fiscal, la existencia del "deficientes" como fue definido por los escritos del siglo XIX. De esta prioridad ha derivado una insuficiente reflexión sobre el hecho de que aquello que aparece como una preocupación central de la gestión del poder político no puede necesariamente considerarse como una preocupación central del análisis histórico. La superación definitiva del planteamiento tradicional, criticado al inicio, pasa a través de la consideración de que el déficit fiscal es una resultante de una lógica político-económica. En otras palabras, el objetivo de un análisis histórico no puede ser aconsejar sobre el cómo disminuir el déficit, sino buscar descubrir el enlace entre economía y proyecto político.

Es a la luz de estas consideraciones que se puede entender el uso que he hecho de la principal fuente a mi disposición, las *Memorias* del ministro de Hacienda. Ellas contienen dos datos extremadamente importantes: los referentes a los presupuestos preventivos y los relacionados con los balances de ingresos y egresos. Mi análisis ha asumido como fundamental la segunda serie de datos, puesto que nos parece que, si se quiere entender la relación que media entre finanzas y fundamento económico y social del Estado, sobre todo se deben considerar los recursos reales y sus fuentes.

Los datos cuantitativos presentan no pocas dificultades de elaboración, que no dependen tanto de la reconstrucción histórica de la serie, sino más bien de la necesidad de darle una utilización histórica y no contable. Un análisis histórico de las finanzas del Estado debe analizar por separado los ingresos y los egresos: los primeros remiten a las fuentes de los recursos, mientras que los segundos se refieren a la apropiación de los recursos por parte de los diversos grupos.

Por cuanto concierne a los ingresos del Estado, se puede ver en la gráfica 1 que se caracterizan por un crecimiento entre 1820 y 1840, por una disminución entre 1810 y 1860, y por una ligera recuperación entre 1860 y 1880. Basta esta simple observación, la existencia de tres tendencias veintenales, para juzgar infundadas las tesis corrientes sobre la incoherencia y la inconsistencia de las orientaciones financieras antes del porfiriato. A esta observación se le puede añadir una segunda, referente a las circunstancias por las cuales la evolución de los ingresos estatales es reconducible a instancias de naturaleza económica de larga duración, como el desarrollo de los diversos sectores productivos, y a instancias de naturaleza social, como las necesidades de la clase propietaria, que poco tienen que ver con decisiones políticas.

Releyendo atentamente la gráfica 1, se puede notar además que la evolución de los ingresos no es necesariamente relacionable con el hecho institucional. En efecto, la primera tendencia comprende tres periodos político-institucionales: el primer imperio, la república federal y la república conservadora. Otro tanto sucede en la segunda tendencia, que comprende la república conservadora, la reforma y el imperio de Maximiliano. Esta no correspondencia entre la evolución de los ingresos estatales y la evolución político-institucional, además de hacer decaer las hipótesis tradicionales impresionistas referentes a la estrecha ligazón entre desorden financiero y anarquía política, nos impulsa a un análisis con un referente doble: el económico y el social. Por consiguiente, la dimensión estatal viene tomada, quizá en un modo un poco reductivo, en su dimensión de elemento organizador de los diversos poderes que coexisten en el espacio geográfico regional y en el espacio "nacional".

La existencia de tendencias veintenales en la evolución de los ingresos, evidenciada en la gráfica 1, impone a mi análisis un primer orden, de naturaleza diacrónica, permitiéndome empero superar concretamente el ritmo político institucional, sin caer en un análisis exclusivamente estructural y sincrónico, incapaz de tomar evolutivamente los diversos problemas.

¿UN FALSO CRECIMIENTO?

El primer problema que pone esta fase —que he definido de crecimiento con base en la evidencia contenida en la gráfica 1 y en el cuadro 1– es el de verificar si es verdaderamente una fase de crecimiento, puesto que las *Memorias* de los diversos ministros de Hacienda del periodo 1820-1830 subrayan, en repetidas ocasiones, que la independencia había provocado una caída de los ingresos estatales.

Las informaciones disponibles nos dicen que, en el periodo 1810-1815, los ingresos medios anuales fueron de 44 300 000 pesos.[6] Para reencontrar ingresos estatales de esta magnitud será necesario esperar el final del siglo XIX, y por tanto se puede afirmar tranquilamente que a lo largo de todo el periodo considerado en este estudio, no se tendrán jamás ingresos comparables a los del último periodo colonial. Este hecho, visto por los escritos del siglo XIX como una "prueba" de la incapacidad de la clase política preporfiriana, nos pone el problema, todavía no afrontado, de la estructura financiera después de la independencia.[7]

La política tributaria de la corona fue puesta bajo acusación por las dos almas de la independencia, la popular y la aristocrática. Morelos sintetizaba así el descontento popular: "que se quite la infinidad de tributos, pechos e imposiciones que nos agobian y se señale a cada individuo 5% en sus ganancias u otra carga igual de ligera, que no oprima tanto como la alcabala, el estanco, el tributo y otras".[8]

El descontento aristocrático resuena en la *Proclama* de Agustín de Iturbide:

> Con este objeto, con el de aliviar en parte y en cuanto permite nuestra actual situación, el estado penoso a que se había reducido a todas las clases, el cúmulo insoportable de exacciones con que se les había gravado [...] he tenido por conveniente mandar: "abolición" de los derechos de subvención temporal y contribución de guerra a las haciendas, la reducción de la alcabala al 6% como antes de la "revolución", el pago de impuestos en la venta del producto da-

---

[6] TePaske, *Real,* 1976.

[7] La idea más difundida es que "el sistema rentístico [...] había quedado por completo desquiciado, su antigua producción había venido minorándose lentamente hasta alcanzar una cifra insignificante; los resortes administrativos se habían aflojado al grado de que no era posible introducir la moralidad indispensable en la recaudación para evitar la colisión de los empleados con los defraudadores", Casasús, *Historia,* 1885, p. 11. Véase también Sierra, *México,* 1901, t. II, p. 348.

[8] Morelos, *Sentimiento,* 1967, p. 42.

Gráfica 1. Ingresos ordinarios, extraordinarios y totales,
1819-1880 (millones de pesos)

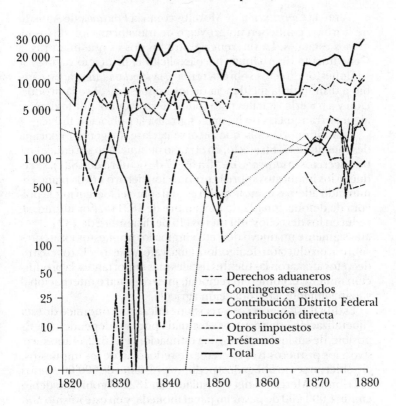

Cuadro 1. Correlaciones y regresiones

Ingresos totales/ingresos ordinarios	r = 0.74	y = 4 759.34 + 0.46x
Ingresos totales/ingresos aduaneros	r = 0.16	y = 5 498.28 + 0.04x
Ingresos ordinarios/ingresos aduaneros	r = 0.46	y = 2 804.34 + 0.25x
Ingresos totales/ingresos extraordinarios	r = 0.71	y = 2 262.24 + 0.37x
Ingresos aduaneros/préstamos	r = 0.10	y = 1 723.27 + 0.16x

da por la variación de precios, incluyendo a los indígenas, que ya
no serán "privilegiados".[9]

Tanto la *Constitución* de Morelos como la *Proclama* de Agustín
de Iturbide contienen un proyecto de transformación de los ingresos estatales. La diferencia entre los dos es que mientras la
Constitución de Anáhuac hace explícito el principio regulador
—impuestos directos sobre la renta—, la *Proclama* tiende en cambio a disminuir la incidencia de los impuestos sobre la producción y a hacerlos iguales para todos, destruyendo, por lo demás,
algunas franquicias de las cuales gozaba la población india.
Esta última vía es la que recorre la clase dirigente mexicana
después de 1821. En efecto, en el curso de aquel año se reduce con
tres decretos la *alcabala,* de 16 a 6% (7 de octubre de 1821), se reducen los impuestos sobre la producción del oro y de la plata, eliminando además el monopolio estatal sobre el mercurio y la pólvora de detonación (22 de noviembre de 1821) y, por último, se
reducen los derechos aduaneros (15 de diciembre de 1821).[10] Al
año siguiente un nuevo decreto elimina los impuestos existentes
sobre la producción de algodón, lana, café, y cacao.[11] Estos cuatro
decretos afectaron las fuentes fiscales más importantes, la producción minera, el comercio regional, interregional e internacional
y, parcialmente, la producción agrícola.
Es difícil establecer con precisión el alcance económico de esta
"liberalización" de recursos efectuada por la independencia. Es
posible, de cualquier modo, una estimación: en 1822, el año sucesivo a los primeros tres decretos de reducción de los impuestos,
el gobierno se vio obligado a pedir un préstamo de 600 000 pesos
al Tribunal Mercantil del Consulado; en 1823 el gobierno debió
emitir 4 000 000 de pesos en papel moneda, y en este mismo año
se estimaron en 3 300 000 pesos los recursos extraordinarios obtenidos por el Estado bajo forma de préstamo entre 1821 y 1823.[12]
Ahora bien, si el Estado tiene necesidad de recurrir a préstamos
significa que sus recursos ordinarios no son suficientes y esta insuficiencia, en ausencia de un cambio sustancial del gasto público, es índice de una sustancial reducción de los ingresos.

[9] Iturbide, *Proclama,* 1821, p. 176.
[10] *Memoria,* 1822.
[11] *Memoria,* 1869, p. 69.
[12] *Exposición,* 1823.

Productores y comerciantes aparecen así como los principales beneficiados por la independencia, ya que mediante la desgravación fiscal pueden incrementar sus utilidades. A partir de 1823 los ingresos estatales retomaron el aumento, que continuará hasta 1840-1842, pero sin alcanzar jamás los niveles del periodo colonial. Con todo, este crecimiento continuó, no obstante la reorganización institucional efectuada como consecuencia de la proclamación de la república y su organización en federación. La organización federal aparece sin embargo, desde el punto de vista fiscal, como poco innovadora, puesto que no provocó una federalización del sistema fiscal, sino un fortalecimiento de las autonomías de los estados.

La innovación sustancial introducida por la nueva república fue solamente la de determinar los impuestos que pertenecían a la federación y los pertenecientes a los estados. La ley del 4 de agosto de 1824 dejó al Estado federal los derechos aduaneros, el monopolio del tabaco, de la pólvora de detonación, de las salinas, el correo, la lotería, los bienes nacionales y las rentas de los territorios de Tlaxcala y Baja California. Todos los demás impuestos pasaron a las manos de los estados, los cuales sin embargo debían dar a las cajas de la federación un importe mensual, denominado *contingente*, calculado sobre la base de la presunta riqueza del estado.[13]

Me parece particularmente importante detenerme en esta diferenciación entre ingresos de la federación e ingresos de los estados por el significado que tiene en la conformación del Estado. La diferenciación de los ingresos establece la existencia de dos poderes, el federal y el de los estados —de los cuales el primero goza de una supremacía formal, que le es reconocida por los estados con el *contingente*. Este reconocimiento formal permite a los estados autonominarse del poder federal, haciendo propios todos los impuestos exigibles en su territorio. Ello significa, en el nivel de las finanzas públicas, que no se está en presencia de un verdadero régimen federal sino más bien de un régimen estatal de tipo confederal. La relación que se establece entre federación y estados asume de esta manera la forma de un pacto, regulado jurídicamente, que parece sancionar el acuerdo de naturaleza social y política establecido entre los grupos regionales.

[13] *Memoria*, 1869, p. 77.

Se puede tener una idea más precisa de este acuerdo entre los grupos examinando de manera desagregada los ingresos totales que, entre 1820 y 1840, se caracterizaron por el deterioro de los ingresos ordinarios, hasta el punto de representar los dos tercios de los ingresos totales. Este deterioro es la consecuencia del progresivo decaimiento de los derechos aduaneros, que terminaron por representar apenas la mitad de los ingresos ordinarios y un tercio de los totales.

Mi impresión es que la clase política esperaba que, una vez distinguidos los impuestos federales de los estatales, se pudiera verificar una baja de los recursos de la federación que, sin embargo, habría sido compensada por la contribución de los estados. Esta compensación no se dio, ya que solamente en 1824 los estados cedieron una parte conspicua de sus recursos a la federación que, posteriormente, fueron cedidos en cantidad cada vez menor. Si se piensa que los estados habrían debido entregar 3 200 000 pesos anuales, según la ley de 1824, y 30% de sus ingresos, según la ley del 17 de agosto de 1829,[14] se puede entonces concluir que el Estado federal no sólo fue pauperizado por los estados, sino también que atrás del aparente acuerdo entre los estamentos propietarios se escondía la clara intención de impedir el funcionamiento del poder central, bloqueando por consiguiente el inicio de una nueva dinámica estatal.

La distinción constitucional entre ingresos federales y estatales condujo a definir implícitamente a la federación como un estado tendencialmente sin territorio. Esta situación se encuentra reflejada en la lista de ingresos, que indica cómo la participación del Distrito Federal en los ingresos totales es extremadamente débil (1% de los ingresos totales). En efecto, la participación de los ingresos de la ciudad de México en los ingresos totales aumentará solamente en el curso de la república centralista.

La conclusión provisional a que se puede llegar es que la existencia de un Estado central, privado de un poder efectivo sobre el territorio nacional, no sólo no logra obtener de los poderes regionales aquello que le es debido, el *contingente,* sino que no logra ni siquiera administrar las entradas del territorio sobre el cual se apoya, es decir, el Distrito Federal primero y la capital después.

---

[14] "Art. 1º. Cada uno de los Estados Unidos Mexicanos contribuirá para los gastos de la federación con 30% del total producto de sus rentas públicas sin deducción alguna", ley del 17 de agosto de 1829 en *Acuerdo,* 1831.

El resultado fue el empobrecimiento progresivo del Estado central y la necesidad de recurrir a recursos extraordinarios, de manera especial a los préstamos.

La parte de los préstamos tiende efectivamente a aumentar en los ingresos totales, tanto que, entre 1830 y 1840, tiene un peso similar al de los derechos aduaneros. Si éstos y los préstamos terminan por representar la mitad de los ingresos totales del Estado mexicano de este periodo, ello quiere decir que se trata de un Estado no sólo sin territorio, sino también de un Estado sin una verdadera soberanía financiera, en cuanto es incapaz de concentrar los recursos en un centro tendencialmente único. Esta característica estructural es aquella que reúne las diversas formas político-institucionales que se suceden entre 1820 y 1840.

Algunos cálculos nos permiten entender mejor la realidad de un Estado sin una base territorial y con una escasa soberanía financiera.

El cuadro 1 permite observar algunos elementos que han aparecido en el curso del análisis: la insuficiente correlación entre ingresos totales e ingresos ordinarios, por lo cual el incremento de una unidad de ingresos totales depende solamente un 50% de los ingresos ordinarios; la ausencia de relaciones entre ingresos totales e ingresos aduaneros, y, en fin, la escasa determinación de los derechos aduaneros en el aumento de los ingresos ordinarios. Los datos cuantitativos parecen indicar que, como consecuencia de la baja del comercio exterior,[15] la única posibilidad para hacer frente a las necesidades del Estado fue recurrir a los préstamos: el coeficiente de correlación entre ingresos totales extraordinarios es semejante a aquel entre ingresos totales y ordinarios. En promedio, el incremento de una unidad de ingresos totales está determinada en un 37% por los préstamos. El conjunto de la información indica que la ausencia de territorialidad y de soberanía fiscal del Estado central parece depender de la posibilidad de establecer un vínculo estrecho entre el Estado y el estamento mercantil.

Esta conclusión puede parecer contrastante con lo afirmado por el ministro de Hacienda en 1841: "La diferencia de nuestro antiguo erario al actual es digna de llamar la atención. Aquél tenía su influencia de impuestos interiores, cuando éste se funda en los

---

[15] Sobre la disminución del comercio exterior, véase Herrera, *Estadística*, 1980, p. 29.

mayores o menores progresos del comercio extranjero, que si se paraliza por cualquier motivo, deja a la nación en el mayor apuro."[16] Aquello que el ministro quería decir es que el fundamento de los recursos del Estado central no está constituido por la producción, de exclusiva propiedad de los estados, sino del comercio exterior. Por comercio exterior él no entendía simplemente los derechos aduaneros, sino más bien la interacción derechos aduaneros-préstamos que se determina en el área del comercio exterior. Efectivamente, la fuerte dependencia de los ingresos estatales de los préstamos, o sea de la anticipación de fondos sobre fondos a futuro, puede durar bajo la condición de que se establezca una sólida ligazón entre capital mercantil y Estado central, mediante la cual, el Estado pueda obtener recursos del estamento mercantil, restituibles por medio de la cesión de la recaudación de los derechos aduaneros.

Y aunque pueda parecer extraño, se podría pensar entonces que si el Estado central logró sobrevivir fue gracias a la existencia de un estamento mercantil que, no identificándose con el estamento propietario (hacendados y mineros) estableció una relación con el Estado, que no es vista sin embargo como amenazadora y, por tanto, no es obstaculizada por el estamento propietario. Gracias a esta reducida área de consenso, el Estado central logra sobrevivir económicamente.

HACIA EL BLOQUEO DE LOS MECANISMOS FINANCIEROS

La gráfica 1 nos permite observar que, a partir de 1840, se delinea una tendencia altamente negativa para los ingresos estatales, que continuará hasta el decenio de 1860. En efecto, los ingresos estatales disminuyen entre 1840 y 1845 para ser seriamente redimensionado entre 1845 y 1852 y descender posteriormente.

Sin lugar a dudas, son los dos decenios más trágicos de las finanzas del Estado independiente. Un análisis adecuado de la serie que he reconstruido nos puede ayudar a comprender no sólo el dramatismo de este periodo, sino también los motivos que están en la base de los diversos proyectos dirigidos a reorganizar el tesoro republicano.

[16] *Memoria*, 1841, p. 6.

Ya se ha dicho que, al inicio de 1840, la clase dirigente era consciente de la dependencia del tesoro estatal del grupo mercantil y, por tanto, emprenderá la búsqueda de nuevas fuentes de recursos. Es a la luz de esta voluntad política que se explica la creación, por parte de la república centralista, de una serie de disposiciones fiscales. En 1836 fueron instituidos tres nuevos impuestos, dos sobre la propiedad (2 por mil sobre la propiedad urbana y 3 por mil sobre la propiedad rural) y uno sobre el comercio (patente comercial).[17] En 1837 fue emitida una ley que creaba un banco nacional para la reorganización de la deuda pública.[18] En 1838, en fin, fue promulgada una ley que obligaba a los departamentos (los viejos estados) a gravar la propiedad, el comercio, la actividad profesional, los capitales dados en préstamo y los objetos de lujo.[19] Esta intensa actividad legislativa se reanudó en el decenio de 1840 con las leyes del 8 y 11 de marzo de 1841, renovadas por decreto al año siguiente, que fijaron un impuesto personal, la *capacitación*, y con las leyes de 1842 que crearon el monopolio de las cartas de juego, del azufre y del salitre[20] y eliminaron los impuestos sobre el comercio interior, la alcabala, sustituyéndola por un impuesto directo sobre la propiedad rural de 6 por mil (ley del 10 de octubre de 1846, abrogada el 9 de noviembre de 1846).[21]

Los datos disponibles indican que el peso de los ingresos ordinarios en los totales no aumentó entre 1840 y 1850, como se puede ver en el cuadro 2 y la gráfica 2. Aquello que la serie histórica no nos permite observar es la acción desarrollada por el conjunto de estos ingresos para impedir una disminución posterior de la participación de los ingresos ordinarios en los totales. Me parece particularmente significativo, sin embargo, que como consecuencia de estos nuevos impuestos la serie comience a registrar ingresos generados en el área de la ciudad de México, mientras parece que estos nuevos impuestos no hayan provocado un desplazamiento de recursos fiscales de las regiones al Estado central.

Una vez más, la información con que se cuenta confirma la persistencia de una autonomía regional en materia fiscal que ninguna forma institucional logra desarticular. Sin embargo, los nuevos

[17] Piqueiro, *Breve*, 1845, p. 20; *Memoria*, 1869, p. 163.
[18] *Memoria*, 1860, p. 167.
[19] Piqueiro, *Breve*, 1845, p. 21.
[20] *Memoria*, 1869, p. 230; Piqueiro, *Breve*, 1845, pp. 29 ss.
[21] *Memoria*, 1869, p. 276.

Cuadro 2. Rendimiento de los impuestos sobre la propiedad
urbana, rural y la actividad mercantil (pesos)

30 de junio de 1836-30 de junio de 1837	570 580
1 de julio de 1837-31 de diciembre de 1838	449 181
1 de enero de 1839-31 de diciembre de 1839	11 385
1 de enero de 1840-31 de diciembre de 1840	11 593
1 de enero de 1841-31 de diciembre de 1841	9 957
1 de enero de 1842-31 de diciembre de 1842	11 805
1 de enero de 1843-31 de diciembre de 1843	5 198
1 de enero de 1844-31 de diciembre de 1844	2 293

FUENTE: Piqueiro, *Breve*, 1845, p. 20.

Gráfica 2. Ingresos ordinarios, extraordinarios y totales,
1819-1880 (porcentajes)

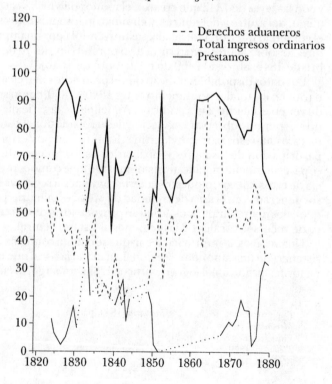

Cuadro 3. Rendimiento económico del arbitrio
extraordinario (pesos)

1838	113 950	1842	5 760
1839	420 308	1843	1 827
1840	127 009	1844	3 272
1841	58 887		

FUENTE: Piqueiro, *Breve*, 1845, pp. 27 y ss.

impuestos tienden a afirmar el principio de que al Estado central
pertenecen no sólo los recursos originados en la esfera de la circulación, sino también aquellos generados por la propiedad. En
efecto, las leyes del periodo 1836-1842 tienden precisamente a afectar en forma directa la propiedad.

La eficacia de la acción dirigida a ampliar el área fiscal del Estado central es comprensible a la luz de la evolución de las sumas
recaudadas efectivamente sobre las propiedades urbanas y rurales y sobre la actividad comercial, que constituyen el resultado directo de la ley de 1836.

Es de gran interés observar la evolución del rendimiento de estos impuestos, porque ilustran muy bien su escasa eficacia y nos
permite inmediatamente entender que jamás tuvo un radio de acción superior al área de la ciudad de México. Este impuesto, que
también conservara la república liberal, es un óptimo indicador
del hecho de que el Estado no logra dar vida a una función centra-
lizadora del poder fiscal. Es particularmente significativo, además, que estos impuestos, aun no habiendo sido abrogados, no
serán ya pagados progresivamente. Este hecho muestra que el Estado no ha logrado todavía desarrollar el poder coercitivo suficiente, mientras que, por el contrario, permanece inalterado el derecho de resistencia al Estado por parte del estamento propietario.

También el *arbitrio extraordinario* presenta una evolución muy
similar a aquella ya observada por los impuestos sobre la propiedad y el comercio de la ciudad de México: efectivamente, después
de los primeros dos años, el rendimiento decrece y se dejan progresivamente de pagar estos impuestos. Puesto que el *arbitrio extraordinario* es un impuesto que afecta la propiedad en los departamentos —las unidades territoriales en las cuales fue dividido el
territorio de la república centralista—, nos puede dar una indicación más precisa de la relación entre el poder central y los poderes
regionales.

Cuando fueron aprobadas las leyes que afectaban la propiedad se estimó que los impuestos directos de 1836 habrían dado anualmente entre 800 y 900 000 pesos, y que el *arbitrio extraordinario* habría dado 4 000 000 de pesos al año. Como los primeros dieron 63 a 71% del valor estimado y el segundo apenas 10.5%, se puede llegar entonces a la conclusión de que la reorganización del tesoro estatal no tuvo alguna consecuencia real. En los dos casos examinados se reencuentra la convergencia de dos elementos: la falta de coerción tributaria del Estado[22] y la resistencia a ser sujetos de imposición por parte de los estamentos. Estos dos elementos tienden a ampliarse en la medida en que aumenta la distancia de la capital, como lo muestra la diferencia entre rendimiento calculado y rendimiento efectivo de los impuestos concernientes a la capital y el territorio. En este sentido, me parece altamente indicativo que la recaudación de un impuesto, la *capacitación*, aprobado en 1841 y revocado al año siguiente, ni siquiera se intentó.[23]

Así pues, el proyecto centralista no logró superar una doble oposición, la de los poderes regionales y la de los estamentos. Se tiene la impresión de que los poderes regionales sometidos a una dura prueba reaccionaron contra el poder central articulando, bajo el *leadership* de la clase propietaria, la más afectada por la imposición directa, los intereses de los diversos segmentos (profesionistas, comerciantes, etc.), logrando incluso incorporar al sector popular, el más directamente afectado por la *capacitación*. La república centralista, como la república federal, por carencia de instrumentos coercitivos reales no logró dar vida a unas verdaderas y propias finanzas estatales y, por consiguiente, aumentó la diferencia entre el poder central y los poderes regionales, además de ampliar la autonomía de los estamentos. En la base del derrumbe de la república centralista reencontramos, como en el caso de la república federal, una motivación de naturaleza fiscal: el Estado sin recursos autónomos no está en posibilidad de controlar el territorio y de imponerse sobre los intereses particulares de los diversos grupos de interés. El legado colonial, la patrimonialidad, terminó una vez más por condicionar marcadamente el desarrollo del Estado mexicano.

---

[22] Piqueiro considera efectivamente que faltó "la coacción moral, que debía decretarse y considerarse como un agente indispensable para hacer productiva la recaudación".

[23] Piqueiro, *Breve*, 1845, p. 30.

El proyecto centralista de dotar al país de una nueva estructura financiera se mueve en forma paralela a otro proyecto, esencialmente complementario, de reorganización de la deuda pública. Para poder seguir captando recursos del grupo mercantil, como subrayan casi todos los ministros de Hacienda del periodo, era necesario consolidar la deuda pública, determinando su monto, y generar un nuevo código de comportamiento por lo que respecta a la amortización y al pago de los intereses.[24] Mediante la consolidación se deseaba transformar las deudas a corto y mediano plazo en deudas a largo plazo, librando de esta manera los recursos aduaneros, comprometidos entonces casi completamente al pago de los préstamos a corto plazo.

Para lograr este objetivo se creó un banco nacional para la amortización de la deuda pública, en el cual participaron los representantes de los estamentos propietarios involucrados en la deuda pública: clérigos, comerciantes, propietarios de tierras y propietarios de minas.[25] A pesar de que la reorganización consistió esencialmente en la consolidación del capital y de los intereses atrasados de la deuda externa,[26] ello sirvió para efectuar un primer balance del monto de la deuda interior. Ésta resultó compuesta por 5 000 000 de las deudas anteriores a la independencia, por 4 700 000 de deudas no reembolsadas, por 1 100 000 de intereses sobre las deudas no reembolsadas y por 9 200 000 de sueldos civiles y militares atrasados; todo llegó a 15 000 000.[27]

Los 15 000 000 calculados por el banco nacional representan solamente una parte de la deuda interior estimada por Kill en 82 000 000 de pesos para 1837 y en 87 500 000 pesos para 1846,[28] por Castillo en 76 000 000 de pesos para 1838 y en 100 millones de pesos para 1848;[29] por Fossey en 76 000 000 de pesos para 1840.[30] Indudablemente la deuda interior constituyó una suerte

[24] "La necesidad de arreglar este importante ramo, no hay precisión de demostrarla [...] Principio esencial para su arreglo es el de conocer el importe de la deuda, sus clases y su origen; conviniendo que se consolide, no sólo la reconocida pertenecía al tiempo del gobierno español, sino la que existe de nuevo desde nuestra independencia", *Memoria*, 1869, p. 16.

[25] *Ibid.*, p. 167.

[26] Bazant, *Historia*, 1968, pp. 53-55.

[27] *Calendario*, 1841, p. 12.

[28] Bazant, *Historia*, 1968, p. 107.

[29] Castillo, *Presupuestos*, 1904, p. 29.

[30] López, *Estructura*, 1967, pp. 171 ss.

de grillete para la creación de unas finanzas estatales, tanto así que llevó al gobierno a decretar que la amortización de la deuda interna se habría hecho tomando la suma necesaria de un fondo en el cual se habría depositado la mitad de los derechos de importación.[31] La guerra contra Estados Unidos impidió la amortización de la deuda interior que fue nuevamente calculada en 1850 en 61 200 000 pesos, de los cuales 41 400 000 pesos eran de capital y 19 800 de intereses atrasados.[32] Es en este año cuando fue consolidada una parte de acreedores en posesión de 11 700 000 pesos de deuda interior. Por medio de la consolidación y conversión de la deuda interior el Estado readquiriría credibilidad y podría, como comprendió uno de los más agudos observadores del periodo, "poner en circulación y dar valor a una enorme suma estancada en los escritorios de los comerciantes".[33] La reorganización de la deuda interior no dio los frutos que se esperaban. Después de dos años, por falta de fondos se debió suspender el pago de los intereses, posponiendo una vez más la resolución de la cuestión a tiempos mejores.

En el decenio de 1850 la consolidación y conversión de la deuda interior no es solamente una cuestión de técnica financiera, como sostuvo Lerdo de Tejada en su relación de 1857,[34] sino más bien será, como correctamente vio Payno, otro episodio de la lucha por la construcción de un tesoro estatal. Payno identificó a los opositores del proyecto en

> [...] tres cuerpos de acreedores [...] y fueron los acreedores al camino de Perote a Veracruz, los acreedores al fondo de Minería, y los interesados en las convenciones diplomáticas. Los primeros veían destruida con la ley de 30 de noviembre una pingüe especulación, cuyo término sólo Dios sabe; los segundos luchan por conservar una independencia absoluta en la colectación y manejo de contribuciones públicas; y los terceros, en una gran parte deseaban continuar en la abusiva práctica de convertir en graves cuestiones diplomáticas simples contratos.[35]

---

[31] Labastida, *Estudio,* 1899, pp. 57 ss.
[32] *Ibid.*, p. 60; *Documentos,* 1851, pp. 40 ss.
[33] Payno, *Memoria,* 1852, pp. 14 ss.
[34] *Memoria,* 1869, p. 358.
[35] Payno, *Memoria,* 1852, p. 14.

Se tiene de esta manera la impresión de que en el curso de la década de 1850 las finanzas del Estado, por haber perdido éste su principal apoyo, el estamento mercantil, terminaron por maniatarse. Para escapar de esa situación, el Estado se vio obligado a desarrollar una nueva fuente de recursos extraordinarios, por medio de la progresiva apropiación de una parte de la renta de la corporación eclesiástica. Gracias a esta estrategia, tanto las finanzas del Estado, como el mismo Estado central, pudieron escapar de la amenaza de disolución.

Esta estrategia estatal pudo desarrollarse gracias a la persistencia del regalismo, cuyos orígenes deben ser buscados en el pasado colonial que la independencia tiende a desarrollar ulteriormente. Así, en la memoria ministerial de 1822 se lee que el Estado tiene el poder de modificar el territorio de las diócesis, reformar las órdenes religiosas, abolir los impuestos eclesiásticos y modificar los diezmos.[36] Es esta relación Estado-Iglesia la que constituye la base del entretejido financiero que, no por casualidad, se desarrolló en relación directa con las dificultades financieras del Estado.

A partir de 1834 el Estado comienza a apropiarse de una parte de la renta de la Iglesia mediante "substantial cash loans in return for political protection. Subsequent pro-clerical regimes asked for and received large amounts of money from the Church precisely because their continuation in office was in the clerical interest."[37] En el decenio de 1840, como consecuencia de la supresión de la coacción civil en el pago del diezmo, la Iglesia ya no pudo conceder préstamos directamente y, por tanto, la clase política comenzó a mirar directamente los bienes de la Iglesia. "More and more Treasury Ministeres persuaded the Church, albeit reluctantly, to guarantee loans from private companies and individuals by mortgaging ecclesiastical owned real estate."[38] Se puede decir entonces que aunque ésta podía tener con respecto a la Iglesia una visión ideológica, "others adopted a more pragmatic and, to some degree, less philosophical approach", ya que "the daily needs of the exchequer persuaded some radicals that there difficulties could be overcome by the deceptively simple expedient of nazionazing all Church wealth".[39]

[36] Costeloe, *Church*, 1978, p. 56.
[37] *Ibid.*, p. 143.
[38] *Ibid.*
[39] *Ibid.*, p. 174, véase también Costeloe, *Church*, 1967, pp. 9 ss., esp., y "Church", 1965.

Es a la luz de estos elementos que se logra comprender el significado de las diversas tentativas de apropiación de los bienes eclesiásticos. Estas tentativas, bastante tímidas en el decenio de 1840, adquirieron en el siguiente, en relación directa con la crisis de las finanzas estatales, una dimensión más amplia. Las primeras señales deben ser localizadas en la liquidación de los bienes del Fondo piadoso de las Californias, integrado por una serie de haciendas, y en la venta de los bienes pertenecientes a las misiones de las Filipinas.[40] Las necesidades económicas de la guerra contra Estados Unidos hicieron aprobar en 1846 una ley que obligaba a la Iglesia a entregar 2 000 000 de pesos; sin embargo, dicha ley fue abrogada en el lapso de un mes, después de que la Iglesia avaló un préstamo del Estado por 850 000 pesos.[41] Sin embargo, puesto que estas necesidades financieras no disminuyeron, una nueva ley de 1847 "autoriza al gobierno para proporcionarse hasta 15 000 000 de pesos, a fin de continuar la guerra con los Estados Unidos del Norte, hipotecando o vendiendo en subasta pública, bienes de manos muertas, al efecto indicado".[42] Esta ley también fue abrogada cuando la Iglesia se hizo fiador de un nuevo préstamo al Estado por 1 500 000 pesos.[43]

Este complicado entrelazamiento financiero entre el Estado y la Iglesia duró aproximadamente un decenio antes de que el Estado se decidiera a confiscar definitivamente los bienes de la Iglesia. Los motivos por los cuales los bienes de la Iglesia no fueron inmediatamente confiscados quizá lo explique el hecho de que el Estado pudo contar con las compensaciones estadunidenses de 1848, que ascendieron a 12 000 000 de pesos, y por lo recabado con la venta del territorio de la Mesilla a Estados Unidos en 1853, que hizo entrar 10 000 000 de pesos en las cajas estatales.

Gracias a los recursos extraordinarios derivados de la relación financiera con la Iglesia, y por las compensaciones estadunidenses, el Estado logró postergar por casi un decenio la organización definitiva de las finanzas centrales y, por consiguiente, postergó también la cuestión principal: la organización de un verdadero y propio Estado central moderno. Hacia el final del decenio de

---

[40] Bazant, *Alienation*, 1971, pp. 27 ss.; Weber, "Pious", 1963, pp. 81 ss.
[41] Costeloe, *Church*, 1965, pp. 99 ss.
[42] *Ibid.*, p. 101.
[43] *Ibid.*, pp. 108 ss.; Bazant, *Historia*, 1971, p. 31; Knowlton, *Church*, 1976, pp. 61 ss.

1850, sin embargo, la cuestión no podía ser postergada una vez más, ya que todas las fuentes de recursos, ordinarios y extraordinarios, habían sido definitivamente desecadas.

LA RACIONALIZACIÓN DE LOS RECURSOS DEL ESTADO

El periodo 1860-1880 puede ser definido como un periodo de estancamiento, aunque se noten después de 1875 algunos signos de recuperación. De cualquier manera, solamente en 1879-1880 los ingresos alcanzaron, por primera vez después de 40 años, el nivel de 1842.

Las series históricas disponibles inducen a considerar que, a pesar de las turbulencias del periodo, mucho más dramáticas que las del periodo precedente, es posible reconocer una cierta unidad de fondo en esos veinte años. Precisamente esta unidad me parece que vuelve a poner en discusión la interpretación corriente que ve en este periodo el inicio del "moderno sistema fiscal mexicano".[44]

Las novedades del periodo 1840-1860 no deben ser buscadas en la evolución de los ingresos que, como en el periodo precedente, presentan una marcada diferencia entre mínimos (8 000 000 de pesos en 1866-1867) y máximos (35 000 000 en 1879-1880), manteniendo un promedio muy semejante al del periodo precedente (19 700 000 pesos). Las novedades deben de ser buscadas en cambio en la estructura de los ingresos (cuadro 2 y gráfica 2), caracterizada por un reequilibrio entre ingresos ordinarios y extraordinarios. La tendencia hacia la reducción de los ingresos extraordinarios en general y de los préstamos en particular, aunque se note a partir de 1855, se acelera a partir de 1860 y se consolida a partir de 1868-1869. Solamente a finales del decenio de 1870 los ingresos extraordinarios vuelven a aumentar, en estrecha relación con el aumento de los ingresos ordinarios.

Estos datos dan testimonio del cambio que se verificó a finales de la primera mitad del siglo. Cualquier tentativa de reorganización financiera, como certeramente lo había intuido la clase política del periodo 1840-1860, implicaba un drástico redimensionamiento de los recursos extraordinarios y una expansión de los

[44] Calderón, "Vida", 1955, p. 372.

ingresos ordinarios. Esta expansión podía darse a través de la fijación de nuevos impuestos, mediante el incremento de los procedentes o simplemente con la creación de una coerción fiscal que habría provocado un mejor rendimiento de los impuestos.

Esta reestructuración no podía ser un hecho exclusivamente financiero puesto que, como era relativamente claro para la clase dirigente de entonces, el hecho tributario pasa a través de la definición de la naturaleza de la imposición y del sujeto del impuesto. El resultado debía ser una clarificación no sólo de los impuestos y de los sujetos del impuesto, sino también de la relación financiera que debe mediar entre la federación y los estados. Esta problemática, aunque ya estuviera presente en el momento del nacimiento de la primera república federal, de la república centralista y del imperio, no había tenido ninguna resolución, ya que ésta habría aumentado los conflictos entre los estamentos y habría agudizado las tensiones en el estamento propietario.

No es una casualidad, por tanto, que la sede institucional de esta clarificación haya sido el Congreso Constituyente de 1856, que dará vida a la Constitución de 1857. En este estudio, obviamente, no pretendo tomar tanto la dimensión doctrinaria del debate,[45] más bien deseo poner en evidencia los elementos que dan vida a un acuerdo entre los grupos capaz de permitir organizarse al sistema financiero.

A la luz de la organización financiera del Estado, aparece como significativo el artículo 36 del proyecto constitucional que proponía como "obligación de todos los mexicanos [...] contribuir para los gastos públicos, así de la federación como del estado y municipios en que resida, de la manera proporcional y equitativa que dispongan las leyes".[46] Este artículo fue aprobado sin discusión y convertido en el art. 31 de la Constitución.[47] La igualdad tributaria vino de esta manera consagrada constitucionalmente.

Pero, ¿qué entendía la clase dirigente por igualdad tributaria? Interviniendo en el debate sobre los impuestos directos e indirectos, el constituyente Cerqueda "expone sus opiniones sobre alcabalas, sobre contribuciones directas e indirectas, diciendo que

---

[45] Para un análisis del debate, véase Rabasa, *Constitución*, 1976, pp. 3-114; Cosío, *Constitución*, 1976, *passim*, y Loza, *Pensamiento*, 1959, pp. 213-189.

[46] Zarco, *Historia*, 1956, p. 333.

[47] Sesión del 26 de agosto de 1856 en *ibid.*, p. 790; 1957, p. 539. Art. 31 en *ibid.*, 1956, p. 1948.

las directas recaen sobre las personas y las indirectas sobre las cosas"; otro constituyente lo corrigió diciendo que: "el impuesto indirecto recae sobre los efectos destinados al consumo y el directo sobre el capital, no siendo exacto que ninguno de los dos recaiga sobre las personas".[48] De este modo los dos constituyentes aludidos buscaban establecer que la igualdad tributaria presupone la definición clara del sujeto tributario. Del debate parece surgir que por igualdad tributaria se debía entender aquellos impuestos que cada mexicano paga sobre el capital o sobre el consumo en proporción al grupo de pertenencia. La interpretación de los constituyentes parece excluir que el concepto de igualdad tributaria sea el liberal, de naturaleza individual, estableciendo por tanto una estrecha relación entre sujeto y objeto fiscal.

El debate sobre los impuestos directos e indirectos no sólo pretendía aclarar el concepto de igualdad tributaria, sino también definir la relación que se debía establecer entre la federación y los estados. Ello esconde el proyecto de una auténtica autonomía del tesoro federal del tesoro de los estados, ya que en el art. 120 del proyecto constitucional se lee: "Los estados, para formar su hacienda particular, sólo podrán establecer contribuciones directas. La federación sólo podrá establecer impuestos indirectos."[49] Los constituyentes advirtieron los riesgos implícitos en el proyecto, y por tanto cancelaron el artículo. La lectura del debate, de la manera en que nos lo presenta Zarco, pone en evidencia la precisa voluntad de impedir el nacimiento de un tesoro federal autónomo de los estados. El constituyente Moreno sostuvo que "debieron abolirse de una vez las contribuciones indirectas, debió declarar que todo ciudadano tiene obligación de contribuir proporcionalmente a los gastos públicos [...] y dejar en libertad a los estados que arreglen sus contribuciones como lo crean más conveniente".[50]

El significado de la eliminación del artículo en cuestión se puede comprender leyendo las siguientes consideraciones de Zarco:

Cuando nos detenemos a contemplar lo que es esta historia del Congreso [...] nos encontramos con que los resultados, los hechos consumados, están muy lejos de ser lo que nosotros esperába-

[48] Zarco, *Historia*, 1956, p. 923.
[49] *Ibid.*, p. 343.
[50] *Ibid.*, p. 1021.

mos. Al llegar a la cuestión de impuestos, de libertad de comercio interior y de independencia hacendaria de los estados, puntos que envolvía el art. 120 del proyecto de Constitución, la comisión ha sido vencida una vez más. La comisión quería separar enteramente la Hacienda federal de la Hacienda de los estados, quería la abolición de las alcabalas, quería la libertad del tráfico interior, quería también que cesara la guerra fiscal que para empobrecerse y aniquilarse se hacían antes los estados, y quería, por último, la supresión del sistema de contingentes, que no fue más que un semillero de discordias y de trastornos.[51]

La derrota de la autonomía financiera del Estado central debe ser considerada en relación con la derrota del principio, contenido en el art. 119 del proyecto constitucional, que buscaba establecer la esfera de competencia del Estado central. En efecto, en el artículo constitucional se decía:

> Todos los actos de los poderes federales tendrán por objeto I. Sostener la independencia nacional y proveer a la conservación y seguridad de unión en sus relaciones exteriores; II. Conservar la unión de los estados y el orden público en el interior de la federación; III. Mantener la independencia de los estados en lo relativo a su gobierno interior y sostener la igualdad proporcional de sus obligaciones y derechos.[52]

La eliminación de estos dos artículos no sólo representó un paso atrás en relación con los principios contenidos en la Constitución federal de 1824,[53] sino que además hizo imposible el nacimiento de estructuras y de mecanismos fiscales diversos a aquellos existentes antes de la reforma. Las consecuencias fueron por tanto muy importantes, ya que no sólo se impidió el nacimiento de un sistema fiscal moderno, sino que además se provocó un

---

[51] Zarco, *Crónica*, 1957, pp. 761 ss.

[52] Zarco, *Historia*, 1956, p. 343.

[53] El art. 49 de la Constitución de 1824: "Las leyes y decretos que emanen del Congreso general tendrán por objeto: I. Sostener la independencia nacional y proveer a la conservación y seguridad de la nación en sus relaciones exteriores; II. Conservar la unión federal de los estados y la paz y el orden público en lo interior de la federación; III. Mantener la independencia de los estados entre sí en lo respectivo a su gobierno interior, según el acta constitutiva y esta Constitución; IV. Sostener la igualdad proporcional de las obligaciones y derechos que los estados tienen ante la ley", *ibid.*, p. 772.

fortalecimiento de la estrecha relación entre sujeto y objeto tri-butario. Esta relación constituiría, por consiguiente, la base fiscal de la nueva república.

Para comprender concretamente cómo la base fiscal de la nueva república permaneció inalterada, es conveniente comenzar por la idea, implícita en la Constitución, que todo aquello que no está permitido a los estados queda reservado para la federación. Aquello que no fue concedido a los estados en materia fiscal fue el fijar "derechos de tonelaje ni otro alguno de puerto, ni imponer contribuciones o derechos sobre importaciones o exportaciones".[54] La ley tributaria aprobada en 1857 clasificó "las rentas, contribuciones y bienes que debían considerarse como generales, y las rentas, contribuciones y bienes que debían pertenecer a los estados".[55] Quedó para la federación la administración de los derechos aduaneros, de la renta de los servicios públicos (correo, lotería, etc.) y de la renta patrimonial (renta y venta de tierras de la Hacienda pública). Dicho en otras palabras, correspondieron a la federación los impuestos sobre los objetos que no tocaban los intereses de los diversos grupos. En efecto, los impuestos que de alguna manera podían afectar los intereses de los estamentos en general, y del estamento propietario en particular, como los impuestos directos, fueron considerados como pertenecientes a los estados.

Esta estructura creada a finales del decenio de 1850 no sólo fue restablecida completamente una vez derrotado el imperio, sino incluso fue fortalecida. En 1868 el ministro de Hacienda sostuvo que "los derechos aduaneros forman la base de nuestras rentas nacionales, y sus productos equivalen a las dos terceras partes del importe de todas las rentas".[56] En efecto, progresivamente, el tesoro federal terminará por identificarse con los derechos aduaneros.

El máximo intento por dar un orden fiscal de tipo liberal será el contenido en el mensaje del gobierno constitucional liberal, expresado después de la instalación provisional en Veracruz en 1857. En este mensaje a la nación se lee que, la

---

[54] Art. 112 en *ibid.*, p. 1359.
[55] *Memoria*, 1869, pp. 474 ss.
[56] *Memoria*, 1868, p. 13.

[...] clasificación de rentas para señalar las que pertenecen a los estados y al gobierno general, adolecen del defecto de no descansar en una base segura que marque bien la separación de unas y otras porque más que a la naturaleza de los impuestos, se ha atendido a sus productos [...] Por estas razones, y para fijar sobre un principio de justicia y conveniencia notorias la perfecta separación de las rentas de los estados y del centro, el gobierno cree que debe adoptarse, como base invariable, la de que todos los impuestos directos sobre las personas, las propiedades, los establecimientos, de giro e industria, las profesiones y demás objetos imponibles pertenecen a los primeros, y los indirectos al segundo.[57]

Ya hacia finales del decenio de 1850, el espacio para una reorganización del sistema tributario, presupuesto de un Estado liberal moderno, se había pues cancelado definitivamente. Todo aquello que se logró obtener, y se trata de algo concedido por el estamento propietario, fue la conveniencia de confiar la administración de algunos impuestos a la federación, dejando a ésta la posibilidad, en verdad muy limitada, de racionalizarlos y de obtener el mayor producto. No sólo no se permitió a los reformadores dar vida a una esfera propia de la federación, sino que también se les impidió darle una base financiera segura.

Es a la luz de esta redefinición de la vieja estructura fiscal que se logra entender, en términos diacrónicos, por qué los ingresos totales del Estado federal pueden crecer sin una verdadera y propia modificación estructural. Es también por estos motivos que las finanzas del Estado terminan por adquirir una dimensión exclusivamente técnica. Todos los ministros de Hacienda terminaron por insistir en el hecho de que el objetivo del "sistema rentístico es la nivelación de los ingresos con los egresos",[58] y que para alcanzarla se debe "procurar el aumento de los ingresos del erario, vigilando con todo esmero el cobro de los impuestos públicos".[59]

Si se observan la gráfica 1 y el apéndice 1 se advierte que los ingresos derivados de los derechos aduaneros no sólo aumentan, sino que lo hacen más rápidamente que los ingresos totales. Mientras los ingresos derivados de los derechos aduaneros crecen constantemente entre 1860-1861 y 1879-1880, pasando de 6 800 000

---

[57] Ocampo, "Gobierno", 1901, pp. 27 ss.
[58] *Memoria*, 1868, p. 14.
[59] *Memoria*, 1872, p. 4.

a 12 700 000 pesos, los ingresos totales disminuyeron hasta 1875-1876, para incrementarse solamente en los últimos tres años. Esta creciente importancia de los ingresos ordinarios y de los derechos aduaneros se manifiesta muy bien en la gráfica 2 y en el apéndice 2, que ponen en evidencia el creciente peso de los ingresos ordinarios, hasta alcanzar los dos tercios de los ingresos totales, y de los ingresos derivados de las aduanas, que terminan por representar más de la mitad de los ingresos totales y casi dos tercios de los ingresos ordinarios.

La creciente importancia de los derechos depende del hecho de que, coincidiendo con la esfera financiera del Estado federal, ellos ya no son un área de conflicto, como había acontecido en el pasado, entre el estamento mercantil y los otros estamentos. La "neutralización" de los derechos le permitió al tesoro federal, en abril de 1869, racionalizar la administración y crear nuevas estructuras de coerción capaces de reducir la evasión y el contrabando.[60] El resultado fue un incremento de los recursos fiscales, que evitó a los grupos propietarios entregar al Estado central finanzas autónomas de los diversos poderes. Los derechos aduaneros se volvieron de esta manera no sólo el elemento más importante de un orden financiero que imita al precedente, sino el elemento central del sistema financiero federal. Esta centralidad de los derechos aduaneros nos explica por qué los otros ingresos ordinarios, que representaron apenas un 15% de los ingresos ordinarios totales, no tienen en el sistema financiero federal alguna autonomía y se vuelven, por tanto, complementarios de los derechos aduaneros.

Los ingresos ordinarios federales no derivados de las aduanas esencialmente tienen dos fuentes: el Distrito Federal y la aportación de los estados. Pienso que es extremadamente importante reflexionar un momento sobre estas dos fuentes, las cuales, como los derechos aduaneros, encuentran la propia base en la decisión de los constituyentes de sancionar que los recursos que corresponden al Estado federal son aquellos que no pertenecen a los estados. El único territorio que no pertenece a algún estado es la capital del país, la cual, por consiguiente, resulta federalizada. De esta manera, el Estado federal puede controlar directamente la recaudación de los impuestos derivados de la circulación de las

---

[60] Calderón, "Vida", 1955, p. 264; véase *Memoria*, 1869, pp. 777 ss.

mercancías y de la propiedad inmobiliaria. En cambio, en el resto de la república la federación queda ausente porque los recursos de los estados pertenecen exclusivamente a los estados que, como había sucedido ya en la primera república federal, reconocían el primado de la federación entregándole una parte de sus recursos.[61] El resultado es la racionalización del viejo *contingente de los estados,* que es reintroducido en 1861 como una especie de impuesto adicional, equivalente a 25% del importe canalizado a los estados.[62] El único instrumento de control que tenía la federación era el contravalor del papel timbrado y de los timbres enviados anualmente a cada uno de los estados para la recaudación del importe para entregar a la federación.

Los impuestos recaudados directamente por la federación en el Distrito Federal son dos: las *rentas del Distrito Federal* y la *contribución directa.* Estos impuestos no son nuevos: el primero aglutina dos impuestos preexistentes, la *alcabala* y el *pontazgo,* y el segundo fue introducido, como se ha visto en "Hacia el bloqueo de los recursos financieros", por la república centralista. La gran novedad consiste esencialmente en el hecho de que ahora estos impuestos son recaudados efectivamente. Sin embargo, el dato más significativo está en que el monto de los impuestos recaudados en el Distrito Federal es equivalente al *contingente* que abraza todos los estados de la federación.

Esta constatación nos pone el problema de establecer si esta paridad no depende de la insuficiente capacidad de los estados para hacer pagar la *contribución federal* o de un desinterés más general por parte de los estados de crear un tesoro propio. La primera hipótesis sin lugar a dudas debe descartarse, ya que los ingresos de los estados han sido estimados en 6 200 000 pesos hacia finales del decenio de 1860 y de esta suma la federación recibió 25%, casi 2 000 000 de pesos.[63] Por lo tanto, queda la segunda hipótesis, más inquietante, que sólo los estudios regionales podrán abordar en un futuro, y esto es que los estados no tuviesen interés en desa-

---

[61] El diputado Elorduy presentó el problema de la siguiente manera: "la cuestión tiene que resolverse de una o de dos maneras: entera libertad para los estados para que organicen la hacienda, entregando a la federación para sus atenciones un contingente o tanto por ciento; o centralización de las ventas"; citado en Calderón, "Vida", 1955, p. 273.

[62] Ley del 16 de diciembre de 1861 en *Memoria,* 1869, p. 843 ss.; Luna, *Impuestos,* 1911, p. 28, y Gloner, *Finances,* 1896, p. 215.

[63] Calderón, "Vida", 1955, p. 314.

rrollar un sistema fiscal regional. Nos parece efectivamente poco creíble que los ingresos de los estados fueran solamente tres o cuatro veces superiores a los ingresos del Distrito Federal, territorialmente más reducido.

La única base territorial verdadera de las finanzas de la federación es el Distrito Federal que, por tanto, habría debido concentrar la completa modernización fiscal. Esta modernización se puede encontrar en la *contribución directa* que, en teoría, afectaba la renta y que, por consiguiente, se configura como un indicio de los impuestos que pueden afectar la renta también en los estados. La *contribución directa* fue restablecida en 1868, teniendo como base jurídica, como nos lo recuerda la relación ministerial de 1877, las leyes de 1842 y 1843,[64] y afecta tanto la actividad comercial y profesional como la propiedad urbana y rural. La actividad comercial y profesional debía contribuir con una cuota mensual, variable según la actividad desarrollada, mientras la propiedad urbana debía contribuir en proporción a la renta cobrada y la propiedad rural en proporción al valor atribuido por la Oficina de Contribuciones.[65]

Por tanto, la racionalización efectuada en el decenio de 1860 parece haber dado a los impuestos controlados efectivamente por la federación una gran modernización, que puede ser exaltada después cuando se piensa que todavía al inicio de este siglo ningún estado de la federación tenía impuestos capaces de afectar directamente las rentas agrarias.[66] Sin embargo, este sentido de la modernización es puesto en discusión si se analiza la lista de datos disponible, de la cual se desprende que en el periodo 1870-1871/ 1878-1879 el promedio de los ingresos derivados de la propiedad urbana era de 333 421 pesos anuales, mientras que el promedio de los ingresos derivados de las propiedades rurales era de 27 614 pesos.[67] Aparece por consiguiente que los impuestos directos afectan efectivamente sólo la renta urbana, que poco interesa al estamento propietario, y en cambio no afecta la renta ru-

---

[64] *Memoria*, 1876-1877, p. 36; 1877-1878, pp. 100 ss.

[65] *Memoria*, 1876-1877, pp. 76 ss.; 1878-1879, p. XVII ss.; Labastida, *Estudio*, 1899, pp. 402-410.

[66] *Impuestos*, 1909, cuadros 1 y 2.

[67] *Memoria*, 1878-1879, p. XXXII. Las sumas recaudadas representaron apenas 0.01% del valor de la propiedad urbana, estimado en 48 900 000 pesos, y de la propiedad rural, estimada en 5 700 000 pesos en *ibid.*, pp. 101 ss.

ral, verdadera base económica de la clase propietaria. Esta consideración no está separada del hecho de que los ingresos de los impuestos directos disminuyeron en este periodo, mientras el valor de la propiedad urbana rural del Distrito Federal aumentó de 54 700 000 a 91 000 000 de pesos.

Todo esto nos induce a considerar la existencia de una acción dirigida a contener la modernización fiscal impuesta al Distrito Federal, y esta circunstancia se aprecia observando también las gráficas y los apéndices de este estudio. Efectivamente, se puede notar que, tanto los impuestos recaudado en el Distrito Federal como la contribución de los estados a la federación, tienden a disminuir, mientras los derechos aduaneros, como ya se ha dicho, tienden a aumentar. Esta diferente evolución indica la voluntad, no necesariamente consciente, de dar a la federación un ingreso único, los derechos aduaneros. De esta manera, la práctica fiscal tiende a liquidar los proyectos de la clase dirigente más moderada, la cual, como Matías Romero, sostenía que era necesario "no hacer de los derechos marítimos la base de las rentas federales, y establecer rentas interiores que rindan productos equivalentes a los marítimos".[68]

El análisis de la interacción realidad financiera-política financiera nos lleva a subrayar la profunda continuidad existente entre la primera y la segunda mitad del siglo XIX, entre la primera y la segunda república federal y, en un último análisis, también entre la república conservadora y la república liberal. Esto, sin embargo, no significa en absoluto que la generación de la reforma haya tenido una dimensión ideológica en contradicción con la realidad del país o, peor aún, como ha sido sostenido simplemente por una cierta historiografía ingenua, que estas figuras hayan tenido que actuar en una realidad incapaz de comprenderlas.[69] Aparece claramente en cambio que la generación de la reforma logró, a través de una mediación entre los intereses estamentales opuestos, llevar a cabo la racionalización del sistema fiscal preexistente. Sea

---

[68] *Memoria,* 1869, p. 1005. La tendencia hacia la reducción de la autonomía financiera de la federación explica la decisión del 30 de mayo de 1868 de disminuir los impuestos sobre la producción minera de 10.25 a 3.25%. En efecto, la producción minera "debió haberse beneficiado con la supresión de esos impuestos pues la gravaban pesadamente; no ocurrió así porque los estados los restablecieron para su provecho", Calderón, *Historia,* 1955, pp. 275 ss.

[69] Véase, por ejemplo, Perry, *Juarez,* 1978.

como fuere, se trató de una operación extremadamente compleja, que se puede comprender mejor analizando la otra dimensión
de la racionalización: la de la deuda pública, donde el conflicto
entre los intereses era mayor.

Si se observan las gráficas y los apéndices es posible percibir
que la federación volvió a recurrir a los préstamos en el decenio
de 1870, o sea cuando la operación de racionalización de los recursos ordinarios se concluyó definitivamente. El hecho de que
el Estado regrese a los préstamos indica que la racionalización de
las reservas ordinarias sirvió esencialmente para reorganizar el
crédito del Estado. Pero también el reordenamiento de la deuda
pública no representó un hecho exclusivamente técnico; demuestra en cambio que la generación de la reforma fue capaz de encontrar un acuerdo no sólo entre los diversos intereses nacionales, sino también entre los internacionales y extranjeros.

El reordenamiento de la deuda pública encontró su punto de
partida en la estrategia de los ministros de Hacienda, adoptada
a finales de la década de 1860, dirigida a congelar en un primer
momento tanto la deuda exterior como la interior.

Por lo que respecta a la deuda exterior, la decisión de conge-
larla fue motivada por el hecho de que los países europeos no habían adoptado una posición de verdadera y propia neutralidad,
porque

> [...] el gobierno consideró que con el hecho de haber reconocido
> y auxiliado directamente los tenedores de bonos a la intervención
> extranjera en México, habían faltado a la neutralidad que debían
> guardar como extranjeros, incurriendo por este motivo en una pe-
> na que debería ser, por lo menos, la pérdida de los intereses venci-
> dos y no pagados desde la conversión del 14 de octubre de 1851
> hasta el restablecimiento del gobierno nacional en la capital de la
> república.[70]

Esta estrategia ha sido analizada muy cuidadosamente por Bazant, que sintetiza de la siguiente manera la acción gubernamental: "la idea del gobierno mexicano era aplazar por algún tiempo
el cumplimiento de sus obligaciones y obtener algunas ventajas
aprovechando el triunfo del gobierno republicano".[71]

---

[70] *Memoria*, 1878-1879, p. 459; Calderón, "Vida", 1955, pp. 468-471.
[71] Bazant, *Historia*, 1968, p. 99.

Esta postergación para tiempos mejores del restablecimiento de la deuda exterior permitió desarrollar una estrategia a mediano plazo dirigida a involucrar a los acreedores en la "[...] construcción de las obras públicas de mayor importancia a la nación, y a la vez de mayor necesidad para su progreso, a fin de que, con el aumento de ingresos que tenga el erario federal una vez concluidas esas obras, pueda pagarse, en seguridad y sin gran esfuerzo, el rédito de nuestra deuda".[72]

La clase política se empeñó, por tanto, en involucrar a los acreedores extranjeros en la construcción de ferrocarriles; de esta circunstancia deriva que la asociación entre capital extranjero y nacional, que se definió en el decenio de 1880, implicó un acuerdo no solamente económico sino también político.

Sin embargo, debe resaltarse que no era la deuda exterior el elemento capaz de crear las mayores dificultades en la estrategia de racionalización de los recursos del Estado federal, llevada adelante por la clase política, puesto que no era la deuda dominante sino la interior. En 1851 la deuda exterior tuvo un monto de 52 700 000 pesos y la interior uno de 75 600 000 pesos;[73] en 1862, la exterior, comprendidos los intereses no pagados, tuvo un monto de 62 200 000 pesos y la interior uno de 118 800 000.[74]

Hacia finales del decenio de 1860 la deuda interior comienza sin embargo a disminuir: 78 700 000 pesos en 1867[75] y 43 500 000 pesos en 1878.[76] Esta deflación de la deuda interior aparece como el resultado de una acción que utilizó como elemento de maniobra los bienes de la Iglesia. Es el mismo ministro Matías Romero quien subraya que, en los años de 1860-1870, 24 000 000 de pesos de deuda interna fueron amortizados mediante la aceptación de bonos de la deuda interior en pago de bienes nacionales, proponiéndolo como método para la venta de los bienes no vendidos.[77] Esta posibilidad de reciclaje de la deuda interior, en gran parte en

[72] *Memoria*, 1878-1879, p. 460.

[73] Almonte, *Guía*, 1852, pp. 217 ss.; Bazant, *Historia*, 1968, p. 107; la estima en 75 000 000 de pesos para 1850 y 45 400 000 pesos para 1852.

[74] Estimación del ministro de 1862 en *Memoria*, 1869, pp. 536 ss.; Castillo, *Presupuestos*, 1904, p. 29, estima la deuda interior de 1850 en 135 000 000 de pesos, la de 1860 en 134 800 000 pesos y la de 1863 en 184 200 000 pesos.

[75] Calderón, "Vida", 1955, p. 235.

[76] *Memoria*, 1877-1878, pp. 113-117.

[77] *Memoria*, 1869, pp. 537, 982; Bazant, *Alienation*, 1971, pp. 274-281; Knowlton, *Church*, 1976, pp. 118 ss., 177.

manos del grupo mercantil, no puede ser separada de la acción intimidatoria adoptada paralelamente y dirigida a amortizar la deuda interior por medio de adquisiciones de bienes en subasta. La ley del 30 de noviembre de 1867 "destinó una cantidad mensual no inferior a 30 000 pesos ni superior a 600 000, provenientes de la Administración General del papel sellado". Con este método, en las cuatro subastas efectuadas entre 1868 y 1869 se logró amortiguar 2 000 000 de pesos con un gasto efectivo de apenas 290 838 pesos.[78]

El objetivo de esta compleja y desprejuiciada acción guberna-mental era análoga al de la maniobra operada para la deuda exte-rior, es decir, se quería demostrar la existencia de nuevos sectores productivos (ferrocarriles, minas, etc.) o la posibilidad de reno-vación de viejos sectores productivos (la agricultura) dentro de los cuales invertir los capitales disponibles. Un ejemplo concreto de tal intento fue la disponibilidad del gobierno a poner en su-basta, desnacionalizándolo, el ferrocarril que unía la ciudad de México con Tlalpan. Entre 1868 y 1869 el gobierno puso en su-basta acciones y obligaciones de esta compañía ferrocarrilera por un total de 358 957 pesos, que fueron adquiridas por privados con 40 000 pesos en efectivo, con 110 000 pesos en bonos y cer-tificados de la deuda interna.[79]

Es en esta estrategia que debe ser analizada la venta de las tie-rras libres, baldías, que comienza a concretarse en 1868. En pro-medio, entre 1868 y 1877 fueron alienadas unas 100 000 hectáreas al año. A partir de 1878 y hasta 1881 las tierras vendidas sumaban 350 000 hectáreas al año y, a partir de 1882, se registró un verda-dero *boom* de ventas: 1 300 000 hectáreas en 1882, 3 100 000 hec-táreas en 1883, 5 600 000 hectáreas en 1884 y 2 700 000 hectá-reas en 1885.[80]

La estrategia adoptada entre el final del decenio de 1860 y el principio del siguiente trasladó progresivamente los capitales que se habían acumulado en el sector mercantil y financiero hacia nuevos sectores. Tales capitales se orientaron de manera particu-lar hacia la tierra, revitalizando de esa manera la centralidad de la renta agraria y fortaleciendo al grupo de los hacendados al inte-rior de la clase propietaria. Así, los "nuevos ricos" podían ser coop-

[78] Calderón, "Vida", 1955, pp. 256-260.
[79] *Ibid.*, pp. 259 ss.
[80] *Informe*, 1855, p. 36.

tados en el interior de la clase dirigente tradicional, que comenzó a apreciar las ventajas que ofrecía la racionalización.

Las amenazas para quien quisiese permanecer empecinado en la defensa del capital mercantil y financiero, para los cuales no había ya más espacio, se concretaron en la conversión "de toda la deuda legítima de la nación, vencida hasta el 30 de junio de 1882".[81] En 1881 la deuda interna tuvo un monto de 12 900 000 pesos.[82] Este dato indica que el grupo mercantil aceptó la posibilidad de reciclaje que le ofreció la clase dirigente y su integración definitiva en la clase propietaria.

La consolidación de la deuda interna en 1882 constituyó el primer paso importante para una operación de mayor envergadura que, mediante la conversión de la deuda interior en deuda exterior, ligaba los intereses de la clase propietaria con los del capital extranjero. En efecto, el préstamo exterior obtenido en Berlín en marzo de 1888, por medio del banquero alemán Bleichroeder, la casa Gibbs de Londres y el Banco Nacional de México, "tuvo por principal objeto el arreglo y conversión de la deuda exterior [...] pero también tuvo por mira consolidar la deuda flotante".[83] En la práctica, a finales del decenio de 1880 México ya no tiene deuda interior, sino solamente exterior, y de esta manera se concluyó el proceso de racionalización. Este proceso, como he buscado ilustrar, se caracteriza por una liquidación de la vieja conflictualidad estamental mediante la integración del grupo mercantil en la clase propietaria, y por inicio de la colaboración entre la clase propietaria y los intereses extranjeros.

CONCLUSIONES: BASES ECONÓMICAS Y SOCIALES DEL ESTADO

La evolución de los ingresos estatales me ha permitido tomar algunos elementos permanentes en la fiscalización mexicana a lo largo del periodo 1820-1880. Estos elementos son esencialmente dos y conciernen al sujeto tributario y a la territorialidad fiscal.

---

[81] Busto, *Administración*, 1889, p. 175.
[82] Kozhevar, *Informe*, 1887, pp. 140-142; Busto, *Administración*, 1889, pp. 175 ss.
[83] *Exposición*, 1925, p. 7.

El sujeto tributario aparece inicialmente como una entidad imprecisa, puesto que se presenta ya imprecisa bajo el Estado colonial, y como tal se conservará a lo largo de la primera mitad del siglo XIX para pasar sucesivamente, pero sólo a partir de 1850-1860, del estado de imprecisión al de definición implícita. Se tiene efectivamente la clara impresión de que a partir de los años 1850-1860 el sujeto tributario tienda a definirse en relación con el objeto, o bien en relación con la producción, con la circulación o la propiedad o ambas. Dicho en otras palabras, la igualdad y la proporcionalidad fiscales no se definen en relación con un individuo concebido abstractamente, como es característico en el Estado liberal, sino en relación con las cosas que son objeto de imposición. El resultado es que la igualdad fiscal tiene como referente esencialmente un objeto, el consumo, mientras la proporcionalidad tiene como referente la capacidad de consumo de los diversos estamentos.

El sujeto tributario permite entender la continuidad financiera entre las diversas formas institucionales que se concretaron en México, pero no nos permite entender por qué en un cierto momento se presenta la necesidad de precisar de algún modo el sujeto tributario. Una posible explicación se puede buscar en el hecho de que la imprecisión había dado espacio a una nueva actividad, la financiera, que había favorecido el desarrollo del estamento mercantil haciéndolo crecer de modo más rápido respecto a los otros estamentos. El reequilibrio del poder, que no excluyó un conflicto entre los estamentos mercantil-financiero y propietario, podía acontecer con la condición de definir el papel del grupo mercantil y financiero. Esta aclaración pasaba a través de algún tipo de definición de las finanzas federales y de sus recursos y, por tanto, se imponía una definición, implícita o explícita, del sujeto tributario que permitiera a la clase propietaria no hacer recaer sobre sí misma el costo económico del Estado.

Es quizá la necesidad de hacer recaer el peso fiscal sobre grupos diferentes de la clase propietaria que la redefinición de la fiscalidad no melló la que, en mi opinión, constituye la continuidad esencial de la fiscalidad antes de la revolución: la inexistencia de una fiscalidad del Estado central capaz de controlar directa y eficazmente el territorio nacional. Esta segunda continuidad se expresa muy bien en la circunstancia de haber evitado que el Estado central lograra ser algo más que el punto de choque de los intereses estamentales. La expresión financiera de esta realidad es la casi total autonomía de que gozaron los estados durante todo el periodo considerado. Es sólo a partir de finales del decenio de 1860 que se regulariza un flujo de recursos efectivos, en verdad muy limitado, provenientes de los estados, como reconocimiento de la primacía de la federación. Entre 1820 y el decenio de 1880 es reconocible una tendencia dirigida a frenar y a evitar que el Estado central, la federación, adquiriera una verdadera y propia autonomía financiera y desarrollara una soberanía propia sobre el territorio.

La permanencia de la no territorialidad financiera del Estado se concreta muy bien en el hecho de que los recursos ordinarios provienen esencialmente de las aduanas, de los derechos aduaneros; a fin de cuentas, éstos son recursos que no pertenecen todavía o no pertenecen ya a los estamentos y, por tanto, pueden ser concedidos a la federación. Esta concesión encuentra su referente institucional en el hecho de que la federación mantiene las relaciones con los países extranjeros de los cuales el comercio constituye la dimensión económica.

El análisis desarrollado me lleva a concluir que el estamento propietario quiso preservar a toda costa su autonomía, considerando como propio el territorio regional y sus recursos fiscales, y no cedibles a la comunidad nacional. Esta posición explica por qué el Estado central debió recurrir a los recursos extraordinarios, a los préstamos, que podían ser ofrecidos por los grupos que tuvieran disponibles, aunque fuese por periodos reducidos, sumas de dinero en efectivo. Gracias a esta disponibilidad, el grupo mercantil logró en poco tiempo, jugando sobre el mecanismo de la anticipación de dinero por dinero a futuro, apropiarse de las finanzas del Estado central y expandir su propio poder. Después de la inicial indiferencia del estamento propietario, el rápido crecimiento del grupo mercantil se volvió una fuente de preocupación, ya que los grupos no mercantiles temían que el Estado terminara por identificarse con el grupo mercantil y, por consiguiente, pudiera desarrollar funciones centralizadoras que habrían limitado el poder de los otros grupos.

La posibilidad de recuperación del Estado por parte del estamento propietario y, de manera especial, por parte del grupo latifundista, se expresó en la estrategia de la racionalización de los recursos ordinarios del Estado central y en la estrategia de la reorientación de las ganancias mercantiles y financieras hacia los viejos y nuevos sectores productivos. De esta manera se liquidó la inevitable contradicción que se habría podido desarrollar entre el estamento propietario y el grupo mercantil. El reciclaje de este último fortaleció cuantitativamente al estamento propietario.

Las consecuencias del nuevo acuerdo del estamento propietario fue una definición implícita del Estado: territorialmente éste venía a coincidir con las aduanas y el Distrito Federal y, financieramente, con los derechos aduaneros y los productos del Distrito Federal. Entre el final del decenio de 1860 y el final del de 1870, el Estado central, además de su función de centro organizador, logró desarrollar una nueva función, la de mediación entre los intereses estamentales regionales, sin por ello adquirir la forma de Estado moderno, que adquirirá solamente con la revolución.

El análisis de los ingresos estatales me ha permitido ubicar los poderes que determinan la forma y condicionan la evolución de las finanzas del Estado. Tal análisis me ha permitido entrever que el centro de poder esencial está dado por la articulación de los diversos grupos en el estamento propietario, por lo cual la forma político-institucional no tiene relación alguna con las formas que realmente asume el Estado mexicano entre la independencia y el porfiriato.

Del análisis desarrollado deriva, por tanto, una consideración de tipo analítico: la necesidad de que el análisis de las formas históricas del Estado mexicano rompan definitivamente la periodización hasta ahora seguida y se oriente en cambio a buscar, por encima de las apariencias, las motivaciones, especialmente aquellas no explícitas, a nivel de grupos de poder. Sólo bajo estas condiciones nos parece que se puede llegar a una clarificación, hasta hoy insuficiente, sobre la naturaleza del Estado mexicano de este periodo que no me parece que se pueda definir, como ha sido hecho hasta ahora,[84] como un Estado "liberal-oligárquico".

RESUMEN

El estudio analiza los fundamentos económicos y sociales de la forma que asume el Estado republicano entre 1821 y 1880. A partir de la documentación fiscal en general y de los ingresos estatales en particular, el estudio trata de mostrar la tensión estamental

---

[84] véase Leal, *Burguesía*, 1972.

y territorial que impidió al Estado central desarrollar una estructura financiera autónoma y la imposibilidad de desarrollar, por tanto, una fiscalidad conforme a los postulados liberales. Esta imposibilidad no impidió empero al Estado federal racionalizar sus recursos, favoreciendo así la incorporación del estamento mercantil en la clase propietaria, y la interrelación entre intereses económicos nacionales y extranjeros a partir de la segunda mitad del siglo XIX.

Apéndice 1. Ingresos ordinarios, extraordinarios y totales, 1819-1880
(miles de pesos)

Año	Ordinarios						Extraordinarios			Total
	Derechos aduaneros	Conting./ timbre	A	B	Otros	Total	Depósitos	Préstamos	Total	
1819	–	–	–	–	–	6 756	–	2 890	2 890	9 646
1820	–	–	–	–	–	–	–	–	–	–
1822-23	2 844	–	–	–	–	–	–	2 395	2 395	5 239
1823	1 942	–	–	–	–	–	–	–	–	2 837
1824	4 400	2 285	–	–	2 628	7 713	2 060	1 317	3 377	11 090
1825	6 708	1 114	–	16	3 537	11 375	–	803	803	12 178
1826-27	7 820	979	-	8	7 790	16 594	–	423	423	17 017
1827-28	5 692	138	–	–	5 901	12 974	–	671	671	13 645
1828-29	6 497	1 436	–	–	5 283	13 216	–	1 377	1 377	14 593
1829-30	4 815	1 399	–	–	5 473	11 687	–	2 447	2 477	14 134
1830-31	8 287	1 357	–	26	7 239	16 909	–	1 483	1 483	18 392
1831-32	7 335	849	–	2	–	–	–	–	–	17 583
1832-33	7 538	625	–	134	1 933	10 230	1 742	8 546	10 288	20 518
1833-34	8 786	332	–	–	4 390	13 508	3 323	4 293	7 161	21 124
1834-35	9 084	–	–	–	4 771	13 855	–	–	4 498	18 353
1835-36	5 835	98	–	228	13 159	19 320	–	–	9 556	28 876
1836-37	4 377	–	–	738	8 027	13 142	1 992	5 535	7 527	20 669

A= Contribución directa.
B= Rentas del Distrito Federal.

Año	Ordinarios						Extraordinarios			Total
	Derechos aduaneros	Conting./timbre	A	B	Otros	Total	Depósitos	Préstamos	Total	
1837-38	4 258	–	–	415	8 998	13 671	–	–	2 152	16 823
1839	5 577	–	–	11	7 245	12 833	–	–	16 353	29 186
1840	7 474	–	–	11	7 187	14 672	2 930	3 625	6 555	21 227
1841	5 892	–	–	361	8 941	15 194	3 617	5 184	8 801	23 995
1842	5 257	–	–	859	13 533	19 649	2 959	8 074	11 033	30 682
1843	7 653	–	–	1 491	13 842	22 986	7 432	3 716	11 148	34 134
1844	7 418	–	–	1 015	14 665	23 088	2 501	6 280	8 781	31 869
1845	5 814	–	–	–	–	–	–	–	–	24 159
1846	6 747	–	–	–	–	–	–	–	–	24 026
1847	–	–	–	–	–	–	–	–	–	26 154
1848-49	6 528	618	–	449	3 784	11 379	8 774	5 873	14 647	26 026
1849-50	6 336	358	–	409	3 670	10 773	4 371	3 137	7 508	18 281
1850-51	5 337	212	–	465	2 506	8 550	6 552	450	7 002	15 552
1851-52	6 076	383	–	357	3 410	10 226	680	116	796	11 022
1852-53	4 906	–	–	877	–	11 499	–	–	7 266	18 765
1853-54	8 399	–	1 440	–	–	10 756	–	–	8 009	18 765
1854-55	8 096	–	–	–	–	8 929	–	–	7 330	16 259
1855-56	6 760	–	–	–	–	9 984	–	–	5 872	15 856
1856-57	6 854	–	–	–	–	10 379	–	–	5 657	16 036
1857-58	6 854	–	–	–	–	9 565	–	–	5 964	15 529
1858-59	6 854	–	–	–	–	9 136	–	–	5 602	14 738
1859-60	6 854	–	–	–	–	8 909	–	–	5 297	14 206
1860-61	6 854	–	–	–	–	11 763	–	–	1 100	12 863

1861-62	6 854	—	—	—	—	14 136	—	—	1 364	15 500
1862-63	6 854	—	—	—	—	16 051	—	—	1 549	17 600
1863-64	6 854	—	—	—	—	6 854	—	—	616	7 470
1864-65	6 854	—	—	—	—	6 854	—	—	524	7 378
1865-66	6 854	—	—	—	—	6 854	—	—	445	7 299
1866-67	6 854	—	—	—	—	7 380	—	—	712	8 092
1867-68	9 414	2 352	830	1 525	1 747	15 868	571	1 298	1 869	17 737
1868-69	9 160	1 894	658	1 417	1 920	15 049	546	1 702	2 248	17 297
1870-71	9 884	1 999	478	1 377	2 047	15 785	998	1 916	2 904	18 689
1871-72	8 620	1 734	471	1 742	2 931	15 498	1 068	2 459	3 527	19 025
1872-73	9 185	2 217	488	1 193	2 624	15 706	506	4 060	4 566	20 272
1873-74	11 306	2 812	525	1 230	2 584	19 105	639	3 689	4 328	22 794
1874-75	10 122	2 468	531	1 253	3 193	17 567	650	3 509	4 159	21 726
1875-76	10 345	2 195	1 002	1 063	1 482	16 087	-	416	416	16 503
1876-77	9 541	1 263	525	910	3 341	15 580	3	1 080	1 083	16 663
1877-78	13 131	2 913	544	1 105	2 785	20 478	900	8 781	9 681	30 159
1878-79	10 465	3 003	559	992	3 629	18 648	803	9 866	10 669	29 317
1879-80	12 755	3 848	593	1 157	2 771	21 124	2 686	11 265	13 051	35 075

A= Contribución directa.
B= Rentas del Distrito Federal.
FUENTE: *Memorias de Hacienda*, 1822-1880.

Apéndice 2. Ingresos ordinarios, extraordinarios y totales, 1819-1880
(porcentajes)

| Año | Ordinarios | | | | | | Extraordinarios | | | Total |
	Derechos aduaneros	Conting./ timbre	A	B	Otros	Total	Depósitos	Préstamos	Total	
1819	–	–	–	–	–	70.0	–	–	30.0	100.0
1820	–	–	–	–	–	–	–	–	–	–
1821	–	–	–	–	–	–	–	–	–	–
1822-23	54.3	–	–	–	–	–	–	–	45.7	100.0
1823	–	–	–	–	–	–	–	–	–	–
1824	41.12	21.7	–	–	5.8	68.7	19.1	12.2	31.3	100.0
1825	55.1	9.2	–	0.2	28.9	93.4	–	6.6	6.6	100.0
1826-27	46.0	5.8	–	0.1	45.6	97.5	–	2.5	2.5	100.0
1827-28	41.7	10.1	–	–	43.3	95.1	–	4.9	4.9	100.0
1828-29	44.5	9.8	–	–	36.3	90.6	–	9.4	9.4	100.0
1829-30	34.1	9.9	–	–	38.5	82.5	–	17.3	17.3	100.0
1830-31	45.1	7.4	–	0.2	39.2	91.9	–	8.1	8.1	100.0
1831-32	–	–	–	–	–	–	–	–	–	–
1832-33	36.7	3.0	–	0.7	9.5	49.9	8.5	41.6	50.1	100.0
1833-34	41.6	1.6	–	–	20.7	63.9	15.8	20.3	36.1	100.0
1834-35	49.5	–	–	–	26.0	75.5	–	–	24.5	100.0
1835-36	20.2	0.4	–	–	46.3	66.9	–	–	33.1	100.0
1836-37	21.2	–	–	1.2	41.2	63.6	9.6	26.8	36.4	100.0
1837-38	25.3	–	–	4.4	51.6	81.3	–	–	18.7	100.0
1839	19.1	–	–	1.4	23.5	44.0	–	–	56.0	100.0

Año											
1840	35.2	—	—	—	0.1	33.8	69.1	13.8	17.1	30.9	100.0
1841	24.6	—	—	—	0.1	38.6	63.3	15.1	21.6	36.7	100.0
1842	17.1	—	—	—	1.2	45.7	64.0	9.7	26.3	36.0	100.0
1843	22.4	—	—	—	2.5	42.4	67.3	21.8	10.9	32.7	100.0
1844	23.3	—	—	—	4.7	44.5	72.5	7.8	19.7	27.5	100.0
1845	—	—	—	—	—	—	—	—	—	—	—
1846	—	—	—	—	—	—	—	—	—	—	—
1847	—	—	—	—	1.7	14.5	43.7	33.7	22.6	56.3	100.0
1848-49	25.1	2.4	—	—	2.2	20.1	58.9	23.9	17.2	41.1	100.0
1849-50	34.6	2.0	—	—	3.0	16.1	55.0	42.1	2.9	45.0	100.0
1850-51	34.3	1.6	—	—	3.2	31.0	92.8	6.1	1.1	7.2	100.0
1851-52	55.1	3.5	—	—	7.6	—	61.3	—	—	38.7	100.0
1852-53	26.1	—	—	—	13.4	—	57.3	—	—	42.7	100.0
1853-54	44.7	—	—	—	—	—	54.9	—	—	45.1	100.0
1854-55	49.8	—	—	—	—	—	62.9	—	—	37.1	100.0
1855-56	42.6	—	—	—	—	—	64.7	—	—	35.3	100.0
1856-57	42.7	—	—	—	—	—	64.7	—	—	38.5	100.0
1857-58	44.1	—	—	—	—	—	61.9	—	—	38.1	100.0
1858-59	46.5	—	—	—	—	—	62.7	—	—	37.3	100.0
1859-60	48.3	—	—	—	—	—	91.4	—	—	8.6	100.0
1860-61	53.3	—	—	—	—	—	91.2	—	—	8.8	100.0
1861-62	44.2	—	—	—	—	—	91.2	—	—	8.8	100.0
1862-63	38.9	—	—	—	—	—	91.2	—	—	8.8	100.0
1863-64	91.7	—	—	—	—	—	91.7	—	—	8.3	100.0

A= Contribución directa.
B= Rentas del Distrito Federal.

| Año | Ordinarios | | | | | | Extraordinarios | | | Total |
---	Derechos aduaneros	Conting./timbre	A	B	Otros	Total	Depósitos	Préstamos	Total	
1864-65	92.9	—	—	—	—	92.9	—	—	7.1	100.0
1865-66	93.9	—	—	—	—	93.9	—	—	6.1	100.0
1866-67	84.7	—	—	—	—	91.2	—	—	8.8	100.0
1867-68	53.1	13.3	4.7	8.6	9.8	89.5	3.2	7.3	10.5	100.0
1868-69	52.9	11.0	3.8	8.2	11.1	87.0	3.2	9.8	13.0	100.0
1869-70	48.4	11.8	3.1	7.9	13.6	84.8	3.3	12.5	15.2	100.0
1870-71	52.9	10.7	2.6	7.4	10.9	84.5	5.2	10.3	15.5	100.0
1871-72	45.3	9.1	2.5	9.	15.4	81.5	5.6	12.9	18.5	100.0
1872-73	45.3	10.9	2.4	5.9	13.0	77.5	2.5	20.0	22.5	100.0
1873-74	49.6	12.3	2.3	5.7	11.1	81.0	2.8	16.2	19.0	100.0
1874-75	46.6	11.4	2.4	5.8	14.7	80.9	2.9	16.2	19.1	100.0
1875-76	62.7	13.3	6.1	6.4	9.0	97.5	—	2.5	2.5	100.0
1876-77	57.3	7.6	3.2	5.5	19.9	93.5	—	6.5	6.5	100.0
1877-78	43.5	9.7	1.8	3.7	9.2	67.9	3.0	29.1	32.1	100.0
1878-79	35.7	10.2	1.9	3.4	12.4	63.6	2.8	33.6	36.4	100.0
1879-80	36.4	11.0	1.7	3.3	7.8	60.2	2.7	32.1	39.8	100.0

A= Contribución directa.
B= Rentas del Distrito Federal.

BIBLIOGRAFÍA

Acuerdo del Senado, sobre nuevo arreglo de contingente a los estados, Imprenta del Águila, México, 1831.

Almonte, J. N., *Guía de forasteros,* Imprenta de I. Cumplido, México, 1852. [Reedición facsimilar, Instituto Mora, 1997].

Bazant, J., *Historia de la deuda exterior de México (1823-1946),* El Colegio de México, México, 1968.

_____, *Alienation of Church wealth in Mexico. Social and economic aspects of the liberal revolution, 1856-1875,* Cambridge University Press, Cambridge, 1971.

Busto, E., *La administración pública de Méjico,* Dupont, París, 1889.

Calderón, E. R., "La vida económica" en D. Cosío Villegas (comp.), *Historia moderna de México. La República Restaurada,* 2, Hermes, México, 1955.

Calendario para el año de 1841, Imprenta de J. M. Lara, México, 1841.

Casasús, J. D., *Historia de la deuda contraída en Londres. Con un apéndice sobre el estado actual de la Hacienda pública,* Imprenta del Gobierno, México, 1885.

Castillo, J., *Los presupuestos,* Tip. La Europea, México, 1904.

Cosío Villegas, D., *La Constitución de 1857 y sus críticas,* SEP, México, 1976 (SepSetentas).

Costeloe, M. P., "Church-State financial negotiations in Mexico during the american war, 1846-1847", *Revista de Historia de América,* núm. 60, 1965, México, pp. 91-123.

_____, *Church wealtlh in Mexico. A study of the "Juzgado de Capellanías" in the archibishopric of Mexico, 1800-1856,* Cambridge University Press, Cambridge, 1967.

_____, *Church and State in independent Mexico. A study of the patronage debate, 1821-1857,* Royal Hisorical Society, Londres, 1978.

Documentos relativos al arreglo de la deuda interior de la república mexicana, Imprenta de I. Cumplido, México, 1851.

Exposición al Soberano Congreso Mexicano sobre el estado de la Hacienda pública, Imprenta del Águila, México, 1823.

"Exposición de motivos" en *Colección de leyes y disposiciones relacionadas con la deuda exterior,* Secretaría de Hacienda y Crédito Público, México, 1925.

Florescano, E. (comp.), *Bibliografía general del desarrollo económico de México, 1500-1976,* Departamento de Investigaciones Históricas-INAH, México, 1980, 2 vols.

Gloner, P., *Les finances des Etats-Unis Mexicaines,* Putkammer Muhlbrecht, Berlín, 1896.

Herrera Canales, I., *Estadística del comercio exterior de México, 1821-1876,* Departamento de Investigaciones Históricas-INAH, México, 1980.

Impuestos que se cobran en los estados de la federación, Secretaría de Estado de Hacienda y Crédito Público, Tipografía Palacio Nacional, México, 1909.

Informe que rinde la Secretaría de Fomento, México, 1885.

Iturbide, A. de, *Proclama. El primer jefe del Ejército imperial de las Tres Garantías, a los españoles europeos, habitantes en esta América,* Oficina de Valdés, México, 1821.

Knowlton, R. J., *Church property and the mexican reform, 1856-1910,* Northern Illinois University Press, DeKalb, 1976.

Kozhevar, E., *Informe sobre la república mexicana,* Oficina Secretaría de Fomento, México, 1887.

Labastida, L. G., *Estudio de las leyes federales sobre administración local,* Oficina Impresora, México, 1899.

Leal, J. F., *La burguesía y el Estado mexicano,* Ediciones El Caballito, México, 1972.

López Cámara, F., *La estructura económica y social de México en la época de la reforma,* Siglo XXI, México, 1967.

Loza Macías, M., *El pensamiento económico y la Constitución de 1857,* Jus, México, 1959.

Luna Parra, P., *Los impuestos en México,* Tip. Díaz de León, México, 1911.

Memoria que el ministro de Hacienda presenta sobre el estado del erario, Oficina de Valdés, México, 1822.

Memoria de la Hacienda nacional de la república mexicana, 1841, Imprenta de J. M. Lara, México, 1841.

Memoria de Hacienda presentada por Miguel Lerdo de Tejada, Imprenta García, México, 1857.

Memoria del ministro de Hacienda, 1868, Imprenta del Gobierno, México, 1968.

Memoria que el secretario de Hacienda y Crédito Público presenta, 1869, Imprenta del Gobierno, México, 1869.

Memoria del ministro de Hacienda, 1872, Imprenta del Gobierno, México, 1872.

Memoria de Hacienda y Crédito Público, 1876-1877, Imprenta del Gobierno, México, 1877.

Memoria de Hacienda y Crédito Público, 1877-1878, Imprenta del Gobierno, México, 1878.

Memoria de Hacienda y Crédito Público, 1878-1879, Imprenta del Gobierno, México, 1880.

Morelos y Pavón, J., "Sentimientos de la Nación. Primer Congreso de Anáhuac" en *México a través de sus constituciones. Historia constitucional, 1812-1842,* Cámara de Diputados, México, 1967.

Ocampo, M., "El Gobierno Constitucional a la nación (7 de julio 1857)" en M. Ocampo, *Obras completas,* Vázquez, México, 1901, 2 vols.

Payno, M., *Memoria en que da cuenta al público de su manejo en el desempeño del Ministerio de Hacienda,* Imprenta de I. Cumplido, México, 1852.

Perry, L. B., *Juarez and Diaz. Machine politics in Mexico,* Northern Illinois University Press, DeKalb, 1978.

Piqueiro, I., *Breve instrucción sobre las contribuciones directas establecidas en la nación desde el año de 1836,* Imprenta de Vicente G. Torres, México, 1845.

Rabasa, E., *La Constitución y la dictadura. Estudio sobre la organización política de México,* Porrúa, 6a. ed., México, 1976.

Sierra, J. (comp.), *México. Su evolución social,* Ballescá, México, 1901, 2 vols.

TePaske, J. J., *La Real Hacienda de Nueva España: La Real Caja de México (1576-1816),* Departamento de Investigaciones Históricas-INAH, México, 1976.

Weber, F. J., "The pious fund of the Californias", *The Hispanic American Historical Review,* núm. 43, vol. I, 1963, Durham, N.C., pp. 86-113.

Zarco, F., *Historia del Congreso Extraordinario Constituyente,* El Colegio de México, México, 1956.

_____, *Crónica del Congreso Extraordinario Constituyente,* El Colegio de México, México, 1957.

Soberanía, elite política y espacios regionales en San Luis Potosí (1824-1828)*

Barbara M. Corbett

AMHERST, COLLEGE

> Potosí aún ofrece en la suya, tal cual es hoy, re-
> cursos que *aprovechados por un buen sistema políti-*
> *co, económico*, pueden muy en breve elevarlo a un
> punto de grandeza y abundancia muy respetable.
> Manifiesto del Primer Congreso Constitu-
> yente del Estado de San Luis Potosí, 1824.[1]

INTRODUCCIÓN

Si algo hemos aprendido de la historiografía del México decimonónico, sobre todo en los últimos diez años, es que el terreno más
fructífero para el análisis de los grandes procesos históricos son
las regiones; que el Estado nacional, objeto tradicional de las historias político-económicas era, al menos en la primera mitad del
siglo, "una unidad de dominación ficticia".[2] En mi proyecto de tesis, he tratado de seguir los consejos de Mario Cerutti, dejando
que el objeto de mi estudio defina "lo regional".[3] El objeto de mi
proyecto es analizar el proceso por el cual una elite política logra
o no dominar los espacios regionales de sus límites político-admi-
nistrativos. En el caso del Estado nacional, sería hasta los años
ochenta que los espacios regionales "finalmente quedarían ence-

---

* Publicado en *Secuencia. Revista Americana de Ciencias Sociales*, Instituto
Mora, núm. 15, sept.-dic. de 1989, México, pp. 7-27.

[1] Márquez, *San Luis Potosí*, 1986, p. 22. Las cursivas son mías.
[2] Leal, *Burguesía*, 1979.
[3] Cerutti, "Monterrey", 1989, p. 8.

rrados en el actual marco mexicano".[4] ¿Cómo y cuándo se da este proceso en el nivel estatal?

El estado de San Luis Potosí presenta las características necesarias para tal análisis. Dentro de sus límites administrativos se encuentran dos espacios regionales bien marcados por sus actividades económicas. En este ensayo, veremos la configuración de estos ámbitos regionales y también la composición y trayectoria de la elite política del estado en los primeros años de la república. Viendo los principales ramos de producción —la minería y el tabaco— y las rentas que producían al estado, podemos empezar a entender lo difícil que era para su elite política *aprovechar sus recursos*. El mismo sistema fiscal dejaba espacios para la acumulación privada que, en una economía de poco numerario, eran escapes para el capital esencial para sus proyectos. Por ello cuando esa elite intentaba intervenir en aquellos espacios, su política fiscal se volvía un eje de conflicto tanto político como social. ¿Será posible que el estado de San Luis Potosí de los años veinte, los meros años del florecimiento del federalismo, haya sido también una entidad de dominación ficticia?

DOS ÁMBITOS REGIONALES

Los geógrafos suelen dividir este estado en seis zonas geográficas que ascienden de la llanura costera de la Huasteca en el este hasta los altos del Zacatal en el oeste.[5] Los historiadores, siendo más reduccionistas, solemos dividirlo en dos grandes ámbitos regionales que se dan en torno a la ciudad de San Luis Potosí (el altiplano) y al puerto de Tampico (la Huasteca y la cuenca del río Verde).[6] Esta división se debe mucho a diferencias topológicas, geológicas y hasta climatológicas. El altiplano rocoso, de suelo metálico, de clima seco y templado contrasta con los suelos fértiles de la cuenca del río Verde y la Huasteca, cruzados por ríos y lagunas, y de un clima más bien caliente y con abundantes lluvias.

En el altiplano, los españoles desarrollaron un complejo minero prototípico del centro-norte de México, pueblos mineros abastecidos por grandes haciendas ganaderas y pueblos de indios tlax-

---

[4] *Ibid.*, p. 2.
[5] Cabrera, *Monografía*, 1985, p. 20.
[6] Márquez ilustra muy bien lo que él llama "esa dualidad histórico-regional", *San Luis Potosí*, 1986, p. 13.

caltecas. Siendo todavía parte de Nueva España, la ciudad de San
Luis había tenido muchas relaciones comerciales con México. De
San Luis salían las barras de plata y oro para la Casa de Moneda
de México; también sebo y lana para las fábricas de Querétaro en
donde eran procesados y mandados al gran mercado de la capital.
Comerciantes de esta ciudad tenían tiendas en los pueblos mineros de Potosí, mientras que los dueños de minas y haciendas potosinas tenían, muchas veces, sus residencias en México. No obstante
estos nexos, el complejo minero de San Luis Potosí se encuentra
mejor como parte integral del centro-norte de México, el cual integraban Zacatecas, Guanajuato, Querétaro, partes de Jalisco y
Durango. Las minas de San Luis, sobre todo las de Real de Catorce,
mandaban su plata y oro a la Casa de Moneda de Zacatecas. Los
centros mineros de Guanajuato, Zacatecas y Pachuca dependían
de las sales, el tequezquite, el sebo y la lana que les llegaban de San
Luis. Productos potosinos también abastecían las provincias de
Nuevo León, Coahuila, Texas y Nuevo Santander (Tamaulipas),
que, hasta 1822, formaban parte de la gran intendencia de San Luis
Potosí. Y por los caminos reales entre San Luis Potosí, Zacatecas,
Sombrerete, Durango y Guadalajara llegaban los comerciantes a
la feria de San Juan de los Lagos, la feria más grande del norte a finales de la época colonial.[7]

En el complejo minero del altiplano de San Luis, surgió una sociedad hispanizada, fuertemente dividida en castas sociales. Su
elite colonial eran los mineros y los hacendados, muchos de ellos
de origen vasco, como en otras partes del centro-norte.[8] A diferencia de sus análogos en ciudades centrales como Puebla o Valladolid, la elite potosina se distinguía por la presencia de los militares
y la ausencia de una administración eclesiástica, pues como la
amenaza de una invasión chichimeca era real en San Luis a lo
largo del periodo colonial, los militares españoles habían figurado
en primera fila en su elite. En cuanto a la Iglesia, la ciudad de San
Luis no era una diócesis eclesiástica, formaba parte de la de Valladolid. He aquí el porqué de la debilidad *relativa* de la Iglesia en
San Luis.[9] Con la caída en la producción de la minería a finales

---

[7] Para más sobre la economía minera del centro-norte, véase Brading,
Mineros, 1975. Sobre la feria de San Juan, véase Carrera, "Tierras", 1952, pp. 319-
342.

[8] Brading, *Mineros,* 1975, p. 150.

[9] González, *Anatomía,* 1977, pp. 88-89. Era una debilidad relativa a los
aparatos burocráticos y administrativos de Puebla o Valladolid. Pero los eclesiás-

de la colonia y la escasez del crédito, los comerciantes empezaron a entrar en los núcleos de elite. Entre los alcaldes del Ayuntamiento de la capital en los años 1800-1827 destaca la presencia de los comerciantes, tanto criollos como españoles (apéndice A). Y como en las ciudades del centro de México, los hijos de los criollos solían ejercer como militares o curas, pero también había en el centro-norte oportunidades en el comercio y en la burocracia. En las filas bajas del ejército y la Iglesia podía entrar la gente mestiza, pero muchos de ellos se hacían artesanos, empleados o arrieros. Finalmente estaban los indios de los pueblos abastecedores, quienes no tenían muchas opciones fuera de ser peones o jornaleros en las haciendas. Entre las haciendas y los pueblos existía una "explotación simbiótica" que ayudaba a mantener el control social.[10]

Otro mundo era la parte oriental del estado, separada del altiplano por unas montañas formidables. Allí donde no habían encontrado metales preciosos, sino pueblos otomíes, pames, huastecos y nahuas, los españoles formaron enormes estancias ganaderas bajo la institución de la encomienda. Aunque hay evidencia de cultivo de caña realizado en la época colonial, incluyendo el uso de esclavos africanos, no hubo desarrollo agrícola en gran escala.[11] El criollo Felipe Barragán, dueño de gran parte del oriente de la provincia a finales del siglo XIX, hizo su fortuna en el comercio, llevando barras de plata de Real de Catorce a México vía el valle del Maíz y Querétaro.[12] Desde principios de siglo, esta región empezó a orientarse hacia el puerto de Tampico y a su comercio clandestino con Luisiana. De Tampico salían plata, pieles, maderas, azúcar, café, tabaco y otros productos de las Huastecas, y entraban harina, plomo, alquitrán y otras "mercancías", incluyendo armas, de Estados Unidos.[13] Era este comercio el que convenció a Humboldt en 1803 de las posibilidades de desarrollo

---

ticos en San Luis Potosí también tenían muchas propiedades urbanas y sus conventos y cofradías también funcionaban como fuente de crédito para hacendados potosinos. Para el papel de la Iglesia en la economía colonial mexicana, véase Ferris, *Crown*, 1968.

[10] El concepto de la "explotación simbólica" es desarrollado a lo largo de Tutino, *From*, 1986, p. 234.

[11] Amerlinck, "From", 1980, p. 87.

[12] Márquez y Sánchez, *Fraccionamiento*, 1984, pp. 2-12.

[13] No hay muchos trabajos sobre el comercio Tampico-Luisiana al principio del siglo XIX. Dos artículos útiles, aunque ya viejos, son Toledano, "Relations", 1939, pp. 710-794 y Rojas, "Consequence", 1938, pp. 362-366.

de la región, sobre todo para el cultivo de algodón y la exportación de ganado. La visión humboldtiana influiría a más de una generación de potosinos del oriente.[14] Sin embargo, en vísperas del
grito de Hidalgo, había poco desarrollo dadas las dificultades
de comunicación y transporte, para no hablar de la amenaza de
la fiebre amarilla.

Allí, el núcleo de la elite colonial era el puñado de grandes co-
merciantes/hacendados como Felipe Barragán y la familia Moctezuma Ortiz de Zárate. Como eran propietarios ausentes, sus administradores tenían mucho poder. Con la formación del ejército
real de Calleja, los militares criollos del oriente llegaron a ser
dueños de haciendas y ranchos y a tener puestos en la burocracia
virreinal. Aunque formaba parte del obispado de México y había
unas misiones del Fondo Piadoso de las Californias, la presencia
eclesiástica en Río Verde y la Huasteca era escasa.[15] "Confesarse
en artículo de muerte", comentó un alcalde de la Huasteca en 1825,
"no hay ya quien lo piense".[16] La clase media del oriente eran los
rancheros, arrendatarios, y *condueños*; había pocos peones de hacienda.[17] Tampoco había gremios de artesanos, pero los arrieros
abundaban. La mayoría de los indios del oriente vivían en sus
pueblos, ahí mezclaban economías de subsistencia con un comercio interno bastante activo. Estos pueblos se parecían a las comunidades permeables que encontró Nancy Fariss en Yucatán. Como
en el sureste de Yucatán, los pueblos de la Huasteca eran refugios
para los indios y los esclavos que escapaban de las plantaciones

[14] Humboldt, *Political*, 1811, vol. II, pp. 271-281. La influencia de Humboldt
se anota en Barragán, "Provincia", 1976.

[15] *Memoria*, 1829, cuadro 2.

[16] Archivo Histórico del Estado de San Luis Potosí (AHESLP), fondo Secretaría
general de gobierno, 1825, leg. 8-C, cuadro estadístico de la Villa de Santiago de
Valles.

[17] *Condueñazgo* es una forma de tenencia de la tierra en las Huastecas que
surgió en el siglo XIX. "Extraña derivación de la merced y la hacienda, ese régimen
permitió que varias generaciones de herederos conservaran indivisos los terrenos que habían pertenecido a una sola persona." Márquez, "Formación", 1984,
p. 405. Unos condueñazgos fueron formados por las familias Noriega y Ortiz de
Zárate en 1827 en sus haciendas de Amolederas y Ciénega de Cárdenas.
Ofrecieron "dar" parcelas de tierra a indios a que las trabajaran en común, pero
sin permiso para enajenarlas jamás. AHESLP, fondo Secretaría general de gobierno, 1827, leg. diciembre-1, "Expediente instruido por este gobierno sobre la
fundación del nuevo Gamotes". Sobre arrendatarios y peones, véase Bazant,
Márquez y Sánchez, "Fraccionamiento", 1984.

y minas.[18] En general, el terreno social era más complejo y las divisiones de clase más permeables en el oriente que en el altiplano. La elite no controlaba fácilmente a sus peones, a sus arrendatarios ni a los pueblos indígenas. Las autoridades locales recurrían mucho al azote.

LA ELITE ALTIPLANA

¿Quiénes heredaron el gobierno de San Luis después de la independencia? Durante los años turbulentos de 1821-1823 la provincia de San Luis Potosí fue "gobernada" por una serie de comandantes militares —todos ex oficiales del ejército real de Calleja— y por su jefe político, el licenciado Ildefonso Díaz de León, un rico comerciante. Cuando la provincia se volvió estado en enero de 1824, los militares criollos y los comerciantes llevaban todavía el timón.

El comandante era el general Gabriel Armijo, quien había sido jefe de las tropas realistas del sur en las campañas contra Guerrero. Al mando de la comisaría general (la ex intendencia) estaba otro militar realista, el teniente coronel Antonio María Esnaurrízar, hijo del tesorero de las Cajas Nacionales de Zacatecas, también había ocupado varios puestos en la Hacienda bajo Calleja e Iturbide, incluyendo el de administrador de Tabacos de San Luis y contador de Aduanas.[19] El capitán Manuel Sánchez fue nombrado administrador de Aduanas del estado en 1824. Por todos sus rincones, los ex militares realistas manejaban la administración y recaudación de impuestos, cosa que tendría consecuencias importantes para la elite política del estado en los años veinte y posteriormente.

Jefe político del estado en 1823, gobernador provisional en 1824-1826 y primer "gobernador constitucional" en 1827, Ildefonso Díaz de León era un criollo de Sierra de Pinos en Zacatecas. Como muchos otros comerciantes criollos, hizo su fortuna en el auge minero de 1780-1790 traficando en el centro-norte barras de plata, azogue, sal, sebo y lana. Las redes de los comerciantes

[18] Fariss, *Maya*, 1984. De la Huasteca como refugio, véase Gerhardt, *Guide*, 1972, pp. 234-239 y 354-359.
[19] AHESLP, protocolos de Instrumentos públicos, 1822. José de Esnaurrízar, padre de Antonio María de Esnaurrízar, aparece en varios documentos como tesorero de las Cajas Nacionales de Zacatecas.

potosinos más prósperos llegaban hasta México, Veracruz y aun a Cádiz.[20] Con la caída de la producción minera a principios del siglo y la escasez de capital, estos comerciantes los acumularon, haciendo préstamos hipotecarios sobre fincas urbanas o rurales, por lo que muchos hacendados perdieron sus bienes. También los comerciantes hicieron préstamos al gobierno del estado garantizados con las rentas más productivas.[21] Cuando Díaz de León se casó a principios de siglo, aportó a su matrimonio "un capital" de 30 000 pesos, una cantidad considerable. Ya por 1827 sus bienes valían mucho más, incluyendo una casa de comercio en Real de Catorce, la hacienda de Charcas de Cañada, otra de beneficio de metales en Matehuala, una casa en el centro de San Luis y varias fincas urbanas. En ese entonces el gobernador pudo declarar: "a nadie soy deudor de cosa alguna".[22] Como notó Tutino en una obra reciente, para algunos grupos "la desintegración puede ser tanto creativa como benéfica".[23]

La composición de los primeros congresos del estado de San Luis Potosí nos dice mucho de su elite política (apéndice B). En primer lugar, todos eran mexicanos, no había ningún peninsular. También se anota la presencia de algunos abogados y militares politizados e "ilustrados", cuyas ideas sobre el desarrollo económico del estado contenían aspectos plenamente burgueses.[24] Su influencia se dejó sentir, sobre todo en la legislación sobre el fomento de la agricultura, al poner en tela de juicio los privilegios

[20] Por medio de los documentos de los apoderados, sobre todo de los que hacían los comerciantes dando poderes de cobranza, se puede reconstruir la red comercial de este grupo. Entre los comerciantes con lazos en México y Veracruz se encuentran los españoles Andrés Pérez Soto (quien también tenía apoderado en Cádiz. AHESLP, protocolos de Instrumentos públicos, 1822; 1824:360-362) y Martín Muriel (protocolos de Instrumentos públicos, 1822:292), y el criollo Isidoro Puente Rabledo (AHESLP, protocolos de Instrumentos públicos, 1826:603).

[21] Rafael Villalobos, capitán realista durante la guerra y uno de los comerciantes más ricos de la capital, administraba las rentas reales de pólvora y tabacos en San Luis Potosí en 1820. En 1827 heredó el arrendamiento de la matanza de ganado por medio de una hipoteca. Su hermano Eulogio Arias arrendó la corrida de toros en 1824. Juan Guajardo, primer tesorero del espacio en 1824, compró el asiento de gallos en remate en 1823. AHESLP, protocolos de Instrumentos públicos, 1823:92; 1824:408; 1827:8-10 y 1823:157.

[22] El testimonio de Díaz de León, AHESLP, protocolos de Instrumentos públicos, 1827:43-46.

[23] Tutino, From, 1986, p. 217. La traducción es mía.

[24] Para comparar la "corriente en ciernes" en Jalisco con el grupo en San Luis, véase Ibarra, "Jalisco", 1986, p. 8.

tradicionales de hacendados y eclesiásticos. El decreto 22 de 1826, por ejemplo, obligó a los propietarios a arrendar las tierras que no podían cultivar solos. Otras leyes "ilustradas" fueron las que dejaron en manos del Estado la recaudación del diezmo, regularon los contratos de arrendamiento de tierras, abolieron la esclavitud y prohibieron el servicio personal de indios.[25] Veamos, como ejemplo, el dictamen de la comisión especial del Congreso Constituyente de 1826, encabezado por el coronel José Miguel Barragán, sobre un proyecto para dividir propiedades eclesiásticas en el oriente:

> Terrenos inmensos en pocas manos no se cultivan. La clase laboriosa sujeta a muy cortos jornales, a subidas rentas o a contratos desventajosos, no puede empeñarse mucho. Cuando se dividan las grandes posesiones y hagan muchos propietarios; cuando la formación de sociedades ilustradas auxilien con sus conocimientos y recursos a los que carecen de ellos; cuando gravosas contribuciones no hagan sentir su peso a los labradores; en fin, cuando la educación destierre la pereza a que nuestros conquistadores nos habituaron, entonces saldrá la agricultura del infantil estado en que la vemos, pues ahora apenas comienza a hacer algunos esfuerzos, que al fin serán infructuosos sin aquellas medidas.[26]

Esta corriente progresista fue mediatizada por los otros diputados, representantes de los principales núcleos de la elite del altiplano (comerciantes, hacendados, eclesiásticos y militares). Sin embargo, Díaz de León fue capaz de hacer de esas diferentes corrientes una sola política. El fomento de la agricultura desempeñaría un papel secundario junto al fomento de la minería y la industria. En 1824 la Legislatura estableció una fábrica de tabaco, y creó una Casa de Moneda en 1825. Facilitó la entrada de capital extranjero, principalmente británico, en el sector minero, mientras que, sobre la mercancía importada, impuso una serie de gravámenes. Así, la elite política esperaba tener el monopolio de todas las actividades económicas en su territorio.

Pero para poder realizar su proyecto económico, el gobierno del estado necesitaba fondos. Desde sus inicios en la Diputación Provincial, entre 1821-1824, esta elite política había dependido

---

[25] La colección completa de las leyes de los primeros congresos se encuentra en *Legislación*, 1892, vol. I.

[26] Márquez, *San Luis Potosí*, 1986, p. 28.

económicamente de los grupos conservadores. Éstos comprendían los ayuntamientos de la capital y de los centros mineros, la Diputación de Minería, la Iglesia y los comerciantes. Esta dependencia se ve claramente en el conflicto surgido sobre pago de dietas entre 1821-1824. En noviembre de 1821, Iturbide declaró que la responsabilidad de pagar las dietas de las delegaciones al congreso era de las diputaciones provinciales.[27] Para poder hacerlo, la Diputación de San Luis tuvo que recurrir a los pueblos del estado, porque "no reconocía por fondos para sus gastos más que los sobrantes de las municipalidades".[28] Después de varios intentos fútiles de crear nuevos impuestos municipales, la Diputación tuvo que pedir prestados más de 5 000 pesos al Ayuntamiento de la ciudad, 1 100 a los ayuntamientos de Real de Catorce y Santa María del Río, y 2 300 a varios comerciantes de la capital.[29] Los diputados y los miembros de estos grupos conservadores constituían la crema y nata de la sociedad potosina en los años veinte. Eran miembros de la junta parroquial de la capital, contribuían al Colegio Guadalupano, controlaban la administración de Hacienda y todos los puestos políticos más importantes del estado.[30] Por sus diferencias políticas y los conflictos fiscales, la alianza entre la elite política y los grupos conservadores era de carácter débil. Sin embargo, estaba basada en una visión común de crear un monopolio de producción y comercio estatal, fundado en la minería y complementado por la industria y la agricultura, todo ello dirigido desde el altiplano.

"UNA PISTOLA CARGADA"

¿Cómo estaba constituida esa constelación de intereses que era el Tampico de los años veinte? El núcleo de ese espacio regional

[27] Macune, *Estado,* 1978, p. 59.
[28] AHESLP, fondo Secretaría general de gobierno, 1826, leg. agosto, Representación del Congreso Soberano al tesorero del estado sobre pago de préstamos.
[29] Los intentos de la Diputación para recaudar fondos y los repuestos de los pueblos se ven en los libros 7, 9-12, de sesiones de la Diputación Provincial en AHESLP, Intendencia, 1822, leg. 3; 1823, legs. 5, 6, 7; fondo Secretaría general de gobierno, 1824, leg. 8.
[30] AHESLP, fondo Secretaría general de gobierno, 1824, leg. I; 1826, leg. junio-1, junio-2.

—que incluía el oriente de San Luis Potosí, el sur tamaulipeco, el norte de Veracruz y el noroeste de Hidalgo— eran los comerciantes extranjeros no españoles (aunque había algunos españoles importantes también). En este grupo, la presencia dominante era la de los estadunidenses.[31] Varios de ellos residían en la capital de San Luis, pero tenían sus negocios en Tampico y Real de Catorce. La mayoría de los barcos que llegaban a Tampico en esos años salían de Nueva Orleans cargados de mercancías tanto europeas como estadunidenses.[32] Hay muchos indicios de que las ganancias principales de este puñado de comerciantes venían del contrabando. En 1822, la Diputación Provincial se quejaba de "los perjuicios que resultan a la industria nacional del comercio libre de los efectos que los angloamericanos han introducido y continúan introduciendo por el puerto de Altamira".[33] En ese mismo año, Poinsett se sorprendió del número de comerciantes paisanos suyos que vivían en San Luis.[34] La orden presidencial de abril de 1825, que prohibía a los administradores aduaneros revisar a los extranjeros en las garitas alcabalatorias, era un estímulo más a la entrada y salida de contrabando. Sobre todo porque, entre el puerto de Tampico, que no tendría aduana marítima hasta 1827, y la ciudad de San Luis, donde la mercancía pagaba sus derechos de internación, había una larga distancia de 104 leguas. La frecuencia de los pleitos legales entre comerciantes extranjeros y administradores de aduanas sugiere también la participación de aquéllos en el tráfico clandestino.[35] La denuncia formal que hizo Díaz de León en mayo de 1825 al secretario de Hacienda sobre el diluvio de "mantas extranjeras" que entraban en el estado por el río Pánuco causando la ruina de su industria, no parece haber tenido ningún efecto.[36] Todavía en 1826, los administradores de

---

[31] Hasta la arquitectura era reflejo de la influencia estadunidense. Véanse las observaciones de Mme. Calderón de la Barca en Calderón, *Life,* 1913, p. 534: "I could have fancied miself in a New England village: neat 'single palaces', with piazzas and pillars nothing spanish... We afterwards heard that these houses were actually made in the United States and sent out here".

[32] Herrera, *Comercio,* 1977, cap. IV.

[33] AHESLP, Intendencia, 1822, leg. 3, "Libro 7 de las sesiones de la Diputación Provincial", sesión 3 de septiembre, 1822.

[34] Bazant, *Cinco,* 1975, p. 36.

[35] AHESLP, protocolo de Instrumentos públicos, 1822-28.

[36] AHESLP, fondo Secretaría general de gobierno, 1825, leg. 4.

rentas de la parte oriente del estado comunicaban al gobernador "los fraudes que hacen los extranjeros comerciantes, que se han radicado en la villa de Valles y otros puntos del estado".[37] Incluso las casas comerciales británicas de Tampico expresaban su preocupación por la mercancía barata introducida al puerto por los comerciantes estadunidenses.[38]

Los comerciantes extranjeros tenían apoderados mexicanos que les servían de gerentes. Los hermanos Didier de Baltimore tenían en Real de Catorce a Francisco Xavier Martín; su gerente en la ciudad de San Luis era Domingo Urtegui. Ignacio Eguía, descendiente de una familia vasca minera muy importante en Zacatecas y miembro de la Diputación de Minería en San Luis, era apoderado de Carlos Mirick de Nueva York. Cayetano Rubio, quien se convertiría en uno de los más notorios agiotistas de los 30, lo era de Francisco Battle y Pascual, un comerciante de Tampico, "residente en Génova".[39] El comerciante español Tomás del Hoyo, residente respetable de Tampico y gran contrabandista, también tenía relaciones con casas de comercio extranjeras.[40] Estos gerentes locales no formaban parte de la elite política del altiplano; no aparecen ni en el Congreso ni en el Ayuntamiento.

Como no formaban un cuerpo político, no podemos hablar de la trayectoria de esta elite. Suponemos que los estadunidenses eran librecambistas y simpatizantes de la logia yorkina, sin faltar comerciantes del altiplano que, sin compartir ideología ninguna con los "angloamericanos", estaban dispuestos a ser sus colaboradores. También el oriente de Potosí era suelo fértil para encontrar colaboradores. Había allí hacendados deseosos de mandar productos agrícolas directamente a Tampico para exportación.[41]

---

[37] *Ibid.*, 1826, leg. marzo-8.

[38] Herrera, *Estadísticas,* 1986, p. 108.

[39] Estas relaciones se ven en el AHESLP, Instrumentos públicos, 1823:99; 1828:543.

[40] En 1824 fueron confiscados a Del Hoyo 19 barras de plata, sebo y unas mulas, todo con un valor de más de 20 000 pesos. AHESLP, fondo Secretaría general de gobierno, 1824; *Memoria de Hacienda Pública de la Provincia de 1821,* octubre de 1824; protocolos de Instrumentos públicos, 1824:222. Sin embargo, Del Hoyo era fideicomiso de don Manuel María de Gorriño y Arduengo, rector del Colegio Guadalupano y una de las figuras más respetadas en la capital, AHESLP, protocolo de Instrumentos públicos, 1823:105.

[41] Los Verástegui desde temprano en el siglo querían un buen camino de Río Verde a Tampico para exportar café. Amerlinck, "From", 1980, p. 116.

Y entre la clase de rancheros y arrendatarios, muchos de ellos militares, el "liberalismo" que atacaba los privilegios señoriales y eclesiásticos estaba muy bien visto: durante una gira por el oriente del estado, Poinsett había encontrado sentimientos "republicanos" aun en "las rancherías más aisladas".[42] Ahí había estado concentrada la insurgencia durante las guerras de Independencia, en Río Verde estalló la rebelión, en 1823, del coronel José Márquez contra el gobierno del estado y a favor del federalismo; y también en 1823 surgió en Huehuetlán un movimiento separatista que proclamó provincia a las Huastecas.[43]

El puerto de Tampico representaba a la vez una oportunidad y una amenaza para la elite comercial y política del altiplano. Oportunidad si podía llegar a monopolizar el comercio del gran puerto de Tampico.[44] Amenaza porque significaría el surgimiento de su "periferia interna",[45] sobre la cual tenía poco control o ninguno. Era una amenaza tanto política como económica, cosa destacada por Ponciano Arriaga, quien se refería a Tampico como "una pistola cargada y preparada para descargarse sobre el corazón de San Luis Potosí".[46]

LA PRODUCCIÓN Y EL ESTADO

Con la Clasificación de Rentas del 4 de agosto de 1824 — "la primera piedra del edificio federal"—[47] el estado podía convertirse en

---

[42] Bazant, *Cinco*, 1975, p. 36.

[43] Sobre las guerras de Independencia, véase Velázquez, *Historia*, 1982, t. 3. Sobre la rebelión de Márquez, véase AHESLP, Intendencia, 1823, legs. 6 y 7; sobre el movimiento en la Huasteca, 1823, leg. 6, "Libro 11 de las sesiones de la Diputación Provincial", sesión de 18 de agosto, 1823.

[44] En cuanto al volumen de importaciones y exportaciones, Tampico era el segundo puerto en la primera mitad del siglo XIX (después de Veracruz) con un valor anual de comercio de entre dos y cuatro millones. Herrera, *Estadística*, 1980, pp. 120-123.

[45] Tutino, *From*, 1986, pp. 216-222, utiliza este término para describir regiones dentro de los estados centrales que habían sido olvidadas durante la colonia, pero que empezaron a surgir en el siglo XIX. Más que nada, se refiere a las tierras calientes de Michoacán, Guerrero, San Luis Potosí y otras. Un excelente estudio del surgimiento de la tierra caliente de Michoacán, en la primera mitad del siglo XIX, es Sánchez, *Suroeste*, 1979.

[46] *La Época*, periódico oficial del estado de San Luis Potosí, núm. 88, abril 18 de 1817, p. 2.

[47] Macune, *Estado*, 1978, p. 81.

una entidad política con genuino poder económico: el gobierno federal que quedaba con los derechos de exportación e importación, los de acuñación de moneda y los monopolios de tabaco, sal y pólvora, la lotería, el correo, los derechos sobre la propiedad urbana y rural de la nación y los impuestos establecidos por el Congreso en los territorios. Pero todas las demás rentas quedaban en poder de los estados: las más importantes eran los impuestos sobre la producción de oro y plata, las alcabalas, los diezmos seculares y la contribución directa de tres días de trabajo. El gobierno federal, a cambio de estas concesiones a los estados, estableció un contingente o cuota anual, que cada estado tenía que entregar al tesoro nacional. El estado de San Luis tenía que pagar 101 250 pesos anuales a la federación, cuatro y medio reales por cada uno de sus 180 000 habitantes. Gracias a los préstamos británicos, la federación bajó los contingentes un tercio en 1825, y hasta la mitad en 1826 para dar a los estados tiempo de arreglar su hacienda.[48] El gasto de los batallones provinciales era responsabilidad de la federación. Era así que la elite política del estado pensaba reunir los fondos necesarios para llevar a cabo su proyecto de desarrollo. Pero, ¿podría dominar las fuerzas productivas y económicas de su estado, de recaudar las rentas que necesitaba para subsistir?

Viendo sus ingresos-egresos en los años 1824-1828 (apéndice C) se entiende por qué este periodo ha sido denominado como "la luna de miel del sistema federal de impuestos".[49] En primer lugar, los ingresos del estado subieron cada año, mientras se pagaba menos a la federación a cuenta del contingente y el estanco del tabaco. También había existencias al final de cada año, aunque no muy sustanciales. No obstante estos índices positivos, no todo era de color rosa. Los gastos del estado subían más rápidamente que los ingresos, dejándolo con una existencia, en 1828, de sólo 524 pesos. En vez de abolir las alcabalas, el estado era cada vez más dependiente de ellas. En fin, el registro de sus ingresos y egresos nos puede señalar algunas tendencias sobre su producción y su capacidad recaudadora, pero, para un retrato más fiel, veamos más a fondo dos ramos de producción muy importantes para él: la minería y el tabaco.

[48] Para una discusión más completa de la Clasificación de Rentas, véase Macune, *Estado*, 1978, pp. 74-81.

[49] *Ibid*, p. 82.

Minería

La caída en la producción *oficial* de barras de plata y oro en los años de 1804 a 1819 fue rápida y drástica. Entre 1800-1804, las minas potosinas produjeron 13 906 barras de plata y 268 barras de oro; y entre 1804-1819 solamente 5 859 de plata y 55 de oro.[50] Muchas minas estaban "muertas" por problemas de agua o falta de capital.[51] La elite política del estado esperaba revivir y aun superar el auge minero de 1790, invitando capital extranjero para formar compañías de minas, creando su propia Casa de Moneda y siguiendo la política borbónica de librar a la minería de impuestos gravosos. Comparados con los derechos anteriores y los derechos borbónicos de 3% sobre la producción de plata y oro, y 3% de ensaye vigentes en San Luis de 1824 a 1826, representaban un descuento para la mina de más de 100 pesos en cada barra de plata.[52] El gobierno federal eximía de 2% al derecho de circulación de toda moneda destinada al fomento de la minería y mantenía el descuento en el precio del azogue. La inversión extranjera fue menor en San Luis que en Zacatecas, Guanajuato o Pachuca, pero de todos modos causó una renovación del sector minero en el estado, sobre todo en Real de Catorce, donde los ingleses instalaron una bomba de vapor.

No obstante el pequeño *boom* minero, los ingresos obtenidos de la producción no subieron notablemente. El problema principal era el contrabando. De hecho, una de las razones para instalar la Casa de Moneda en el estado era precisamente la de controlar el escape de barras de plata. Desde luego muchas estaban saliendo por Tampico y por el norte sin pagar derechos. Miguel Lerdo de Tejada estimó que el porcentaje del contrabando de metales en la primera mitad del siglo XIX llegaba hasta un tercio de la producción total, y era en los puertos sin aduanas oficiales, como Tampico, donde era mayor.[53] Esta pérdida perjudicaba tanto a la nación como al estado. Pero además, el estado tenía sus

[50] AHESLP, fondo Secretaría general de gobierno, 1826, leg. enero-5, correspondencia de la Comisaría general de San Luis Potosí.

[51] *Ibid.*, leg. octubre, exp. "Informe que hago de las minas, sus dueños, de su actual estado, de las haciendas de beneficio de metales...", Guadalcázar, 12 de octubre de 1826.

[52] *Ibid.*, leg. septiembre, correspondencia de la Comisaría general de San Luis Potosí.

[53] Lerdo, *Comercio*, 1850.

propios problemas de contrabando. Eran sus mineros quienes estaban llevando sus barras clandestinamente de Real de Catorce a Zacatecas sin pagar los derechos estatales de producción. El tesorero general del estado, Juan Guajardo, en un oficio al gobernador echó en 1825 la culpa del "miserable y ratero despacho del mes en que sólo han venido 34 barras" a este tráfico clandestino.[54] La salida de barras clandestinas a Zacatecas creció a principios de 1827, cuando esta ciudad suspendió el impuesto federal de 2% sobre circulación de moneda. Este mismo impuesto, establecido en junio de 1822, todavía estaba vigente en San Luis.[55] En septiembre de 1827 José Antonio Nieto, administrador de rentas en la capital, presentó los resultados siguientes al Congreso del estado declarando que el derecho de 2% "es ilusorio desde que no se exige en el estado de Zacatecas":

Año	Derechos recaudados (en pesos, reales y centavos)
1824 octubre-diciembre	1 729.6.0
1825	5 033.5.2
1826	5 824.3.4
1827 enero-septiembre	30.[a]

[a] AHESLP, fondo Secretaría general de gobierno, 1827, leg. octubre-3; *Legislación*, 1892, p. 181.

Aunque el Congreso suspendió el derecho de circulación en el estado en octubre de 1827, no hubo una mejora significativa en los ingresos por producción. Parece que los mineros de Real de Catorce respondían más a las condiciones del gran ámbito regional que era el centro-norte, que a las exigencias de la elite política de su propio estado. Esa elite fue incapaz de detener la salida de plata y, por tanto, no pudo aprovechar completamente el pequeño *boom* minero de los años veinte.

[54] AHESLP, fondo Secretaría general de gobierno, 1825, leg. 4.
[55] El derecho de 2% sobre circulación fue decretado por Iturbide en 1822 para recaudar fondos para cubrir el déficit nacional de 600 000 pesos. Aunque la Diputación Provincial de San Luis Potosí insistió en que "debe cesar luego que llene su objeto", este impuesto se quedó vigente en el estado hasta 1827. AHESLP, Intendencia, 1822, leg. 3, "Libro 7 de las sesiones de la Diputación Provincial", sesión 24 de septiembre de 1822.

En cuanto a los ingresos del estado debidos a la minería, tenemos que examinar la categoría ambigua de "depósitos". En 1823, el intendente listó como "depósitos" los comisos de plata y los descuentos de sueldos.[56] En las *Memorias* anuales de 1824 y 1825, Guajardo anotó que los depósitos "proceden del derecho de minería cobrado en esta Tesorería para remitirlo a su tribunal".[57] O sea que los depósitos eran fondos federales recaudados por el estado como impuesto de circulación y por los monopolios de sal y pólvora. Pero esos fondos, por sí solos, no pueden explicar los altos montos de los "depósitos". Las *Memorias* de 1826-1828 no tienen notas sobre "depósitos", pero al menos gran parte de ellos deberían de haber correspondido al Tribunal de Minería. En los años de 1824-1826 estos depósitos funcionaban como préstamos de la Diputación de Minería al gobierno del estado, porque el estado no reintegró toda la cantidad depositada. El hecho de que en 1827 el estado gastó más en reintegrar depósitos que en los abonos del contingente y del tabaco juntos, señala que para la elite política cumplir con sus prestamistas locales era más importante que cumplir con el gobierno federal. También destaca la dependencia de la elite política de los préstamos del sector minero. Y, finalmente, si entre los "depósitos" estaban los comisos de plata, el estado estaba recibiendo, al menos, un porcentaje de la venta de contrabando. Que el estado se tuviera que satisfacer con ingresos indirectos de la minería ayuda a entender la complejidad de la alianza entre los mineros y la elite política en los años veinte.[58]

Tabaco

A finales de la época colonial, el estanco del tabaco era uno de los ramos más pingües del virreinato, producía 4 447 486 pesos en 1808. Pero las guerras de independencia hicieron estragos en

---

[56] AHESLP, fondo Secretaría general de gobierno, 1821, Memoria de Hacienda Pública de la Provincia de 1821-octubre de 1824.

: [57] *Ibid.*, 1824, "Tanteo, corte, visita y relación jurada" sobre hacienda pública desde octubre a diciembre, 1824; 1825, "Tanteo, corte, visita y relación jurada" sobre hacienda pública del año 1825.

[58] En algunas instancias, vemos al gobierno del estado defendiendo los derechos de la minería contra pueblos lindantes. *Ibid.*, 1827, leg. febrero-2, exp. "Sobre reservas de metales en el Cedral promovido por el C. Antonio Nieto, vecino del Catorce". Sin embargo, en 1827 la Legislatura del estado apropió tierras de la Diputación y abolió sus privilegios judiciales, *Legislación*, 1892, pp. 105, 145.

él disminuyendo sus rentas a sólo 648 147 en 1824.[59] Pero esto no
era debido a la caída de producción, al contrario; el problema
obedecía al cultivo clandestino de tabaco y a la introducción de tabaco importado. En los años de 1821-1824 la producción clandes-
tina de tabaco floreció en la tierra caliente de San Luis Potosí.[60]
En un esfuerzo por contrarrestar la corrupción y restablecer el
monopolio, el gobierno federal dio más poderes administrativos
a los estados. Desde el 11 de julio de 1823, las diputaciones provinciales podían suspender y nominar gente para los puestos aduaneros. El 11 de febrero de 1824 el supremo gobierno dictó que
los estados seguirían comprando tabaco de la federación, pero
"queda al arbitrio de cada estado expender la rama de su cupo
dentro de su territorio en especie o establecer y arreglar sus
fábricas para la venta en labrados".[61] Los estados comprarían a la
federación el tabaco en rama al mayoreo (ocho reales la libra) y
lo venderían al menudeo (once reales la libra), quedando la diferencia en manos de los estados.

La elite política del gobierno de San Luis Potosí vio con gran
optimismo esta oportunidad. Con la baja producción minera, su
proyecto desarrollista necesitaba otra fuente de ingresos, y la
fábrica de tabacos representaba otra posibilidad de acumulación.
En los años de 1823-1828 el gobierno dio los pasos necesarios para asegurar los ingresos de la renta de tabaco. El primer paso fue
en 1823, suspender a Estevan Toscano, el administrador del tabaco,
por "irregularidades".[62] Establecieron la fábrica de tabaco en 1824
con la ayuda financiera de los vecinos de su comercio.[63] Como
parte del esfuerzo para "el mejor arreglo y segura administración
de los caudales de la Hacienda nacional del estado", Díaz de León
estableció, en enero de 1825, una administración de rentas en cada

---

[59] *Memoria,* 1825, p. 12.

[60] AHESLP, fondo Secretaría general de gobierno, 1824, "Estado de esta
administración de San Luis Potosí el 31 de agosto de este año de 1824, hecho por
el teniente visitador de la Renta Nacional de Tabacos de Valladolid don Rafael
Pérez Marañón".

[61] *Ibid.,* 1824, Recibo del decreto 20 de supremo Congreso mexicano.

[62] Las "irregularidades" incluían la creación de estanquillos para amigos y
para su amante, falta de recoger cortes de caja mensuales, y por la apropiación
de tabaco contrabandeado para su uso personal. AHESLP, Intendencia, 1823, leg.
6, "Libro 10 de las sesiones de la Diputación Provincial", sesión 2 de septiembre
de 1823.

[63] AHESLP, fondo Secretaría general de gobierno, 1824, correspondencia,
agosto y septiembre.

cabecera de partido, uniendo las administraciones de alcabala y tabacos.[64] Como ya hemos visto, la mayoría de estos puestos pertenecían a militares realistas. Para perseguir a los contrabandistas, el gobierno estableció un resguardo de tabaco: los notorios celadores rurales que alcanzarían su apogeo en los años treinta y cuarenta.

De los ingresos del estanco del tabaco dependería el gobierno del estado en los años de 1824-1828 (apéndice C). Éstos subieron cada año produciendo gran parte del cargo del estado. Aunque se suponía que las ganancias principales eran para la federación, el porcentaje que el estado mandaba a ésta disminuía cada año. Aunque San Luis era uno de los pocos estados que pagaba su contingente en los años de 1825-1827, no se puede decir lo mismo del tabaco. En marzo de 1826 debía a la federación, a cuenta del estanco del tabaco, 116 066 pesos.[65] Ya en 1827 las súplicas de la Comisaría general de San Luis al gobierno del estado para que pagara lo debido, llegaban más frecuentemente. Pero a estas súplicas, Guajardo contestaba lamentándose que el estado "no cuenta a la fecha con un solo peso".[66] En 1829 San Luis Potosí tenía la segunda deuda del país después del Estado de México, 368 742 pesos por este rubro.[67] Obviamente, el gobierno federal no tenía éxito en cuanto a recaudar la renta de tabaco en San Luis Potosí.

Pero tampoco podía aprovechar al máximo su "monopolio" del tabaco la elite política del estado. Sus ingresos dependían de su capacidad para hacer que sus ciudadanos se adaptaran al modelo corporativo. Decía el Manifiesto del Congreso de 1824:

Los miembros del estado, como las piezas de una máquina, que con una armonía recíproca tienden todas al mismo fin que dio el autor a su obra, deben procurar con sus respectivas funciones contribuir, cada uno a su modo, a mantener aquella combinación unida de diversos movimientos, cuyo resorte principal son las leyes bien guardadas y cuyo fin es la prosperidad del estado.[68]

[64] *Ibid.*, 1825, leg. 1, "Expediente sobre reunión provisional de rentas en los partidos del estado".

[65] *Ibid.*, 1826, leg. octubre-2, "Expediente relativo a los pedidos de tabaco que se han hecho por el gobierno del estado para la fábrica que se ha establecido".

[66] *Ibid.*, 1827, leg. diciembre-1, "Expediente relativo a la solicitud que ha hecho a este gobierno el comisario general pidiendo se le auxilie por la Tesorería General de este estado con las mayores cantidades posibles en abono de lo que adeuda de contingente y tabacos".

[67] Macune, *Estado,* 1978, p. 113.

[68] Márquez, *San Luis Potosí,* 1986, p. 20.

Para la elite política del estado, los contrabandistas del ramo eran unos parásitos del cuerpo político. Desde la colonia, había cultivo de tabaco en las sierras cercanas a Xilitla, pero las autoridades lo aguantaban: 1) porque la producción era para un mercado bastante limitado en un área apartada, y 2) porque sabían que no había manera de erradicarlo.[69] Pero ya en los años veinte su mercado no era tan limitado, pues el tabaco de Xilitla llegaba hasta Guanajuato. A pesar de los esfuerzos del estado para eliminar los cultivos en el oriente, "encargándoles a todas aquellas autoridades procuren por todos los medios posibles el extinguirlos, no se ha podido conseguir ni ahora ni aun en tiempos del gobierno anterior".[70] Para los cultivadores indígenas el tabaco rendía más de 60 pesos anuales, mucho más que un empleo de peón o jornalero.[71] Y para los comerciantes intermediarios, las ganancias eran mayores todavía. En 1826 el comisario general de San Luis comunicó a Díaz de León:

> El contrabando de esta especie se halla propagado en grado superlativo por la feracidad de estos terrenos desde el río de Pánuco hasta Misantla, de norte a sur y de oriente a poniente todo lo que ocupa la sierra baja y alta [...] en cuyo ámbito se hallan los partidos de Pueblo Viejo, Chicontepec, Huejutla, Villa de Valles (por la ranchería de Xilitla), Cimapan [...] En todos estos partidos se siembra y se cosecha con abundancia el tabaco y todos lo venden para lo interior, de donde bajan a comprar a cambio de efectos y de reales, haciéndose de este efecto un comercio excesivo.[72]

Los fielatos y estanquillos de tabaco en San Luis Potosí, tanto en el altiplano como en el oriente, se quejaban constantemente del contrabando y de la imposibilidad de controlarlo. El tesorero Guajardo afirmó, en junio de 1826, que en San Luis "por tabacos

---

[69] El visitador Gálvez trató de poner fin a este cultivo, metiendo garitas alcabalatorias en áreas apartadas con mercados internos activos. El resultado fue la violencia de 1767, cuando estalló una rebelión contra la política de alcabalas, en favor de los jesuitas, y que incluía una demanda para la abolición del estanco del tabaco. Villa de Mebius, *San Luis Potosí*, 1988, pp. 39-40.

[70] AHESLP, fondo Secretaría general de gobierno, 1827, leg. noviembre-3, correspondencia con otros estados.

[71] *Ibid.*, 1824, leg. 7, correspondencia de Xilitla. Sobre sueldos de campesinos en el siglo XIX, véase González, *Anatomía*, 1977, pp. 148-149.

[72] AHESLP, fondo Secretaría general de gobierno, 1826, leg. septiembre-1, correspondencia de la Comisaría general, 28 de septiembre, 1826.

no hay casa ni jacalito donde no haya contrabando".[73] Vistos como parásitos o "burguesía campesina",[74] los cultivadores de tabaco en la Sierra Gorda, y sus mercaderes, llevaban un comercio activo y fructífero que socavaba el monopolio del tabaco y las ganancias de su fábrica en la ciudad de San Luis Potosí.

Hay que señalar que la amenaza a la elite política que representaba el tabaco clandestino no se originaba en las sierras de Xilitla solamente. De la "cantidad grande" de tabaco decomisado en la provincia en 1823, había tabaco de Orizaba, de Virginia, "y aun labrados de La Habana".[75] Entre los comisos del año 1824 había uno de 1 375 libras de Virginia y, en los casos de lo decomisado a personas "decentes", entre ellas varios comerciantes y militares españoles, casi siempre se trataba de tabaco importado.[76] Obviamente, los barcos estadunidenses que salían de Nueva Orleans para Tampico llevaban más que mercancía europea. También había comerciantes en Tampico, probablemente españoles, que traficaban con tabaco cubano. Como no hubo aduana marítima en Tampico hasta 1827, entraba mucho tabaco por el oriente de San Luis Potosí. Por eso era muy importante para el gobierno del estado tener gente *suya* en las garitas alcabalatorias a lo largo de los caminos del oriente, así como en el altiplano.

He aquí, tal vez, la prueba más eficaz de la impotencia de la elite política del estado. Ser recaudador de impuesto del tabaco o administrador de rentas, sobre todo en pueblos con mucho comercio, era no sólo prestigioso, sino lucrativo. En vez de recibir un sueldo fijo, un administrador se quedaba con un porcentaje de las rentas recaudadas. Se suponía que estos recaudadores eran agentes del estado, pero solían usar sus puestos para la acumulación privada. Por eso había tanta competencia por estos asientos.[77]

---

[73] *Ibid.*, 1826, leg. junio-2, correspondencia de Hacienda, 6 de junio de 1826.

[74] Schryer, "Ranchero", 1979, pp. 418-443. Schryer habla de las veredas entre Tamazunchale y Pisaflores que llegaban hasta Querétaro. El noroeste de Hidalgo, donde se encuentra Pisaflores, es parte del espacio regional en torno a Tampico.

[75] AHESLP, Intendencia, 1823, leg. 7, "Libro 11 de las sesiones de la Diputación Provincial", sesión del 2 de diciembre de 1823.

[76] AHESLP, fondo Secretaría general de gobierno, 1824, "Estado de esta Administración de San Luis Potosí el 31 de agosto de este año de 1824, hecho por el teniente visitador de la Renta Nacional de Tabacos de Valladolid. Rafael Pérez Marañón".

[77] Cuando se abría un puesto en hacienda pública, los interesados tenían que entregar sus solicitudes con currículum, cartas de recomendación y lista de

Algunos habían pertenecido a las mismas familias por generaciones.[78] Abundaban los casos de administradores acusados, y a veces suspendidos, por recaudaciones excesivas o participación en el contrabando. Don Leonardo Bear y Mier fue suspendido de su puesto como fiel del tabaco en Armadillo en 1825 por no presentar sus cortes de caja, sin embargo había recuperado su asiento en 1827. Acusaciones contra gente poderosa, como Bear y Mier, Gabriel Barragán o Juan de Noriega, casi nunca llegaban a la suspensión "por falta de pruebas".[79] Los puestos más lucrativos eran controlados por los grandes comerciantes, directamente o por medio de sus apoderados y fiadores.[80]

La incapacidad de la elite política para controlar a sus administradores de rentas era mucho más marcada en el oriente que en el altiplano. El gobierno había llenado estos puestos con militares realistas: 1) para no pagarles pensiones y 2) a cambio de su lealtad al Estado. Esto está claro en el caso del coronel José Márquez, quien después de su rebelión de 1823 se quedó como administrador de rentas en Gamontes, Río Verde. Así también empezaron los cacicazgos en la Huasteca potosina de Pedro de los Santos y Pablo Jonguitud, dos militares realistas, quienes usaban su puesto de recaudación para acumular tierras y poder.[81] En estos pueblos

---

fiadores al Congreso del estado, quien después de mucha discusión presentarían un candidato al gobernador para confirmación. La competición para puestos altos, como ensayador de la Casa de Moneda, era verdaderamente feroz, *ibid.*, 1824, legajo 7.

[78] *Ibid.*, 1825, Representación de José Francisco Oliden, ex receptor de alcabalas del valle de San Francisco, 18 de junio de 1825. Juan Antonio de Oliden fue nombrado receptor de esta garita en 1779, puesto que tuvo hasta 1812. Su hijo José Francisco heredó el puesto de su padre y lo tuvo hasta 1822, cuando fue dado al sobrino de José Francisco, Marcelo Oliden.

[79] Sobre Bear y Mier en *ibid.*, 1926, leg. 1826-1, "El ciudadano Leonardo Bear y Mier se queja contra el Ilmo. C. Consultivo por la suspensión que le hizo de su empleo de fiel de tabacos del Armadillo". Sobre Noriega en *ibid.*1826, leg. junio 2. Para un caso espléndido, véase "Diligencias que reservadamente se siguen en el Juzgado Primero del valle del Maíz en averiguación del contrabando introducido de la casa de don Gabriel Barragán, administrador de rentas de este pueblo", *ibid.*, 1827, leg. marzo-5.

[80] Por ejemplo el comerciante español Emeterio Gómez era el fiador del administrador de rentas en Armadillo, Miguel López de Nava, *ibid.*, 1826, leg. diciembre-1. Para otros casos, los protocolos de Instrumentos públicos, 1822-1828.

[81] AHESLP, Intendencia, 1823, leg. 7; fondo Secretaría general de gobierno, 1827, leg. octubre 3. Véase también Márquez, "Formación", 1984, pp. 404-420.

alejados de la elite, la soberanía residía en los recaudadores armados, quienes manejaban una política que se puede llamar de terrorismo fiscal. Aunque ésta tenía sus aspectos feudales, los recaudadores de rentas, tanto en el altiplano como en el oriente, también usaban su poder para mejorar su posición en los mercados regionales, invirtiendo sus pequeñas extorsiones en tierras de labor con peones, en ganado menor y mayor y en la usura. Esta tradición llega hasta el siglo XX, como nos enseña Romana Falcón en el caso de Saturnino Cedillo, quien usaba la recaudación de impuestos para controlar a su fuerza de trabajo.[82]

Para enfrentar la propagación del tráfico clandestino de tabaco, el único recurso del estado era, o poner más garitas o más celadores rurales. Por falta del dinero necesario para instalar más garitas, se dobló el tamaño del resguardo de ocho a 16 hombres en septiembre de 1827.[83] Parece que se logró algo con esta política: los ingresos del tabaco subieron, aunque ligeramente y, a finales de 1827, en una ceremonia solemne el gobernador quemó 1 430 libras de tabaco y 10 851 cajas de cigarros decomisados por el resguardo.[84] Pero mientras tanto, el estado se había vuelto un campo de batalla: hacendados del altiplano y pueblos de indios se quejaban de la violencia, robos y abusos del resguardo. Para combatir los resguardos, los contrabandistas también andaban "bien armados", y controlaban territorios en el oriente.[85] Grupos armados invadían las haciendas recaudadoras de rentas y las garitas alcabalatorias. En Tancanhuitz, "dos hombres que pasaron con tabaco de contrabando" prendieron fuego a la Administración de Rentas y a la cárcel pública.[86] Oficiales del gobierno se quejaban mucho en esos años de la desobediencia e insolencia del pueblo. El receptor de rentas del valle de San Francisco se quejaba, sobre todo, de las mujeres contrabandistas que, según los registros de comisos, estaban muy activas en el comercio clandestino: "son más acérrimas que los hombres, pues éstas llenan la boca y dicen: 'aunque sigamos, ¿qué nos ha de hacer?'; y en efecto, como nada se les hace, se burlan de uno, y éste es el motivo

---

[82] Falcón, *Revolución*, 1984, p. 47.
[83] AHESLP, fondo Secretaría general de gobierno, 1827, leg. septiembre-1.
[84] *Ibid.*, leg. diciembre-1.
[85] *Ibid.*, leg. noviembre-3, correspondencia de otros estados.
[86] *Ibid.*, 1825, leg. 5, correspondencia de Tancanhuitz.

también para que el contrabandista arriero no pare de acarrear tabaco".[87]

La elite política culpaba de esta "anarquía" del campo al hecho de que, desafortunadamente, los principios de la independencia y la libertad habían sido "mal interpretados por la ignorancia".[88]

CONCLUSIONES

El 31 de enero de 1824, la entidad político-administrativa que era la provincia de San Luis Potosí se constituyó en un estado "libre y soberano". Pero si una de las pruebas de soberanía de un estado es su capacidad de extraer recursos de sus pueblos y de controlar la resistencia a esta extracción, no estamos frente a una entidad soberana.[89] Hemos visto en este ensayo lo difícil que era, para la elite política, hacer del estado una corporación monopolizadora en que todas las ganancias de la producción y del comercio pasaran al epicentro del altiplano, la capital de San Luis. En primer lugar porque la parte este del estado estaba orientada hacia otro lado, hacia el puerto de Tampico. La constelación de intereses que constituía ese otro ámbito regional —que incluía algunos comerciantes y mineros del altiplano y a muchos hacendados, rancheros y pueblos del oriente— no estaba dispuesta a entregar sus recursos al gobierno del estado. En segundo lugar, aun dentro de la economía minero-ganadera del altiplano había comerciantes y mineros orientados más bien al gran ámbito regional del centro-norte de México, que solamente al ámbito más limitado del altiplano potosino.

Para colmo, frente a toda esta resistencia, la elite política del estado era impotente. Sus burócratas, lejos de usar sus puestos para fomentar el proyecto de la elite, creaban espacios de acumulación privada. Los esfuerzos del estado para cerrar estos escapes terminaban en confrontación y violencia, sobre todo en el oriente. La elite política no quería o no podía adaptar su econo-

[87] *Ibid.*, 1827, leg. diciembre-4.
[88] *Memoria*, 1825, p. 39.
[89] Fonseca y Urrutia, *Historia*, 1845. Fonseca y Urrutia destacaron el carácter "sagrado" del tesoro del estado, "prohibiéndose el tocarlo a toda mano que no sea la soberana", t. 1, p. 1; también Tilly, *Formation*, 1975, p. 40.

mía política a acomodar los grupos y las actividades que habían
surgido como secuelas de las guerras de Independencia. Su proyecto era una versión modificada del mercantilismo borbónico;
los grupos que se oponían a esta política habían "malinterpretado"
la libertad. El gobierno de Díaz de León terminaría en 1828 por
obra de Vicente Romero, yorkino y militar con nexos fuertes en
el oriente del estado. La elite política regresaría en 1835, sin Díaz
de León, sin su ala "radical", y sin ilusiones para establecer una
utopía federalista, aunque su proyecto económico no había sido
alterado en lo básico. Queda por determinar si bajo el sistema
centralista la elite política lograría dominar las actividades económicas de su territorio administrativo. Pero para los años veinte,
al menos, parece verdad que el "estado libre y soberano de San
Luis Potosí" era poco más que una entidad de dominación ficticia.

APÉNDICE A

Noticia de los individuos que han sido alcaldes desde el año de
ochocientos uno al presente, tanto de primera como de segunda,
tercera y cuarta elecciones, no incluyéndose los de los años
precedentes a éstos porque hasta el de ochocientos inclusive no
había elección del primero sino que el segundo pasaba a serlo.

Año	*Votos*	
1801	1	Eugenio Terán
	2	Juan Antonio Vildósola
1802	1	Andrés de la Sierra (CE)
	2	Ángel Prieto de la Maza (E)
1803	1	Juan Cos Martínez
	2	Juan Antonio Vildósola
1804	1	Miguel Flores (C-E)
	2	Dionisio del Castillo
1805	1	Pedro Ímaz (C-E)
	2	Ignacio Astegui (CR)
1806	1	José Antonio Otaegui (CR)
	2	Ignacio Astegui (CR)
1807	1	Francisco García
	2	Juan Manuel Prieto

Año	*Votos*	
1808	1	Ignacio Astegui (CR)
	2	Félix Gorriño
1809	1	Pablo de la Serna (C-E)
	2	Juan Gómez (C-E)
1810	1	Eugenio Terán
	2	Pedro Barrenechea (C)
1811	1	José María Ontañón
	2	Urbano Malavear (C-E)
1812	1	Francisco Díaz
	2	Agustín Navedo
1813	1	Ignacio Astegui (CR)
	2	Urbano Malavear (C-E)
1814	1	Miguel Flores (C-E)
	2	José Pulgar (CR)
1815	1	José Antonio Otaegui (CR)
	2	Andrés Pérez Soto (C-E)
1816	1	Ignacio Soria (C-CR)
	2	Ramón Martínez del Hoyo
1817	1	Ignacio Astegui (CR)
	2	Matías Parra (C-CR)
1818	1	Antonio Frontaura (CR)
	2	Valentín Soberón (C)
1819	1	Ramón Martínez del Hoyo
	2	Cayetano Bracamonte (C-E)
1820	1	Valentín Soberón (C)
	2	José Salceda
1821	1	Juan Gómez (C-E)
	2	Rafael Villalobos (C-CR)
1822	1	Francisco García
	2	Joaquín Reynoso (C)
	3	Ignacio Astegui (CR)
1823	1	Pedro Ímaz (C-E)
	2	Manuel Sánchez (CR)
1824	1	Ignacio Soria (C-CR)
	1	Pantaleón Ipiña (C-E)
	2	Macario Machuca (C-CR)
1825	1	Rafael Villalobos (C-CR)
	2	Pedro Dávalos (C-CR)
	3	Manuel Oviedo (C-CR)
	4	Juan Manuel Padilla (CR)
1826	1	Eulogio Esnaurrízar (C-CR)
	2	Francisco Cabrera (C-CR)
	3	Víctor Márquez (CR)

Año	Votos	
	3	Ignacio Lambarri (CR)
	4	Juan García Diego (CR)
1827	1	Ignacio Astegui (CR)
	1	José Pulgar (CR)
	1	Pedro Fernández (C-CR)
	1	Rafael Villalobos (C-CR)
	2	José Ma. Longinos del Día (CR)
	3	Juan Leónides Reynoso (C-CR)
	4	Antonio Escobar (CR)

C = comerciante; E = español; CR = criollo.

FUENTE: AHESLP, fondo Secretaría general de gobierno, 1827, leg. noviembre-1.

APÉNDICE B

Diputados del primer Congreso Constituyente 1824-1825

Dr. Manuel María Gorriño
y Arduengo
Crnl. José Miguel Barragán
Dr. Pedro Ocampo
Pres. José María Guillén
Pres. Rafael Pérez Maldonado
Cap. Manuel Ortiz de Zárate
Cap. José Pulgar
Lic. José Sotela de la Hoyuela
Lic. Antonio Frontaura y Sesma
C. Mariano Escandón

C. José María Núñez de la Torre
C. Francisco María Aguirre

Suplentes:

C. Francisco Antonio de los
Reyes
Pres. Diego de Bear y Mier
C. Alexandro Zerratón
C. Ignacio López Portillo
Tte. Eufrasio Ramos

Diputados del segundo Congreso Constituyente 1826

C. Francisco Antonio de los
Reyes
Pres. Rafael Pérez Maldonado
Pres. Diego de Bear y Mier
Tte. Eufrasio Ramos
C. Ignacio López Portillo
Cap. José Pulgar

Dr. Pedro Ocampo
Pres. José María Guillén
C. Mariano Escandón
Crnl. José Miguel Barragán
C. Ignacio Soria, secretario
Cap. Manuel Ortiz de Zárate,
secretario

Diputados del primer Congreso Constitucional 1827-1828

Lic. Luis Guzmán, presidente/
vicepresidente

Crnl. Vicente Romero, vice-
presidente/presidente

Dr. Pascual de Aranda,
secretario

Crnl. José Márquez

C. Francisco Condelle

C. José Antonio Tarango

C. José Carlos Torreblanca

C. Manuel Guzmán

C. José Camilo López

C. Juan José Domínguez,
secretario

C. José María Salvatierra,
presidente

C. Fidencio Sierra

C. José María Díaz

APÉNDICE C

Ingresos del estado de San Luis Potosí 1824-1828[a] (en pesos)

	1824[b]	1825	1826	1827	1828
Existencia del año anterior	—	471.6	5 217.3	1 474.1	524.4
Plata pasta pura	7 656.4	32 366.2	35 094.2	37 523.4	39 297.3
Diezmos	—	—	8 000.0	32 909.1	92 581.0
Alcabalas	5 580.0	61 346.5	55 656.6	67 129.0	107 373.5
Tabaco	7 207.3	127 163.0	131 038.6	165 906.5	174 645.2
Depósitos	3 964.6	93 606.7	128 933.0	78 410.2	16 685.7
3% consumo	—	5 595.6	13 435.0	18 289.0	—
Otros[c]	2 405.6	11 310.4	13 475.3	29 995.1	38 836.4
Total	26 814.3	331 860.6	390 850.4	431 636.6	470 574.1

Egresos del estado de San Luis Potosí 1824-1828

	1824	1825	1826	1827	1828
Buenas cuentas	6 157.6	—	—	—	6 179.0
Gastos comunes	11 066.2	30 162.5	78 629.2	111 045.2	76 670.7
Sueldos	2 139.3	58 177.3	77 914.7	87 127.3	100 783.6
Tabacos	1 000.0	20 697.5	44 611.1	23 570.0	21 614.3
Depósitos	—	69 939.2	75 840.2	123 518.6	58 286.6

	1824	1825	1826	1827	1828
Contingente	5 076.2	82 377.6	68 500.0	45 312.4	2 408.2
Factoría de tabaco	—	60 906.3	37 798.2	33 075.4	44 153.1
Otros[d]	903.0	4 382.2	6 082.5	7 462.6	96 188.5
Total	26 342.5	326 643.2	389 376.3	431 112.1	405 284.6

[a] En estos cálculos, el número después del punto es en reales: ocho reales = un peso. Por ejemplo, 151.6 = 151 pesos y 6 reales.

[b] Comprende los meses octubre-diciembre de 1824.

[c] Otros ingresos incluían los de ensaye, plata [...] oro, oro incorporado, papel sellado, media anata, pulperías, derecho municipal, fábrica de palacio y otros de menor importancia en estos años.

[d] Otros gastos de 1828: milicia cívica, diezmos, préstamos, Casa de Moneda y otros menores.

FUENTES: AHESLP, fondo Secretaría general de gobierno, *Memorias de Hacienda* 1824, 1825, 1826 y 1827; *Memorias*, 1829.

BIBLIOGRAFÍA

Amerlink de Bontempo, Mari José, "From hacienda to ejido: the San Diego de Rio Verde case", tesis doctoral, State University of New York at Stonybrook, diciembre de 1980.

Barragán, José Florencio, "La provincia de San Luis Potosí en el reino de Nueva España (1814)" en Enrique Florescano e Isabel Gil Sánchez (comps.), *Descripciones económicas regionales de Nueva España. Provincias del norte, 1790-1814*, SEP/INAH, México, 1976.

Bazant, Jan, *Cinco haciendas mexicanas: tres siglos de vida rural en San Luis Potosí*, El Colegio de México, México, 1975.

Brading, D. A., *Mineros y comerciantes en el México borbónico, 1767-1810*, Fondo de Cultura Económica, México, 1975.

Cabrera Ipiña, Octaviano, *Monografía del estado de San Luis Potosí*, Imprenta Universitaria, San Luis Potosí, 1985.

Calderón de la Barca, Frances, *Life in Mexico*, G. M. Dent and Sons, Londres, 1913, 2a. ed. 1960.

Carrera Stampa, Manuel, "Las ferias novohispanas", *Historia Mexicana*, vol. 2, núm. 3, 1952.

Cerutti, Mario, "Monterrey y su ámbito regional. Referencia histórica y sugerencias metodológicas", UANL, Monterrey, 1989, mimeo.

Falcón, Romana, *Revolución y caciquismo. San Luis Potosí, 1910-1938*, El Colegio de México, México, 1984.

Fariss, Nancy, *Maya society under colonial rule: the collective enterprise of survival*, Princeton University Press, Princeton, 1984.

Ferris, Nancy M., *Crown and clergy in colonial Mexico, 1759-1821*, s.e., Londres, 1968.

Fonseca, Fabián de y Carlos Urrutia, *Historia general de la Real Hacienda*, Vicente G. Torres, México, 1845, 6 vols.

Gerhardt, Peter, *A guide to the historical geography of New Spain*, Cambridge University Press, Cambridge, 1972.

González Navarro, Moisés, *Anatomía del poder en México, 1848-53*, El Colegio de México, México, 1977.

Herrera Canales, Inés, *El comercio exterior de México, 1821-1875*, INAH, México, 1977.

_____, *Estadística del comercio exterior de México, 1821-1876*, Departamento de Investigaciones Históricas-INAH, México, 1980.

Humboldt, Alexander von, *Political essay on the kingdom of New Spain*, s.e., Londres, 1811.

Ibarra, Antonio, "Jalisco en la primera mitad del siglo XIX", tesis de maestría, Facultad de Economía, Universidad de Guadalajara, Guadalajara, 1986.

Leal, Juan Felipe, *La burguesía y el Estado mexicano*, Ediciones El Caballito, México, 1979.

Legislación Potosina, Imprenta de la Escuela Industrial Militar, San Luis Potosí, 1892.

Lerdo de Tejada, Miguel, *El comercio exterior de México*, México, 1850.

Macune, Charles W. Jr., *El Estado y la federación mexicana, 1823-1835*, Fondo de Cultura Económica, México, 1978.

Márquez Jaramillo, Enrique y Horacio Sánchez Unzueta, *El fracciona-miento de las tierras de Felipe Barragán en el oriente de San Luis Potosí, 1797-1905*, Academia de Historia Potosina, San Luis Potosí, 1984 (Serie Cuadernos, 83).

Márquez, Enrique (comp.), *San Luis Potosí: textos de su historia*, Instituto Mora, México, 1986.

_____, "Formación y naturaleza de feudos y cacicazgos" en Enrique Márquez Jaramillo y Horacio Sánchez Unzueta, *El fraccionamiento de las tierras de Felipe Barragán, en el oriente de San Luis Potosí, 1797-1905*, Academia de Historia Potosina, San Luis Potosí, 1984 (Serie Cuadernos, 83).

Memorias del gobierno del Estado, 1826, Imprenta del Estado, San Luis Potosí, 1829.

Memoria del estado de San Luis Potosí, 1828, Imprenta del Estado, San Luis Potosí, 1829, cuadro 2.

Memoria sobre el estado de la Hacienda pública, Imprenta del Supremo Gobierno, México, 1825.

Rojas, Lauro A. de, "A consequence of the Louisiana purchase", *Louisiana Historical Quarterly*, vol. 21, núm. 2, abril de 1938.

Sánchez, Gerardo D., *El sureste de Michoacán: estructura económico-social, 1821-1851*, Universidad Michoacana de San Nicolás de Hidalgo, México, 1979.

Schryer, Frans J., "A ranchero economy in northwestern Hidalgo, 1880-1920", *Hispanic American Historical Review*, vol. 59, núm. 3, 1979.

Tilly, Charles (comp.), *The formation of national States in Western Europe*, Princeton University Press, Princeton, 1975.

Toledano Wellborn, Alfred, "Relations between New Orleans and Latin America, 1810-1824", *Louisiana Historical Quarterly*, vol. 22, núm. 3, julio de 1939.

Tutino, John, *From insurrection to revolution in Mexico: social bases of agrarian violence, 1750-1940*, Princeton University Press, Princeton, 1986.

Velázquez, Primo Feliciano, *Historia de San Luis Potosí*, Archivo Históri-co del Estado/Academia de Historia Potosina, San Luis Potosí, 1982.

Villa de Mebius, Rosa Helia, *San Luis Potosí: una historia compartida*, Instituto Mora, México, 1987.

Sistema tributario y tiranía: las finanzas públicas durante el régimen de Iturbide, 1821-1823*

Barbara A. Tenenbaum
LIBRARY OF CONGRESS

La mañana del 28 de septiembre de 1821, Agustín de Iturbide seleccionó a los 38 miembros de la Junta de gobierno de México; y en la tarde, ésta declaró a la nación libre e independiente de España. El 18 de mayo de 1822, el Congreso proclamó a Iturbide como el emperador Agustín I. Menos de un año después, el 19 de marzo de 1823, el emperador abdicó, terminando así el primer imperio mexicano y abriendo paso a la primera república federal. Este artículo explora el legado fiscal que heredó Iturbide, sus esfuerzos por abordar el problema y los precedentes que esa lucha legó a sus sucesores.

EL CONTEXTO FISCAL

Las reformas de los Borbones aplicadas a fines del siglo XVIII, alteraron significativamente la estructura fiscal colonial. En 1760, la corona recaudó 4 675 178 pesos, y en 1790, 11 493 748, un incremento de 246% en un periodo de treinta años. En su mayoría, estos ingresos procedían de aranceles, recaudaciones misceláneas e impuestos a los salarios. El nuevo monopolio del tabaco, establecido en 1766, cuyas utilidades iban directamente a España, proporcionó 9% de los ingresos totales correspondientes a 1790.[1]

* Publicado en Jaime E. Rodríguez (comp.), *The indepence of Mexico and the creation of the new nation*, UCLA/Latin American Center Publications, Los Ángeles, 1989, pp. 201-213. [Traducción de Isabel Vericat.]

[1] Fonseca y Urrutia, *Historia,* 1845, vol. 1, pp. I-XXXVIII y diagrama 3; TePaske y Hernández, *Real Hacienda,* 1976, y una fotocopia de "Sumario general de cartas cuentas de Veracruz", proporcionada por John TePaske.

El aumento en las recaudaciones de impuestos combinado con el pago de mercancías importadas contribuyó a la difundida escasez de dinero en efectivo en toda Nueva España. En consecuencia, era frecuente que los negocios se tramitaran a crédito. En una sociedad en que la tenencia de tierra era la única garantía aceptable para obtener préstamos, los comerciantes, por sus operaciones comerciales y su acceso al dinero en efectivo, formaron alianzas con los hacendados y ambos, sobre todo en el Bajío, solían estar involucrados en negocios mineros. En consecuencia, la empresa se formó como una industria familiar de elite que se convirtió en la base de la sociedad colonial, apuntalada además por la riqueza de la Iglesia.[2]

A fines del siglo XVIII, la necesidad de dinero de la corona amenazó también el papel tradicional de esa venerable institución. En 1798, ordenó a la Iglesia que vendiera todas las propiedades pertenecientes a instituciones de bienestar, hermandades, obras piadosas y funcionarios eclesiásticos, y la obligó a prestar el producto al tesoro real a 3% de interés anual. Después, el 26 de diciembre de 1804, el virrey, José Iturrigaray, promulgó la Ley de Consolidación, que fue la culminación de este ataque de los Borbones al poder y a la riqueza de la Iglesia y que comenzó con la expulsión de los jesuitas en 1767. Por esta ley se decretó que las colonias pagaran los préstamos que debían al clero y los fondos prestados por éste a España. En 1809, la Iglesia había enviado más de 10 000 000 de pesos a España, 25% de los cuales procedían solamente de la arquidiócesis de México.[3]

La situación empeoró con el estallido de la revuelta de Hidalgo en septiembre de 1810. Como resultado de ello, los funcionarios de la ciudad de México recaudaron fondos de impuestos a las ventas (alcabala) y al comercio (almojarifazgo), gravaron el pulque y el tabaco, pidieron nuevas contribuciones e hicieron deducciones a los salarios de todos los funcionarios públicos.[4]

La revuelta de Hidalgo sobresaltó tanto a los españoles como a los nacionalistas criollos, y los impulsó a demostrar una nueva lealtad con España. De 1808 a 1810 los terratenientes suministraron a la corona 8 000 000 de pesos y, hasta 1812, prestaron volun-

---

[2] Kicza, *Colonial*, 1983, pp. 13-42; Lindley, *Haciendas*, 1983, cap. 2.

[3] Ladd, *Mexican*, 1976, p. 99, cuadro 20, pp. 100-103.

[4] TePaske, "Financial", 1989, agradezco al profesor TePaske el haberme enviado un ejemplar por anticipado y permitirme citar este trabajo.

tariamente sumas adicionales al gobierno colonial.[5] Pero para
1812 estos préstamos ya no eran voluntarios, y el virrey Venegas
fue obligado a imponer tasas más altas a todas las mercancías
consumidas en las zonas urbanas. En la ciudad de México los funcionarios aplicaron un impuesto de 10% a todos los bienes raíces
urbanos y uno de 3 a 12% sobre la renta. También recaudaron un
impuesto especial de convoy y eran particularmente asiduos en
la recaudación de la alcabala.[6]

Cuando fue obvio que la corona no podía devolver los préstamos anteriores, los comerciantes y otros acreedores empezaron
a mostrarse sumamente renuentes a prestarle más dinero. Después de 1812, los comerciantes empezaron a rechazar solicitudes
de fondos si no recibían garantías colaterales satisfactorias, como hipotecas sobre futuras recaudaciones de impuestos. Ya en
1813, el virrey Félix Calleja se quejó de que el gobierno había caí-
do por completo en las manos de sus acreedores, y en abril calculó un déficit mensual de 260 000 pesos. Así, cuando se acercó a
las elites pidiendo un préstamo, éstas le exigieron una hipoteca
sobre las recaudaciones de la alcabala procedentes de la ciudad
de México, y de las zonas aledañas, sobre los ingresos del pulque;
el impuesto de dos molinos sobre el uso de caminos y el de guerra
sobre los alimentos. Calleja tenía que empeñar la mitad de las recaudaciones procedentes de la ciudad de México para obtener
suficiente dinero con qué mantener el monopolio del tabaco, la
fábrica de pólvora y la Casa de Moneda en funcionamiento.[7]

El 13 de septiembre de 1813 las Cortes españolas emitieron un
Nuevo Plan de Contribuciones Públicas que sugería sustituir las
alcabalas y los monopolios con impuestos portuarios y por cabeza, además de un impuesto de 10% sobre la propiedad urbana,
1% sobre la plata acuñada y un aumento de 50% sobre el precio
del tabaco. Calleja respondió a sus superiores en la corte que si
se ponía en práctica ese plan, "se acabará detestando inevitable-
mente a mi gobierno".[8]

El 21 de julio de 1814, Calleja estableció nuevos principios
para aumentar las rentas fiscales, aplicados por comités en todo

[5] Lindley, *Hacienda,* 1983, pp. 89-122; Hamnett, "Royalist", 1982, pp. 19-48.
Anna, *Fall,* 1978, pp. 151-158.
[6] TePaske, "Financial", 1989.
[7] Hamnett, *Revolución,* 1978, pp. 87-88.
[8] *Ibid.,* pp. 93-94.

el reino, los cuales evaluaban las tasas y formaban listas para las recaudaciones regionales mensuales. Después de la caída de las Cortes en 1814, Calleja redenominó a los nuevos impuestos "gravámenes de guerra temporales" (*subvención temporal de guerra*) y tuvo tantas dificultades para conseguir que los residentes contribuyeran con un préstamo obligado, que tuvo que recurrir a las amenazas. A fines de 1815, la situación se había agravado tanto que trató de instaurar una lotería forzosa, idea que pronto abandonó.[9]

Como lo ha observado TePaske, a fines de 1815 la tasa de aumento de la deuda se había reducido considerablemente porque la colonia se había desangrado y agotado. Hasta la plata de la Iglesia y de las unidades domésticas se había entregado para financiar el esfuerzo bélico. A fines de 1816, un cálculo indicaba que el tesoro de México debía 81 000 000 de pesos.[10]

Para empeorar las cosas, muchos españoles ricos prefirieron dejar México después de la revuelta de Hidalgo o, simplemente, mandar su riqueza fuera del país y esperar tiempos mejores. Desafortunadamente, resulta imposible calcular el monto de la fuga de capitales, aunque José María Quirós lo determinó en 786 millones de pesos.[11]

Agustín de Iturbide y el Plan de Iguala con sus tres garantías prometió solucionar dos cuestiones latentes sobre el futuro de Nueva España. Aseguró que la Iglesia católica estaría segura en el nuevo medio político y que los españoles encontrarían también un hogar protegido allí. Así, el movimiento de Iturbide trató de asegurar a sus partidarios que se iba a restablecer el crédito igual que antes y que los ricos *peninsulares* no necesitarían enviar su capital al extranjero. Estas reafirmaciones y temores de lo que podría suceder a una Nueva España gobernada por unas cortes liberales españolas contribuyó a preparar el camino de la independencia.

Grupos de interés poderosos —la Iglesia, los comerciantes, los mineros, los terratenientes, el ejército— esperaban que pronto se les devolvería su antigua gloria y que la prosperidad predicha por von Humboldt pronto sería la suya con la llegada de la indepen-

---

[9] Anna, *Fall*, 1978, pp. 155-158.

[10] TePaske, "Financial", 1989.

[11] Ladd, *Mexican*, 1976, pp. 148-153. Para una interesante visión del problema de la fuga de capitales, véase Flores, *Counterrevolution*, 1974, p. 72.

dencia. Pero además de los diferentes puntos de vista de insurgentes y realistas y del legado de minas inundadas, enormes deudas y un gran daño a la propiedad, la nación mexicana enfrentaba tres retos no declarados para convertirse en un país viable.

En primer lugar, tendría que restablecer el control político y fiscal sobre su territorio. Como lo ha mostrado TePaske, los tesoros regionales habían cortado virtualmente el pago de las recaudaciones fiscales anuales a la Caja central en la ciudad de México; la nueva nación necesitaría esos fondos para establecer un régimen viable.[12]

En segundo lugar, Iturbide tuvo que reclamar lealtad a una población enemistada por las frecuentes exacciones y la inseguridad constante y tendría que hacerlo rápida y convincentemente para revertir una tendencia ya inveterada hacia la alienación y la atomización. Hecho esto, el nuevo Estado podría esperar un fácil acceso a los préstamos y a la confianza pública.

En tercer lugar, el nuevo régimen tendría que crear una base fiscal nueva y viable, a partir de las ruinas de la estructura colonial, para así poder pagar al ejército. El gobierno nacional tenía que diseñar un sistema que pudiera satisfacer sus necesidades sin sacrificar demasiado su popularidad.

Indudablemente, Iturbide creía que su popularidad personal, como el "Liberador de México", le daría suficiente apoyo para construir un gobierno viable para la nueva nación. No era consciente de que las elites criollas creían que la independencia mexicana significaba una liberación de las cargas de tributación colonial españolas y de sus incesantes demandas de préstamos sin garantías. Ellas no tenían intención de dar a ningún dirigente mexicano los fondos requeridos para dirigir un gobierno estable y esperaban que Iturbide (y sus sucesores) encontrara esas sumas en alguna otra parte. Desafortunadamente para el emperador Agustín I, esas sumas llegaron demasiado tarde.

ITURBIDE Y EL INICIO DEL DÉFICIT

Desde la perspectiva fiscal, el régimen de Iturbide se puede dividir en tres periodos distintos: 1) el gobierno anterior a la instalación del Congreso del 24 de febrero de 1822 y la cuestión

[12] TePaske, "Financial", 1989.

de la primera *Memoria de Hacienda*; 2) la administración durante el periodo de este Congreso, desde el 24 de febrero hasta el 31 de octubre de 1822, y la aparición de la segunda *Memoria de Hacienda*, y 3) el imperio bajo la Junta Instituyente, desde el 31 de octubre de 1822 hasta la abdicación de Iturbide el 19 de marzo de 1823.[13]

Durante los cuatro primeros meses en el poder, la administración de Iturbide empezó lentamente a descubrir la naturaleza del sistema fiscal que había heredado. Inicialmente quería simplemente establecer una estrucura fiscal provisional.

En octubre abolió los impuestos sobre el aguardiente y el mezcal, los gravámenes bélicos temporales, el impuesto de guerra directo, el de los convoyes, el de 10% sobre el valor y la renta de casas y exportaciones, los impuestos del henequén y todos los pagos extraordinarios. Además, redujo la alcabala sobre los bienes domésticos de 16 a 6%, y sobre los importados, de 16 a 8 por ciento.[14]

Iturbide ordenó que los puestos que habían ocupado en otro tiempo los empleados que habían emigrado durante las guerras de Independencia se consideraran vacantes y que se hicieran públicos nuevos puestos por valor de más de 1 000 dólares. Más importante aún, estableció que la Junta de Crédito Público investigara el estado de la deuda pública, con lo que parecía asegurar a los acreedores criollos que su papel de la deuda quedaría subsanado. También restableció el monopolio del tabaco.[15]

Durante el mismo mes, el gobierno fijó el salario de Iturbide en 120 000 dólares anuales. Estableció el pago para los tres regentes en 10 000 dólares a cada uno, a los secretarios en 8 000 y a la viuda de Juan O'Donojú, el último virrey de España, se le concedió una pensión de 12 000 dólares.[16]

Durante noviembre, la regencia estableció regulaciones para la organización de cuatro ministerios (Relaciones Exteriores, Guerra, Justicia y Tesoro) a un costo anual de 21 720 dólares cada uno. Para ayudar a los propietarios de minas, el gobierno combinó aparte once impuestos, convirtiéndolos en un 3% del arancel

---

[13] Este ensayo no trata el establecimiento de un imperio como un acontecimiento fiscal importante.

[14] Pérez, *Memoria*, 1822, p. 9.

[15] *Ibid.*, pp. 18-19.

[16] Dublán y Lozano, *Legislación*, 1876-1912, t. I, pp. 552-553.

ad valorem y, para calmar los temores de las elites sobre la posibilidad de una gravación adicional, terminó con la Administración de Arbitrios, que había establecido nuevos impuestos durante las guerras de Independencia. El gobierno siguió un patrón similar en diciembre con la publicación de una nueva tarifa *ad valorem* de 25% (rebajada de 36.5%) y la devolución de los bienes confiscados durante el tiempo de guerra.[17]

A fines de 1821, el tesoro contenía solamente 6 647 pesos.[18] A principios de enero, el gobierno autorizó que se pidieran prestados 1 500 000. El 4 de enero, Iturbide instó a la Junta de gobierno a que atendiera sus peticiones y pagara al ejército. Cinco días después pidió a los obispados de Guadalajara, Durango y Oaxaca 750 000 pesos que aquélla tenía que pagar en el plazo de seis meses.[19]

Ya en enero de 1822 las elites se mostraron poco dispuestas a depositar su confianza en Iturbide. En un obvio intento de detener la continua fuga de capital, el gobierno impuso una sobretasa de 15% a la exportación de moneda. También pidió que cada uno de los tesoros regionales proporcionara al Ministerio del Tesoro cuentas mensuales que incluyeran los ingresos, los gastos y los fondos disponibles. Además, Iturbide nombró un comité para que diseñara una estructura del tesoro para México, formado por Francisco Sánchez de Tagle, Máximo Parada (el intendente de Sonora), Fernando Navarro (secretario de la Junta de Crédito Público), Antonio Batres (tesorero de la Junta) y Vicente Carbajal.[20]

El 1 de febrero la Regencia informó a la Junta que necesitaba, urgentemente, fondos para apoyar al ejército y que el tesoro sólo podía pagar gastos transfiriendo caudales del consulado de la ciudad de México, de la Casa de Moneda y de las donaciones para *obras pías*.[21] Por tanto, reabrió la Casa de Moneda en Zacatecas, prohibió la elaboración de pólvora y mejoró las instalaciones portuarias de Guaymas y Mazatlán para que pudieran recibir barcos extranjeros. Dos semanas después combinó once impuestos particulares sobre monedas y plata, y constituyó un arancel directo

[17] Pérez, *Memoria*, 1822, pp. 9 y 19; Dublán y Lozano, *Legislación*, 1876-1912, t. I, pp. 554, 563-564, 567-587.

[18] *Memoria*, 1870, pp. 67-68.

[19] Robertson, *Iturbide*, 1968, pp. 152-153.

[20] Pérez, *Memoria*, 1822, p. 20; Dublán y Lozano, *Legislación*, 1876-1912, t. I, p. 590.

[21] Robertson, *Iturbide*, 1968, p. 153.

de 3% sobre su valor en especie, redujo los aranceles sobre el examen de calidad de los metales y estableció impuestos sobre la acuñación. El 16 de febrero, la Regencia prohibió específicamente la
exportación de metálico sin el permiso expreso del gobierno,
excepto el que se necesitara para el comercio, en un intento obvio
de detener la fuga de capital. Varios días después también gravó
el aguardiente extranjero con 20% (desde 6% anterior) y estableció un impuesto de 12% sobre los licores domésticos (20 de
febrero).[22]

El primer Congreso de la nación mexicana se instaló oficial-
mente el 24 de febrero de 1822. Tres días después el ministro del
Tesoro, Rafael Pérez Maldonado, presentó su *Memoria de Hacienda*. Aunque ofreció un presupuesto por los diez meses, de septiembre de 1821 al 30 de junio de 1822, en que los gastos (11 311 063)
sobrepasarían el ingreso (10 212 373) por 1 921 973 pesos, el informe tiene un tono confiado y optimista. Pérez Maldonado creía
que el sistema fiscal colonial pronto empezaría a funcionar de ma-
ravilla y produciría aumentos esenciales en la renta. Por ejemplo,
observó que los monopolios del tabaco, los naipes y la pólvora
habían arrojado un promedio de 2 500 000 pesos durante el
periodo de 1803 a 1812.[23]

El ministro del Tesoro sostuvo que la restauración de la paz
después de las guerras de independencia pronto estimularía el
comercio y la agricultura y que las elites, ahora libres de impuestos arbitrarios, regresarían a lo acostumbrado y reinvertirían su
riqueza. Instó a Iturbide a alentar la minería y a mejorar la administración del monopolio del tabaco para que los ingresos regre-
saran a sus altos niveles anteriores. También sugirió modernizar
el gobierno civil, reduciendo el ejército mediante el desarrollo de
milicias nacionales y estableciendo una contribución directa
moderada, ya que el tesoro se había visto obligado a pedir prestados 900 000 pesos en menos de seis meses.[24]

---

[22] Pérez, *Memoria*, 1822, pp. 10 y 21; Dublán y Lozano, *Legislación*, 1876-1912,
t. I, pp. 594-596.

[23] Sería interesante descubrir las fuentes del Ministerio del Tesoro. Según
TePaske y Hernández Palomo, el monopolio de los naipes sumaba en promedio
145 968 en aquellos tiempos, y el estanco de pólvora dio un promedio de
84 078.2 en 1804-1809 (excluyendo 1807, año para el que no hay cifras). No se
dan recaudaciones por el tabaco en aquellos años. Pérez, *Memoria*, 1822, p. 14.

[24] *Ibid.*, pp. 15-17, 21.

Pérez Maldonado era demasiado optimista y no entendía bien la situación que la nación mexicana había heredado de Nueva España. Supuso incorrectamente que el nuevo régimen podía recurrir a una estructura fiscal colonial española totalmente financiera que produciría ingresos sustanciales con tiempo y una administración correcta. Pero, como lo había señalado TePaske, el sistema fiscal colonial se había ido deteriorando desde fines de 1780.[25] Además, el ministro del Tesoro olvidó convenientemente incluir las enormes deudas que la nueva nación había aceptado pagar para obtener el apoyo criollo y peninsular.

Pérez Maldonado tampoco logró dar cabida a la hipótesis tácita de las elites, de que podían evitar contribuir al apoyo del nuevo gobierno. La fuerza de su compromiso con esa posición llevó a una grave confrontación entre el Congreso y el "Libertador de México".

ITURBIDE Y EL CONGRESO

Durante el primer mes, el Congreso actuó rápidamente para preservar la riqueza de las elites a costa del tesoro nacional. La batalla fiscal entre Iturbide y las elites, representada en el Congreso, empezó el 16 de marzo de 1822, cuando los delegados al mismo ordenaron que los funcionarios dejaran de recaudar el préstamo forzoso de 1 500 000 pesos y lo tornaran voluntario. Así, el 22 de marzo el Congreso derogó la ley contra la exportación de metálico y permitió que la gente abandonara el país con las sumas que deseara, avisando con un mes de antelación.[26]

El Congreso no promulgó una sola nueva ley fiscal, aunque permitió que se recaudara un préstamo de 600 000 pesos, principalmente entre los comerciantes de la ciudad de México, y que se aplicaran reducciones salariales de hasta 20% a los empleados públicos. Manejó asimismo la escasez de rentas buscando en el extranjero los fondos necesarios; por tanto, autorizó un préstamo exterior de 25 a 30 000 000 de pesos con todo el tesoro nacional como garantía. Ordenó inventariar todos los bienes pertenecientes a los misioneros filipinos y de los "lugares sagra-

[25] TePaske, "Financial", 1989.
[26] Colección, 1839, pp. 11, 13, 17, 34.

dos de Jerusalén", amplió el impuesto de 2% sobre monedas de oro y plata a las de cobre, y alteró los aranceles sobre licores.[27]

Entre tanto, la crisis fiscal empeoró porque muchas personas en el ejército creían que merecían favores especiales, promociones o bonos, como en el resto de la Hispanoamérica recién liberada. Como dijo exagerando Lorenzo de Zavala, "la mitad de la nación pedía esta o esta otra recompensa".[28] Su respuesta no fue desusada porque, cuando Iturbide no recibió lo que consideraba, simplemente, como el reconocimiento de su lealtad a la corona, de repente se convirtió en un insurgente.[29] Como lo observó Joel Poinsett, "en la medida en que [Iturbide] poseyera los medios de pagar y recompensar [a oficiales y soldados], se mantendría a sí mismo en el trono; cuando esto fallara, se precipitaría de él".[30] Esta situación, en abril de 1822, había cristalizado: Iturbide enfrentó a un ejército ávido de retribuciones y a un Congreso que no estaba dispuesto a aprobar los nuevos impuestos necesarios para proporcionarlas.

Como de costumbre, las cifras, sin duda fraudulentas, cuentan la historia. Según la contabilidad de marzo de 1822 impresa en la *Gaceta Imperial de México*, el gobierno recaudó 819 184 pesos y gastó 813 612, dejando un excedente de sólo 5 672 pesos. La mayoría del ingreso (304 854 o sea, 37%) provino del préstamo obligado a los consulados o de recaudaciones de aduanas (163 000 o 20%). Pero para mayo, con el préstamo forzoso rescindido, el ingreso había descendido a 302 892 pesos, de los cuales, 143 502 o 47% provenían de un excedente del tesoro del mes anterior. Como el tesoro tenía sólo 969 pesos disponibles el 1 de junio, el ingreso de los 28 días siguientes descendió a 245 419, que en su mayoría (79 886 o 32.5%) procedían de ingresos arancelarios.[31]

Iturbide reconoció claramente el problema y, muy sabiamente, puso a su ministro de Guerra, Antonio Medina, a dirigir el Tesoro el 1 de julio. No cabe duda de que creía que Medina sería

[27] *Ibid.*, pp. 7, 49, 52-53, 56-57, 72-73; Dublán y Lozano, *Legislación*, 1876-1912, t. I, pp. 617-619.

[28] Zavala, *Ensayo*, 1918, t. I, p. 126, como se cita en Robertson, *Iturbide*, 1968, p. 203.

[29] Anna, "Independence", 1985, t. III, p. 87.

[30] Poinsett, *Notes*, 1824, p. 68, como se cita en Robertson, *Iturbide*, 1968, p. 192.

[31] *La Gaceta Imperial de México*, describe cuestiones contrarias para el 1 de abril, el 5 de junio y el 1 de julio de 1822.

capaz de encontrar soluciones a sus dos problemas más urgentes: el descontento del ejército y un Tesoro vacío. En octubre de 1822 la situación fiscal se había tornado tan desesperada, que Iturbide se vio obligado a incautar una conducta que transportaba plata por valor de 1 200 000 pesos, pertenecientes a comerciantes de Perote. Justificó su "expropiación" observando, correctamente, que "no había fondos para pagar al ejército o a los empleados del gobierno: el Tesoro estaba vacío, en el país no se podía pedir dinero prestado y los préstamos extranjeros necesitaban más tiempo".[32]

Medina presentó su *Memoria de Hacienda*, muy franca y realista, el 28 de octubre de 1822. Después de informar que el Tesoro tendría un déficit de 2 826 630 pesos a fines de 1822, advirtió directamente a Iturbide: "No cabe duda de que su excelencia preferirá tomar los pasos más convenientes para equilibrar ingresos y gastos [...] pero en el futuro, serán necesarias nuevas fuentes de ingresos."[33]

Medina atribuyó el obvio desequilibrio entre ingresos y gastos a reducciones en las recaudaciones de impuestos y a las necesidades adicionales del ejército, que incluían los costos de mantener a los soldados españoles que habían capitulado ante el ejército insurgente y que estaban esperando su repatriación a España.[34] No obstante, dedicó la mayoría de su *Memoria de Hacienda* a un examen sumamente detallado de todas y cada una de las categorías fiscales aún existentes desde tiempos coloniales. Medina observó que los costos de recaudación, especialmente en el caso de los salarios, seguían siendo fijos y que las recaudaciones estaban disminuyendo en todos los impuestos, excepto en la alcabala, la cual hubiera tenido que producir más porque había más comercio. Hasta la lotería registró un descenso de 75% debido a la pobreza general.[35]

[32] Zavala, *Umbral*, 1949, p. 196, tal como se cita en Bazant, *Historia*, 1968, p. 15.

[33] Medina, *Memoria*, 1822, rollo 9, pp. 1-2. El autor desea agradecer a Wanda Turnley, Benson Latin American Collection, University of Texas at Austin, por la ayuda prestada para reconciliar la edición manuscrita de este informe con la versión impresa.

[34] *Ibid.*, pp. 2-3, 7. Según Medina, cuestan aproximadamente 35 000 pesos al mes.

[35] Medina, *Memoria*, 1822. Aunque su atento análisis palidece en comparación con el de Manuel Payno y Bustamante en 1844, era muy superior a esa discusión clásica del sistema colonial de rentas que Matías Romero tomó de Fonseca y Urrutia, *Historia*, 1845, para usar en su *Memoria de Hacienda*, 1870.

El ministro del Tesoro sugirió que México podía pedir préstamos voluntarios o instituir nuevos impuestos. Como la nueva
nación no podía establecer un fondo para pagar los intereses y
la amortización de un préstamo voluntario, pronto iba a ser éste una
exacción forzosa. Aunque Medina mencionó asimismo la posibilidad de emitir papel moneda, observó que también esto, como
el préstamo voluntario, requería de la confianza en el tesoro, el
cual "estaba en un estado crítico" porque había que pagar a las
tropas sus atrasos y los salarios actuales.

Medina concluía que Iturbide tenía que presionar para poder
establecer un impuesto provisional a los residentes ricos para cubrir el déficit y dar tiempo al Congreso para tomar medidas defi-
nitivas. Estos nuevos ingresos contribuirían a restaurar el monopolio del tabaco y a ayudar a la minería, permitiendo agregar
impuestos directos e indirectos en el futuro. Advertía que si no
era así, se iban a acumular los resentimientos y que el tesoro (y
todo el gobierno) se desacreditaría.[36]

Muchos políticos mexicanos estaban trabajando ya para producir este tipo de resultado. El 26 de agosto de 1822 se informó
a Iturbide de una conspiración contra el imperio, y se arrestó a
quince congresistas prominentes y a otros 35 sujetos. En revan-
cha, el comandante de las Provincias Internas de Oriente, Felipe
de la Garza, dirigió un levantamiento para liberarlas. Y como ha
observado Jaime Rodríguez, Vicente Rocafuerte trabajó incansa-
blemente para garantizar que Iturbide no recibiera un apoyo importante de Estados Unidos.[37]

Al día siguiente de que Medina presentara su informe, el Congreso aprobó una nueva ley que puso fin al monopolio del tabaco
en 1825, privando así al gobierno de una de sus fuentes principales
de ingreso, pero no iba a aprobar los planes para un nuevo préstamo, aun cuando Iturbide prometiera su reintegro.[38] Estas actividades indicaban claramente la irresponsabilidad del Congreso
frente a la crisis financiera y su determinación de no contribuir al
mantenimiento del gobierno. Como ha observado Anna, "durante
sus nueve meses de existencia, el Congreso no había conseguido
abordar las cuestiones básicas sobre la consolidación del imperio".[39]

[36] Medina, *Memoria,* 1822, pp. 2-7.
[37] Anna, "Rule", 1985, p. 100; Rodríguez, *Emergence,* 1975, pp. 60-64.
[38] *Colección,* t. II, pp. 87-89.
[39] Anna, "Rule", 1985, pp. 100-101.

A la luz de esta oposición, Iturbide llegó a la conclusión de que no iba a ser capaz de poner en práctica las recomendaciones de Medina para reunir rentas. En realidad, era posible que el Congreso obstaculizara todos y cada uno de sus esfuerzos para promulgar medidas que solucionaran la crisis.

El 31 de octubre de 1822 Iturbide declaró la suspensión del Congreso quejándose de que, entre otras faltas, no había diseñado una estructura fiscal apropiada para una nación independiente.[40] Los historiadores, sin darse cuenta de la confrontación desesperada entre el emperador y el Congreso acerca de las medidas fiscales, han condenado en general a Iturbide por lo que han considerado una medida arbitraria. Pero Iturbide no podía permitir que el Congreso se negara a establecer nuevos impuestos si esperaba que su gobierno sobreviviera. Por ejemplo, poco después de que se disolviera este Congreso, Joaquín Obregón, jefe de las Comisiones de Finanzas y de Comercio, instó a que el gobierno ordenara un estudio para determinar *in extenso* la situación del tesoro, sólo días después de que Medina hubiera presentado para su aprobación su *Memoria de Hacienda*, bastante completa.[41] Obregón ya sabía del estado desastroso del tesoro mexicano y las razones de ello: él, como otros miembros de las elites, simplemente no quería contribuir con su fortuna a revitalizar la estructura fiscal de la nación.

IMPUESTOS Y TIRANÍA

Una vez que hubo disuelto el Congreso, el 31 de octubre de 1822, Iturbide estableció rápidamente una pequeña Junta Instituyente, compuesta de antiguos congresistas, la cual declaró su intención de diseñar nuevos impuestos para reducir el déficit. En gran parte, simplemente siguió el consejo de Medina. El 5 de noviembre la Junta decretó un préstamo forzoso de 2 800 000 pesos, seguido el 20 de diciembre por la emisión de 4 000 000 de pesos en papel moneda. Al día siguiente, Medina, ministro del Tesoro, presentó su presupuesto para 1823, donde se enumeraban gastos por 20 328 740 y se predecía un déficit de 6 000 000 de pesos. Después de anunciar el presupuesto, Iturbide declaró que se iba

[40] *Ibid.*
[41] Flores, *Counterrevolution*, 1974, pp. 65-66.

a gravar a cada provincia con un impuesto directo de cuatro reales al año por persona (México y Querétaro participando con 1 884 906 de la suma). Todos los propietarios de bienes seculares tendrían que contribuir con 40% del valor asignado a su tierra; la Iglesia pagaría sólo 5 por ciento.[42]

El 2 de diciembre de 1822, el general Antonio López de Santa Anna se rebeló contra el imperio después de que Iturbide lo depusiera del mando en Jalapa. Tropas realistas aún leales a España, acantonadas en el fuerte de San Juan de Ulúa, ubicado a la entrada del puerto de Veracruz, ya habían puesto en peligro los ingresos procedentes del puerto principal de la nación, pero la revuelta de Santa Anna simplemente privó al gobierno de los mismos.[43] Su efecto en el Tesoro aparece reflejado en las sorprendentes cifras de ingresos de enero a marzo de 1823, solamente 49 303, 39 143 y 43 259 pesos respectivamente.[44]

Iturbide abdicó el 19 de marzo de 1823. Sus demandas de dinero y sus alternativas, cada vez más operativas según se articularon finalmente en el Plan de Casa Mata, sentenciaron a muerte al primer imperio mexicano el 1 de febrero. Como escribió con gran perspicacia un oponente a la emisión de papel moneda: "Tal vez el gobierno de hoy es el tirano de ayer."[45]

PRECEDENTES PERNICIOSOS

La caída de Iturbide estableció tres precedentes fiscales desafortunados que determinarían gran parte de la historia del México del siglo XIX. El primero y más significativo fue la firme negativa de las elites a pagar impuestos adicionales de 1821 a 1834. De hecho, toda la estructura de ingresos de la primera república federal estaba basada en la premisa de que los impuestos al comercio exterior

[42] Medina, *Presupuesto*, 1823, *Decreto del emperador y de la Junta Nacional Instituyente*, 21 de diciembre de 1822. A los comerciantes se les pedía que aceptaran hasta una tercera parte de los pagos por la mercancía en el nuevo papel moneda. La autora quiere agradecer a Timothy Anna, Universidad de Manitoba, que le haya proporcionado la información para esta cita.

[43] Robertson, *Iturbide*, 1968, pp. 221-225.

[44] *Gaceta Imperial de México*, 9 de enero de 1823, p. 16; 8 de febrero de 1823, p. 70; 6 de marzo de 1823, p. 120; *Gaceta de México*, 10 de abril de 1823, p. 182.

[45] "Quejas del pueblo contra el papel moneda", 1823, Hernández y Dávalos *Collection*, tal como se cita en Anna, "Rule", 1985, p. 99.

serían un ingreso más que adecuado para colmar el tesoro. De 1824 a 1827 la administración de Guadalupe Victoria se libró del problema con la suerte inesperada de dos préstamos procedentes de las casas de banca inglesas. Cuando el tesoro se vació de nuevo, los subsecuentes gobiernos recibieron préstamos internos de agiotistas por periodos breves y a tasas altas, y con frecuencia reembolsables directamente en las aduanas: la única fuente de ingreso confiable.

En 1829 el ministro del Tesoro, Lorenzo de Zavala, tuvo la audacia de decretar nuevos impuestos, mismos que fueron rápidamente revocados y Zavala expulsado.[46] La siguiente administración, de Anastasio de Bustamante y Lucas Alamán, promulgó la noción incorrecta de que se podía sostener el gobierno reduciendo los gastos, pero también tuvo que recurrir al préstamo. Sus sucesores, liberales como Gómez Farías y Zavala, acudieron a la estrategia de llenar el tesoro obligando a la Iglesia a vender sus bienes, lo que, eventualmente, llevó al derrumbe de la primera república federal. Así pues, durante los años de 1821 a 1834, no se añadió ni un solo impuesto al sistema de rentas. Por último, en 1836 el régimen centralista de Antonio López de Santa Anna, bajo el liderazgo del ministro del Tesoro, Manuel Gorostiza, decretó la primera serie de impuestos sobre la propiedad urbana (dos pesos por mil), la propiedad rural (tres pesos por mil) e impuestos sobre la renta a los negocios urbanos.[47]

Los gastos militares siguieron siendo considerables y los ingresos insuficientes y a lo largo de todo el periodo. Excepto el reembolso de los préstamos a los agiotistas en 1840, los salarios militares fueron el rubro mayor del presupuesto mexicano durante gran parte del siglo XIX. Cuando el tesoro se vaciaba no se pagaba a los ejércitos y los soldados se rebelaban, lo cual explica el gran número de gobiernos que hubo en México de 1821 a 1856. La inestabilidad resultante de ello no convenció a las elites de que fueran más cooperativas en el suministro de fondos al Tesoro y perjudicó los esfuerzos gubernamentales para recibir más préstamos o para convencer a los capitalistas europeos de que invirtieran.

---

[46] *Memoria*, 1870, pp. 97-98, 100-103. Los historiadores en general no han llegado a reconocer que sólo Santa Anna era capaz de convencer a las elites de que pagaran más impuestos. Para más información sobre este y otros aspectos de precedentes fiscales, véase Tenenbaum, *Politics*, 1986.

[47] Tenenbaum, *Politics*, 1986, pp. 152-154, 162-163.

La terquedad y el carácter ensimismado del debate mexicano acerca de los problemas fiscales se mantuvieron desde el periodo de Iturbide hasta la reforma. Los dirigentes políticos mexicanos persistieron en contemplar los gastos como el problema fundamental, y no el de la falta de ingresos a pesar de que, como lo observó correctamente Antonio de Medina en 1822, los costos administrativos eran en buena medida fijos. Como es natural, esta interpretación surgió de la resistencia de las elites a pagar impuestos.

La insistencia en centrarse en los gastos como problema, en vez de considerar insuficientes los ingresos, está ampliamente demostrada en los ataques tanto contemporáneos como históricos al régimen de Iturbide, los cuales destacan su espléndida casa real y su salario extravagante, en vez de analizar la desintegración de la estructura fiscal colonial, la destrucción de la economía minera y los once años de incertidumbre política, para no mencionar la falta de disposición de las elites a pagar más impuestos o a prestar sumas adicionales a intereses nominales.[48] La persistente fijación en los gastos alimentó la lucha de facciones, ya que cada uno de los bandos acusaba al otro de derroche y de comportarse como favoritos, una interpretación que aún continúa en los tiempos modernos.

Los problemas que Iturbide enfrentó no eran exclusivos de México. Cada dirigente de una nación latinoamericana recién liberada se encaraba a elites hostiles, a ejércitos excesivamente grandes y tumultuosos, y a tesoros vacíos, y casi ninguno triunfó allí donde Iturbide fracasó.[49] Pero el destino y la historia han sido más benévolos con la mayoría de ellos que con el "Libertador de México".

BIBLIOGRAFÍA

Anna, Timothy E., *The fall of the royal government in Mexico city,* University of Nebraska Press, Lincoln, 1978.

_____, "The independence of Mexico and Central America" en Leslie Bethell (comp.), *The Cambridge history of Latin America,* Cambridge University Press, Cambridge, 1985.

[48] Véase Anna, "Rule", 1985, pp. 96-99.
[49] Para un análisis de problemas comparables, véase Rodríguez, *Search,* 1985, pp. 53-87.

_____, "The rule of Agustin de Iturbide: a reappraisal", *Journal of Latin America Studies*, vol. 17, núm. 1, mayo, 1985.

Bazant, Jan, *Historia de la deuda exterior de México (1823-1946)*, El Colegio de México, México, 1968.

Colección de órdenes y decretos de la Soberana Junta Provisional Gubernativa y Soberanos Congresos Generales de la nación mexicana, México, 1839.

Decreto del emperador y de la Junta Nacional Instituyente, 21 de diciembre de 1822.

Dublán, Manuel y José María Lozano, *Legislación mexicana o colección completa de las disposiciones legislativas expedidas desde la independencia de la república*, Imprenta del Comercio, México, 1876-1912.

Flores Caballero, Romeo, *Counterrevolution, the role of the spaniards in the independence of Mexico, 1804-1838*, trad. Jaime E. Rodríguez. University of Nebraska Press, Lincoln, 1974.

Fonseca, Fabián y Carlos Urrutia, *Historia general de Real Hacienda*, Imprenta de Vicente García Torres, México, 1845, 6 vols.

Gaceta Imperial de México, 1822 y 1823.

Gaceta de México, 1823.

Hamnett, Brian R., *Revolución y contrarrevolución en México y el Perú, (liberalismo, realeza y separatismo 1800-1824)*, Fondo de Cultura Económica, México, 1978.

_____, "Royalist counterinsurgency and the continuity of rebellion: Guanajuato and Michoacan, 1813-1829", *Hispanic American Historical Review*, núm. 62, 1982.

Hernández y Dávalos, *Collection*, Benson Latin American Collection.

Kicza, John E., *Colonial entrepreneurs: families and business in Bourbon Mexico city*, University of New Mexico Press, Albuquerque, 1983.

Ladd, Doris M., *The mexican nobility at indepence 1780-1826*, Institute of Latin American Studies, University of Texas, Austin, 1976.

Lindley, Richard B., *Haciendas and economic development: Guadalajara, México at independence*, University of Texas, Austin, 1983.

Medina, Antonio de, *Presupuesto por el año de 1823*, México, 1823 (Biblioteca del INAH, T-3, 35, Colección Antigua).

_____, *Memoria de Hacienda*, México, 1822, Iturbide Papers, Biblioteca del Congreso, Washington, D.C., microfilm, rollo 9.

Memoria de Hacienda, 1870.

Pérez Maldonado, Rafael, *Memoria de Hacienda*, 1822.

_____, *Memoria que el ministro de Hacienda presenta al soberano Congreso sobre el estado del erario*, México, 1822.

Poinsett, Joel, *Notes on Mexico*, s.e., Filadelfia, 1824.

Robertson Spence, William, *Iturbide of Mexico*, Greenwood Press, Nueva York, 1968.

Rodríguez O., Jaime E., *The emergence of Spanish America: Vicente Rocafuerte and spanish americanism, 1808-1832*, University of California Press, Berkeley, 1975.

Rodríguez, Linda A., *The search for public policy: regional politics and government finances in Ecuador, 1830-1940,* University of California Press, Berkeley y Los Ángeles, 1985.

Romero, Matías, *Memoria de Hacienda,* 1870.

Tenenbaum, Barbara A., *The politics of penury: debts and taxes in Mexico, 1821-1856,* University of New Mexico Press, Albuquerque, 1986.

TePaske, John J., "The financial disintegration of the royal government of Mexico during the epoch of independence" en *The independence of Mexico and the creation of the new nation,* UCLA/Latin American Center Publications, 1989.

_____, y José y Mari Luz Hernández Palomo, *La Real Hacienda de Nueva España: la Real Caja de México (1576-1816),* Seminario de Historia Económica-Departamento de Investigaciones Históricas-INAH, México, 1976 (Col. Científica, Fuentes [Historia Económica de México], 41).

Zavala, Lorenzo de, *Ensayo histórico de las revoluciones de México,* México, 1918.

_____, *Umbral de la independencia,* Empresas Editoriales, México, 1949.

La Hacienda Municipal de Puebla en el Siglo XIX*

Francisco Téllez Guerrero
Elvia Brito Martínez
ICUAP-UNIVERSIDAD AUTÓNOMA DE PUEBLA

PRESENTACIÓN

El objetivo de estudiar las finanzas municipales de una localidad es el de contribuir a la formulación de hipótesis de signo comparativo cada vez más finas que, sin privilegiar las particularidades irrepetibles del caso, propicien la aportación del matiz enriquecedor en que radica el reconocimiento de la multiplicidad. La tarea concreta que nos hemos propuesto, consiste en reconstruir las series completas de las finanzas municipales de la ciudad de Puebla durante el siglo XIX; en esta ocasión presentamos los datos que hasta ahora hemos recopilado sobre 1819-1865 y 1881-1890; el primer bloque tiene huecos en los años 1837, 1860 y 1862; los totales de 1809-1810 fueron tomados de Reinhard Liehr.[1] Los años de 1866-1880, que no abordamos en este estudio, deberán ser reconstruidos sobre fuentes cualitativas, como las *Actas de Cabildo,* ya que no se encuentran registrados en las fuentes análogas que hemos explotado en esta fase de nuestro trabajo; consecuentemente, su reconstrucción, que demanda otro métodos de análisis, queda para una segunda fase. De todas maneras, la confrotación entre los dos periodos muestra persistencias y cambios.

* Publicado en *Historia Mexicana,* 156, El Colegio de México, vol. XXXIX, núm. 4, abril-junio de 1990, México.
[1] Liehr, *Ayuntamiento,* 1976, II, p. 22.

INTRODUCCIÓN

La administración del imperio español generó un conjunto de cuentas que reflejaban la complejidad del mundo cambiante en que se insertaba, así como las particularidades de un erario definido por el doble impacto de la sociedad jerarquizada y de la monarquía absoluta; mezclaba, además, los bienes de la corona con los bienes públicos, los gravámenes y las gabelas con los productos de la explotación de bienes originarios, los impuestos más o menos modernos con tributos y contribuciones de sabor medieval, como las lanzas, los pechos y los servicios de las cortes.[2] Todo esto desembocó en un complejo sistema hacendario que presentaba agudas desigualdades ante el impuesto, que manifestaba la forma de la organización social. Asimismo, implicó la existencia de múltiples sistemas fiscales, correspondientes a los diversos te- rritorios y a los distintos sectores de las jararquías del poder polí- tico, mismos que reflejaban la forma de organización del Estado español, basada en que cada reino peninsular desarrollara sus particularidades fiscales.

Pese a que se conoce poco de la fiscalidad de los reinos ultramarinos, se sabe que en el de Nueva España se gravaban fuertemente los mercados tanto internos como externos y se cobraban fuertes tributos sobre la producción minera, remitiendo los excedentes de la Caja recaudadora novohispana al tesoro imperial.[3] Asimismo, hay que tener en cuenta que tanto en la metrópoli como en Indias, la Iglesia se erigió como un órgano hacendario paralelo al Estado, con frecuencia más eficiente que el erario público.[4] Por su parte, las municipalidades tuvieron sus usos, prácticas y, a veces, privilegios hacendarios consistentes ya en el cobro de alguna gabela, ya en la apropiación del algún recurso o en la posibilidad de asumir la organización del pago de los servicios o de las alcabalas. Así, la gestión financiera de las municipalidades hispanas gravitó sobre la explotación de sus propios bienes raíces, el arrendamiento de la recaudación de impuestos y la concesión de servicios públicos.

En Nueva España, la cuenta de la ciudad de Puebla reproducía la tendencia imperial de sostener a la empresa municipal con los

---

[2] Lira, "Aspecto", 1968, pp. 361 y ss.
[3] Artola, *Hacienda*, 1982, pp. 10-11.
[4] *Ibid.*, pp. 9-20. En la introducción hay una estupenda descripción de la Hacienda española del antiguo régimen.

recursos generados por la explotación de bienes de origen privado, es decir, con el arrendamiento de bienes raíces y con la recaudación de impuestos. El objeto de esta forma de enfrentar el financiamiento de los gastos públicos, haciendo gravitar casi todo su peso sobre las rentas de inmuebles y las concesiones de servicios públicos, fue el de asegurarse ingresos fijos, estatales y, a veces, adelantados, pero que no permitían su expansión.

La llegada de la independencia nacional y el establecimiento de las repúblicas federales y centrales no liquidaron, de inmediato, los esquemas y usos de recaudación y de inversión municipal. Aparte del brutal impacto de las guerras, lo más evidente de la estructura de las finanzas locales es la urgente necesidad de modernización y la persistencia de algunas prácticas coloniales. Este proceso de modernización y expansión financiera debió enfrentar el gasto con recursos procedentes de ámbitos jurídicos casi limitados a implantar cargas tributarias directas o indirectas. Dicho fenómeno, que se inició en 1822 con el reforzamiento de la recaudación de impuestos, continuó seriamente en la década de 1830 y, en 1843, hubo un fuerte intento de expandirlo, que concluyó en 1863. El pasar de la vieja situación financiera a la nueva se enfrentó con muy diversos obstáculos, evidenciados por las fluctuaciones anuales de los ingresos. Su culminación y estabilidad —al superar los 100 000 pesos de recaudación anual— debió ocurrir durante la década de 1870, época en que se alejaría de los desequilibrios de las guerras internas y de las amenazas extranjeras y que se acercaría al "orden y progreso" porfirista, una de cuyas premisas fue la expansión financiera y la construcción de nuevos equilibrios políticos.

Sin lugar a dudas, los intercambios de la moneda mexicana en los mercados internacionales y el difícil paso del sistema octaval al decimal (1857-1897)[5] afectaron los mercados internos, por la baja del poder adquisitivo de la moneda. Sin embargo, por muy intensa que haya sido su incidencia en el aumento de los precios de los bienes y servicios municipales, las demandas de modernización urbana fueron las que rebasaron las posibilidades de rendimiento de las rentas de la ciudad. La solución se halló en el establecimiento de tributos que gravaran tanto a objetos fiscales aún no explotados, como a la creciente población municipal. Con todo ello, la realización de la modernización hacendaria fue muy

[5] Bátiz y Canudas, "Aspectos", 1980, pp. 186-188, 321-424.

relativa en términos reales, porque la implantación de nuevos impuestos privilegió la de indirectos, que son regresivos y con frecuencia dificultaban el desarrollo del comercio, por la oposición de los contribuyentes a los impuestos directos.[6] El otro dato que no hay que omitir es el del ambiente proteccionista que siempre generó discordias entre los grupos de contribuyentes. El sentido y la periodización de la permanencia de los cambios en la estructura fiscal de Puebla están por elaborarse.

Con el fin de establecer comparaciones entre el comportamiento de la captación y la inversión fiscal que den cuenta de la modernización y la expansión financiera de Puebla, hemos dividido el periodo estudiado en dos series (1819-1865 y 1881-1890). Para homogeneizarlas y poder comparar las cifras, cada uno de los conceptos de ingreso y egreso ha sido reordenado y sumados todos en grandes grupos. Nos hemos basado, en primer lugar, en la forma original de los propios documentos y secundariamente en las conceptualizaciones jurídicas.[7] Presentamos los análisis gráficos de las series y sus comparaciones relativizadas en grupos porcentuales, aproximadamente quinquenales. Al final hemos incluido los totales por ramos y subramos, así como los promedios y porcentajes de la cuenta municipal. Las fracciones de peso fueron aproximadas.

LOS DOCUMENTOS DEL ARCHIVO MUNICIPAL

La ciudad de Puebla ha conservado sus registros municipales desde hace más de 450 años. A pesar de que algunas de sus series están mutiladas, la extensa colección de documentos permite indagar acerca de casi cualquier tema de la historiografía regional. Entre sus muchos documentos están los detallados estados financieros de la empresa municipal, de los que hemos utilizado los resúmenes de la "Cuenta general" de 1819 a 1859 registrados en los volúmenes de Cuentas (tomos 49, 51, 53, 54, 58, 62, 64-66,

---

[6] Véase la oposición de los hacendados frente al establecimiento de impuestos directos sobre inquilinato, herencias transversales, litigios y gendarmería en *Gobierno*, 1870, núms. 128, 132-134, 137, 151 y 162.

[7] Flores, *Elementos*, 1967, pp. 23-127, 208-233, 253-271, 293-296 y 300; Macedo, "Municipio", 1901, pp. 666-690; Ochoa, *Reforma*, 1968, pp. 158-163, 257-258, 299-302, 407-431.

69-73, 77, 79, 83-I, y II, 86, 88, 92, 102, 106, 116, 118 y 120); los "Estados de la Tesorería municipal" de 1843 a 1865 en Cuentas de la Tesorería municipal (tomos 1-59); los "Cortes de caja mensuales" de 1881 a 1890 publicados en el *Boletín Municipal* (tomos 1-11) y, para el balance estatal, la *Cuenta del Tesoro del Estado Libre y Soberano de Puebla..., formada por la Tesorería general del estado,* s.e., México, 1885-1888, 4 vols.

Las tres series edilicias —los resúmenes de la cuenta general, los estados de la Tesorería municipal y los cortes de caja— eran el resultado de un largo y riguroso proceso de contabilidad y glosa en que participaban los diversos regidores encargados de la recaudación y de la inversión pública, los mayordomos, los contadores, los síndicos, los escribanos y la asamblea de concejales que aprobaba o criticaba los balances. Las dificultades para reconstruir detalladamente cada uno de los conceptos de la contabilidad, radican en la enorme cantidad de datos mensuales que hay que reordenar y computar, en los mutantes criterios de clasificación para los movimientos contables, en algunos embrollos indescifrables que quizá encubran malos manejos, y en los baches en la continuidad de las series. A pesar del intenso trabajo de crítica investigativa que demandan las características de las series documentales, hay que resaltar la excelente calidad de las cuentas municipales.

LAS CUENTAS MUNICIPALES

Las cuentas municipales están compuestas por dos elementos: el ingreso o cargo y el egreso, gasto o data. De la sustracción del egreso al ingreso resulta el saldo, el cual muestra el superávit o déficit de la gestión hacendaria. En los años aquí estudiados, se hallan cuentas con saldos positivos que sugieren un equilibrio fiscal, el cual fue roto en 1840-1846, 1850, 1852, 1854, 1858 y 1887, años en que los saldos resultaron negativos.

Las curvas de los volúmenes de captación y de los gastos fiscales del municipio informan acerca de las condiciones generales de vida de la ciudad. Las guerras, las epidemias y los cambios administrativos —que a veces respondieron a necesidades no sólo políticas— incidieron en el rumbo de los ingresos y las inversiones. Los años de la guerra de Independencia fueron difíciles para las finanzas de la ciudad: es probable que la cantidad de

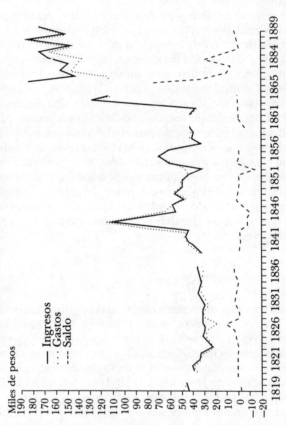

Gráfica 1. Ingreso, gasto y saldo,
ciudad de Puebla 1809-1810, 1819-1865, 1881-1890

FUENTES: Archivo del Ayuntamiento de Puebla (AAP), Cuentas, tomos 49, 51, 53-54, 58, 62, 64-66, 69-73, 83-I y II, 86, 88, 92, 102, 106, 116, 118 y 120; Cuentas de la Tesorería municipal, tomos 1-59, y Cortes de caja en el *Boletín Municipal*, tomos 1-11. Para 1809-1810, véase Liehr, *Ayuntamiento*, 1976, t. 2, p. 22.

recursos recaudados por el Ayuntamiento —y el nivel de sus inversiones— haya disminuido progresivamente, entre 1811 y 1820, para caer drásticamente en 1824. En 1809 y 1810, el ingreso municipal era de más de 40 000 pesos anuales,[8] y en 1819, de unos 38 000 pesos. Desde entonces y hasta 1823 el ingreso disminuyó a 23 000 pesos, y fue recuperándose lenta y fluctuantemente hasta que, hacia 1839, alcanzó niveles cercanos a los del final del periodo colonial. La guerra de insurgencia y su secuela de discordias intestinas destroncaron la red de caminos, afectando severamente al comercio. El ambiente de inseguridad y miedo propició la suspensión de las actividades urbanas productivas y de intercambio y la población enfrentó una escasez generalizada de recursos económicos, agudizada por las epidemias, entre ellas la mortífera peste de 1833.[9] La guerra y la peste habían perjudicado la situación financiera de la ciudad.

El monto de la recaudación fiscal se duplicaría en 1843 hasta más de 100 000, pero las inversiones superarían el ingreso, y el saldo resultaría negativo; el creciente ritmo de captación fiscal no pudo ser sostenido y bajaría a 40 000 o 60 000 pesos, cantidades que fluctuarían hasta mediados de siglo, de tal manera que, todavía hacia 1863, la captación fue de cerca de 40 000 pesos. En esto influyó la voluntad municipal de expandirse y de satisfacer las necesidades públicas, particularmente las de seguridad y abasto, mediante la construcción de edificios carcelarios y el reiterado intento de establecer un mercado para ubicar a los regatones, obstaculizado éste por la disputa sobre el poder del estado. Las curvas de egresos y de ingresos de 1881 a 1890 reflejan la falta de recursos para la modernización que impelió al poder público a diseñar y aplicar la reorganización de la Hacienda; los cambios administrativos determinaron el errático comportamiento de las curvas de las finanzas urbanas.

LOS NOMBRES DEL DINERO

Es indudable que la base de la eficiencia y de la autonomía municipal se funda en la forma y la suficiencia de la Hacienda. A

---

[8] Liehr, *Ayuntamiento*, 1976, p. 22.
[9] Para una imagen de la Puebla de la primera mitad del siglo XIX, véase Contreras, *Ciudad*, 1986, pp. 14-18, 35-39.

las relativas autonomías locales desarrolladas en la época de los Austrias, los Borbones intentaron ponerles coto subordinándolas a los poderes regionales de los intendentes y con vigilancia de sus erarios por la Contaduría General de Propios. En la disputa política del siglo XIX la soberanía fue un tópico recurrente: se reclamaba para las municipalidades, para los estados y para la nación una soberanía dentro de otra. El resultado fue el progresivo deterioro de las autonomías locales en favor de los poderes regionales y de la consolidación centralista nacional. El método consistió en sustraer facultades municipales y dividir las tareas públicas entre las tres soberanías para producir una pirámide en cuya base encontraran los ayuntamientos subordinados a los prefectos y gobernadores. La división de las tareas públicas implicó una clasificación de los recursos fiscales explotables, de los cuales al municipio le correspondieron los menos productivos. Por su ubicación en la jerarquía financiera, los municipios resultaron ser, al final del siglo, corporaciones pobres y con el papel de meros órganos de gestión.[10]

Las cuentas municipales poblanas están realizadas por el método de partida doble, el cual permite confrontar simultáneamente los ingresos con los gastos para obtener el saldo se sustrae el gasto del ingreso. Cada una de sus dos partes se refiere a diversos ramos y conceptos de ingreso y egreso. Los criterios con que en el curso del siglo se organizaron los ramos y conceptos fueron cambiantes y, con frecuencia, imprecisos.

En los ingresos distinguimos cuatro ramos: Propios, Arbitrios, Ajenos y Otros. El ramo de Propios estaba formado por recursos privativos del municipio, particularmente por el arrendamiento de inmuebles rústicos y urbanos que eran el patrimonio originario de la ciudad, adquirido por su dotación con el fundo legal que incluyó dehesas y montes de los alrededores y, dentro de la ciudad, de las casas consistoriales, los edificios céntricos y las plazas. En la primera mitad del siglo XIX, alrededor de 50% de los ingresos municipales provenía de este ramo, integrado por los originados en el arrendamiento o venta de bienes patrimoniales y de los servicios municipales; los bienes rentados eran casas y tiendas céntricas, los cajones del Parián y del Baratillo, las alacenas del portal, las caleras, las canteras y los ojos de agua, así como varios ranchos y extensiones de tierra de los alrededores; los principales

---

[10] Macedo, "Municipio", 1901, pp. 385-386.

servicios eran la correduría, el rastro y el fiel contraste de pesas y medidas. Con los ingresos de este ramo se pagaba cerca de la mitad de los gastos municipales; su rubros de captación más importantes eran los de las casas y tiendas y los de los ranchos y tierras del común. Nos parece útil hacer énfasis en que la captación de estos dineros se basaba en el campo del derecho civil más que en el público. Desde 1840 se observa una reducción en la proporción de recursos que aporta este ramo a la cuenta general porque, pese a que los montos no disminuyen, comparados con los ingresos crecientes de arbitrios resultan disminuidos. Hacia el final del siglo XIX se nota el intento del gobierno de la ciudad por sistematizar la recaudación de recursos del ramo de Propios mediante la reformulación de los subramos y los conceptos que definían el ramo, pero ya había sido desplazado de su lugar privilegiado por el impacto de la desamortización de los bienes municipales, por la falta de crecimiento de sus rendimientos y por la expansión del ramo de Arbitrios.

El ramo de Arbitrios estaba formado por los impuestos municipales que, directa o indirectamente, gravaban a los causantes por diversos objetos fiscales. Por naturaleza se diferenciaban sustancialmente de los propios, ya que mientras éstos eran recursos producidos por la explotación de bienes patrimoniales, los arbitrios eran prestaciones en dinero fundadas en obligaciones fiscales y fijadas unilateralmente por el estado.[11] La operación financiera municipal basada en los bienes de propios no descansaba sobre la población, en tanto que la generalización de los impuestos sí agudizaría la presión fiscal.

Lo más significativo del cambio en la Hacienda municipal fue la caída en los montos porcentuales de los ingresos del ramo de Propios frente al incremento progresivo de los recursos procedentes del de Arbitrios. Las aportaciones de la población por este ramo se incrementaron permanentemente hasta cuadruplicarse; en 1819 su monto alcanzaba 15% del ingreso total, y en 1842 era ya de 50%. En él radicó el esfuerzo municipal para modernizar las finanzas, limitadas por los ingresos del ramo de Propios que no podía crecer, en virtud de que, para ello, los precios de los arrendamientos debían multiplicarse o debían adquirirse nuevos inmuebles, pero a ninguno de estos dos recursos se acudió. El Ayuntamiento, obligado a incrementar la recaudación para lograr la reconstruc-

---

[11] Flores, *Elementos*, 1967, p. 37. Eso es lo que entendemos por impuesto.

ción de las partes de la ciudad afectadas por las guerras y para modernizar e incrementar los servicios públicos, recurrió a la captación de recursos aumentando las tasas de las gabelas existentes y creando nuevos impuestos. Estas necesidades urbanas daban al Ayuntamiento la oportunidad de modernizar su esquema fiscal trasladando el peso de la operación municipal al ramo de Arbitrios y estableciendo nuevos impuestos directos progresivos más equitativos. Sin embargo, esta modernización no fue total, pues prevalecieron los impuestos indirectos, que son regresivos y obstaculizan el intercambio y el consumo. Más tarde se advierte el intento de establecer un sólido impuesto directo, el personal, llamado capitación. Los arbitrios con mayor permanencia en la recaudación poblana de la primera mitad del siglo pesaron sobre la comercialización del carbón, la carne, la harina de trigo —el más productivo— y los productos perecederos del mercado urbano.

En la segunda mitad del siglo, proliferaron los impuestos y contribuciones, y a menudo se cambiaron las bases de tributación y las proporciones de las tasas, intentando establecer gravámenes personales, patentes sobre la industria y el comercio y contribuciones prediales; entonces la carga fiscal pesó sobre la comercialización de bienes y servicios y sobre la introducción de todo género de mercancías en la ciudad. Sin embargo, no hay que soslayar que algunas fracciones de la economía urbana, entre ellas la más importante, el hilado y el tejido, fueron protegidas con la exención de impuestos municipales, sobre todo en la etapa de la primera industrialización.

A pesar de ser recursos pertenecientes a otros institutos, los productos del ramo de Ajenos eran administrados y parcialmente aprovechados por el municipio, y la parte que correspondía a éste era integrada a sus balances financieros. A principios del siglo XIX este ramo cobró presencia en la productividad fiscal gracias a la sisa del vino y del aguardiente, que desaparecería de los estados municipales en 1822. Hacia finales del siglo se observa nuevamente la expansión del ramo de Ajenos mediante las participaciones que los gobiernos estatal y central entregaban a los municipios para solventar gastos específicos a cambio de la tarea de recaudar algunas contribuciones. El aumento de los montos del ramo de Ajenos tiene que ver con la creciente dependencia municipal de los recursos federales y estatales y refleja la debilidad hacendaria de los municipios propiciada, en buena parte,

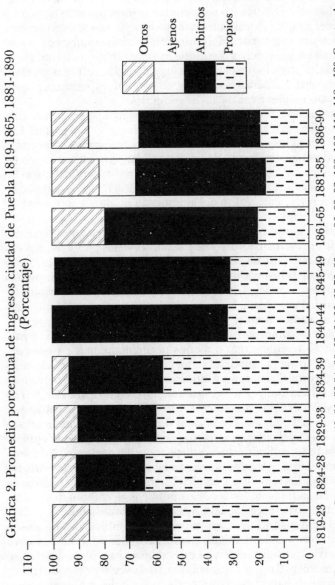

Gráfica 2. Promedio porcentual de ingresos ciudad de Puebla 1819-1865, 1881-1890
(Porcentaje)

FUENTES: AAP, Cuentas, tomos 49, 51, 53-54, 58, 62, 64-66, 69-73, 83-I y II, 86, 88, 92, 102, 106, 116, 118 y 120; Cuentas de la Tesorería municipal, tomos 1-59, y Cortes de caja en el *Boletín Municipal*, tomos 1-11.

por el bajo rendimiento de los bienes propios. Éste es, quizá, el cambio más significativo para evaluar la dimensión de la autonomía del gobierno local: con los montos de Ajenos se llegó a cubrir más de una cuarta parte del costo de la empresa municipal, la cual se hizo así muy dependiente de la financiación externa. En el ramo de Otros ingresos, hemos agrupado las entradas no clasificadas en los anteriores tres que, en conjunto, aportaban pequeños porcentajes a los balances generales.

Para la inversión municipal se han consultado los ramos de Gastos ordinarios, Extraordinarios, Pérdidas, y Otros gastos. Los dos últimos los constituyen las pequeñas erogaciones que están, casi siempre, en libros. Hacia el final del siglo XIX, el rubro de "otros gastos" cobra importancia porque ahí se contabilizaron las cuantiosas inversiones para la construcción de la penitenciaría, los abonos al empréstito del alumbrado público y la compra de papel federal.

En los gastos ordinarios se recogen las erogaciones causadas por la operación cotidiana de prestar servicios públicos: ésta era la parte más costosa del egreso, y representaba en conjunto más de 75% de la inversión pública total. En este ramo se computa el costo de los servicios de limpia, obrería mayor, policía urbana de seguridad y sanitaria, escuelas municipales y fiestas cívicas y religiosas. También en el ramo de Gastos ordinarios se integra el renglón de compromisos permanentes, erogaciones que el Ayuntamiento realizaba más o menos permanentemente y que, durante la primera mitad del siglo, consumían hasta 40% de la inversión total. Estos compromisos se componían de las pensiones que la ciudad entregaba gratuitamente o en reciprocidad por algún servicio a diversos sujetos, y los réditos que se pagaban por más de 129 000 pesos (con tasas de 4 a 7% anual) adeudados a diversas capellanías, patronatos laicos y al pósito de la ciudad. Hacia 1830, redimir estos créditos equivalía a entregar los ingresos municipales totales de cuatro años. Por último, los sueldos pagados a los regidores y empleados municipales y los salarios de los trabajadores de los servicios públicos se computaban en las cuentas particulares de las diversas comisiones edilicias.

La administración de los gastos sufrió cambios sustanciales en las últimas décadas del siglo pasado. Aun cuando se mantuvieron los servicios tradicionales, las nuevas bases y los objetos de inversión municipal muestran la voluntad del estado y del gobierno de la ciudad de hacer más eficiente al erario y de invertir los recursos en el lustre porfiriano; así, se formaron comisiones municipales para atender el alumbrado, los empedrados y la obrería mayor. De acuerdo con los estados financieros, la obra más nueva y de mayor costo fue la iluminación eléctrica, que incluyó desde la instalación de columnas de hierro para los 100 focos que iluminarían las calles centrales de la ciudad, hasta el oneroso contrato que forzó al Ayuntamiento a pedir préstamos para poder cumplirla. Las obras de empedrados y calzadas tuvieron actividad continua; se hicieron banquetas en las calles y se arreglaron las plazas y las fuentes, así como muchas otras obras materiales realizadas para mejorar el equipamiento y embellecer la ciudad. Una importante fracción del gasto total, 25%, se invirtió, mediante las comisiones mixtas, en el sostenimiento de las escuelas, el cual abarcaba la compra de útiles para los alumnos, los salarios de los profesores —que devengaban 50 pesos mensuales— y el alquiler de los locales donde se alojaban los centros de enseñanza. En 1880-1890 también eran computados, como gastos ordinarios, los sueldos de los empleados de la Tesorería y de la Secretaría municipales; los gastos menores que correspondían a la papelería y a la impresión de publicaciones; los honorarios de cobranza erogados para la recaudación de los impuestos adicionales, de las rentas, de los réditos y de los productos de la contribución de patente, aplicada a los establecimientos industriales y comerciales. Por último, fueron incluidos en los gastos ordinarios la realización de obras públicas en el panteón municipal, en la casa de matanza, en los cobertizos del mercado y en la excavación de pozos artesianos, la cual incluyó la compra de una máquina perforadora. Entre 1881 y 1890 esas construcciones agotaron 6.7% del total del egreso.

Los gastos extraordinarios eran inversiones fluctuantes destinadas a cubrir gastos imprevistos originados por las fiestas cívicas y religiosas, por las operaciones militares y por un sinnúmero de obligaciones de monto reducido decididas conforme a las urgencias del momento. Se observa la voluntad permanente de controlar este tipo de desembolsos para establecer una relación equilibrada entre el presupuesto de ingresos y la realización anual del egreso y, aunque no siempre se tuvo éxito, un aspecto importante del esfuerzo por cambiar la situación hacendaria, consistió en disminuir el monto y las fluctuaciones de los gastos ocasionales.

El ramo de Pérdidas no era propiamente un gasto, se trataba de cantidades que mermaban el ingreso municipal como resultantes de saldos deudores de las cuentas particulares durante las operaciones de liquidación o glosa. En promedio no representaron más de 5% de la operación municipal. Durante el porfiriato se lograron dominar estas pequeñas fugas, pues desaparecen del balance general.

En el ramo de Otros gastos están las erogaciones que no tenían cabida en los ya descritos, eran de baja proporción en el total. A fines del siglo, este ramo sería el de los gastos ajenos, y ahí la proporción sí resultaría significativa, porque las participaciones estatales o federales con cargo a ajenos eran invertidas en la construcción de la penitenciaría, en los abonos del empréstito y en la compra del papel federal. Además, en ellos se computó la cuenta deficitaria generada por la proliferación de vales sin fondos líquidos que no era muy elevada, pero que mostraba indicios de desorden hacendario.

LAS DIMENSIONES DE LAS FINANZAS MUNICIPALES

Resulta sumamente útil evaluar las finanzas de la ciudad de Puebla comparándolas con los ingresos estatales y medir simultáneamente la proporción con que Puebla contribuía a las rentas del estado. Con tal fin, aprovechamos el balance de la Tesorería General de 1885, donde se computaron los ingresos estatales por concepto y por distrito, y la cuenta del Tesoro para 1888. En 1885 el estado recaudó 1 695 000 pesos, o sea 9.8%; en 1888 el estado captó 1 756 000, y la municipalidad 192 000 pesos, o sea 10.9%. Este análisis elemental nos muestra que la ciudad central del estado apenas recaudaba una proporción que representaba una décima parte de los ingresos regionales, aunque ésta constituye sólo una primera impresión. La visión se complica al evaluar, mediante el balance de la Tesorería General de 1885, la contribución a la Hacienda estatal por el distrito de Puebla,[12] que fue de 613 000 pesos en impuestos directos e indirectos, ramos de aplicación especial e ingresos eventuales; esto es un poco más de 3.5 veces el ingreso ordinario municipal. Desde el punto de vista de

---

[12] Esta porción territorial es más grande que la jurisdicción municipal, comprende, además de la ciudad capital, las municipalidades rurales de Hueyotlipan, La Resurrección, Caleras y Canoa. Véase Borisovna y Téllez, "División", 1983, pp. 21-22, 29.

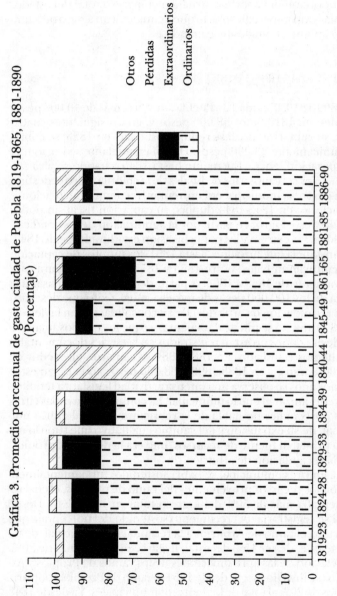

Gráfica 3. Promedio porcentual de gasto ciudad de Puebla 1819-1865, 1881-1890 (Porcentaje)

FUENTES: AAP, Cuentas, tomos 49, 51, 53-54, 58, 62, 64-66, 69-73, 83-I y II, 86, 88, 92, 102, 106, 116, 118 y 120; Cuentas de la Tesorería municipal, tomos 1-59, y Cortes de caja en el *Boletín Municipal*, tomos 1-11.

la proporción del aporte distrital en el ingreso total del estado, Puebla contribuyó con 36%, lo que demuestra un agudo desequilibrio en que el estado iba ganando.

LAS PRUEBAS DEL CAMBIO

En 1809-1810, la ciudad de Puebla aportaría más de 40 000 pesos anuales; en 1819, unos 38 000 pesos y, en los siguientes cuatro años, su captación fiscal se redujo hasta que, en 1823, se cobraron únicamente 23 000 pesos. De ahí en adelante se inició una recuperación lenta y fluctuante hasta 1840, cuando se alcanzaron niveles cercanos a los de finales de la colonia. Pero el destino de la empresa municipal era enfrentar frecuentes fluctuaciones financieras: en 1843-1844 duplicó su captación fiscal sin poder sostener este logro, en parte por la agudización de las condiciones adversas extremadas por la invasión estadunidense de 1847, circunstancia que hizo que, hasta 1851, los montos de captación se mantuvieran bajos; entre 1853 y 1855 se elevaron para caer nuevamente de 1858 a 1863. A partir de 1864 se sobrepasaría la cuota de los 100 000 pesos de ingreso anual, éxito que descansó en la recaudación de arbitrios. De su consolidación en la década de 1870 aún no se puede dar cuenta, ya que los estados financieros de esa época no están registrados en las series documentales que hemos estudiado. En 1881-1884 se captaron alrededor de 110 000 pesos, y en 1885-1890, 168 000 pesos anuales; en estos últimos años se observa una intensa actividad legislativa tendiente a reorganizar el erario municipal. La comparación de las cifras y los porcentajes no habla de la reorganización del erario municipal, de su expansión y del cambio cualitativo que supuso dejar la principal fuente de recursos, que era la de bienes propios, por la recaudación de arbitrios.

La empresa municipal se había sostenido, fundamentalmente, con los recursos provenientes del ramo de propios, el cual representaba más de 50% del ingreso total en 1819-1840. Desde 1822 se registraría un crecimiento sostenido del porcentaje que aportaba el ramo de Arbitrios a la recaudación municipal, de tal suerte que, de ser 15% del total, llegaría en 1841 a más de 50%. La relación de las aproximaciones de los ramos de Propios y Arbitrios se invirtió luego: desde 1851 el ramo de Propios aportaría menos de 20% al total de los ingresos municipales. Ya desde 1843 se puede constatar la intensificación de los trabajos de racionalización fiscal. El instrumento de balance principal dejaría de ser la "Cuenta general", y su lugar sería ocupado por los "Estados de la Tesorería municipal", producidos por la recién formada Sección de Glosa, cuyo objetivo era la reorganización y el mejoramiento de las finanzas; evidentemente, su propósito fue logrado al dispararse la recaudación fiscal hasta cerca de 100 000 pesos gracias a la introducción de impuestos sobre el maíz y arbitrios especiales para la construcción de la cárcel y, años más tarde, del mercado. El intento fue sostenido y así, en 1851 y 1855, se trataron de establecer nuevos arbitrios, o restablecer antiguas gabelas sobre pulquerías, tiendas, vinaterías, etc. En los años de 1881-1890 el proyecto de establecer sólidos impuestos directos mediante la patente y la capitación se topó con obstáculos que aún no están esclarecidos, y se terminó por preferir el establecimiento o incremento de impuestos indirectos sobre la introducción o consumo de diversos bienes. A partir de 1881 el ramo de Ajenos fue revitalizado, y para 1885-1890 contribuiría con 30% de los ingresos, como ya se dijo, gracias a la recaudación del papel federal.

Como conocemos los cortes de caja de cada ramo pudimos ordenar sus diversos rubros para compararlos con la cuenta general. El ramo de Propios estaba formado con los réditos, las rentas y los remates; el de Arbitrios con las contribuciones, los impuestos y 20% del gravamen sobre la introducción de mercancías; el de otros ingresos resultó de la suma de la existencia anterior más los ingresos eventuales, y el de ajenos quedó tal cual. Respecto a los egresos, los gastos ordinarios estarían integrados por las comisiones municipales, las mixtas, las obras de construcción, la obrería mayor, los sueldos, los honorarios, los gastos de administración y los gastos menores; estos gastos están registrados como tales en los cortes de caja, de la misma manera que los ingresos ajenos.

Los datos nos indican el esfuerzo municipal realizado para modernizar sus finanzas. La transformación iniciada en 1822 con el robustecimiento de los arbitrios, al final del siglo se vería consolidada, ya que la proporción entre propios, arbitrios e ingreso total se invertiría y los propios se rezagarían hasta aportar sólo 16% al ingreso. De ahí que los impuestos llegaran a ser la recaudación principal del municipio; el ramo de Ajenos llegó a 28% por su creciente participación en los impuestos federales y estatales.

Aparte del crecimiento de los gastos, que se corresponde directamente con el de los ingresos, encontramos cambios debidos a la voluntad edilicia de clasificar correctamente los egresos y de mantener controlados los gastos extraordinarios y las pérdidas, que por su imprevisibilidad y sus fluctuaciones, frecuentemente desmesuradas, causaron descalabros en la cuenta de la primera mitad del siglo XIX.

La inversión municipal se destinaba a la prestación de servicios públicos: de limpia, obrería mayor, policía urbana y de seguridad, tribunales, cárceles, mercados, servicios sanitarios y escuelas públicas. En los años de 1843 y 1859 se realizaron fuertes inversiones en seguridad pública, sanidad y abasto urbanos. En el curso de la primera mitad del siglo los principales conceptos de gasto se referían a pagos de sueldos, honorarios, réditos y pensiones que, juntos, sumaban hasta 45% del total de los egresos; las cuentas de 1881-1890 muestran que, los grandes rubros de inversión eran la instrucción elemental y las tareas de modernización urbana, como la construcción de la penitenciaría, el rastro y las redes de empedrado y alumbrado público. Ya en 1881-1890 los sueldos suponían sólo 6% de la erogación municipal, en parte porque el servicio edilicio se prestaba gratuitamente; el alza observada en esos años en el ramo de otros gastos se debe a la concurrencia en los ingresos ajenos de la inversión destinada a los objetos precisos que aquí computamos. Todavía no precisamos cómo se redimieron los capitales adeudados ni tampoco sabemos el monto de las pensiones que subsistieron, aunque debieron ser gastos menores dentro de los balances generales.

En conjunto se advierte que la modernización y el crecimiento de las finanzas municipales de Puebla fue anterior al "despegue" porfiriano. En el esquema hacendario se logró un cambio cualitativo y cuantitativo, el de sustituir el ramo de Propios con el de Arbitrios; sin embargo, éste no se consolidó completamente por la recaudación mayoritaria de impuestos indirectos y por su creciente dependencia de los recursos del ramo de Ajenos. La necesidad de reformular el esquema financiero radicó, no sólo en la actitud nacionalista que debía modificar lo colonial, sino también en la demanda real de servicios urbanos. Sin duda, durante las guerras, el equipamiento urbano se había deteriorado agudizándose su rezago; además la población creció y aparecieron nuevos estilos de vida cuyas necesidades demandaban servicios que había que crear. Además, la organización del espacio y la dis-

Cuadro 1. Promedio de ingresos y gastos en pesos, ciudad de Puebla, 1819-1865, 1881-1890

	1819-23	1824-28	1829-33	1834-39	1840-44	1845-49	1850-54	1855-59	1861-65	1881-85	1886-90
Ingresos											
Propios	18 209	19 452	19 688	19 812	20 656	16 455	8 233	14 542	15 968	25 866	30 526
Arbitrios	5 986	7 999	9 906	12 608	44 816	37 451	43 403	29 313	47 393	80 353	77 718
Ajenos	4 853	–	–	–	–	–	–	–	–	23 376	33 309
Otros	4 738	2 729	3 317	2 179	118	52	–	–	17 220	29 974	24 896
Gastos											
Ordinarios	25 116	22 098	25 309	25 200	32 528	47 342	–	–	54 716	117 402	54 716
Extraordinarios	5 470	2 486	4 331	4 458	3 799	3 610	–	–	22 300	3 139	22 300
Pérdidas	1 468	1 651	682	1 859	5 401	4 504	–	–	118	–	118
Otros	1 004	171	304	1 286	–	2	–	–	2 256	9 409	2 256
Ingreso	33 786	30 180	32 911	34 599	65 589	53 958	51 636	43 854	80 581	159 568	166 449
Gasto	33 058	26 406	30 626	32 802	69 024	55 458	54 410	–	79 390	129 950	163 360

FUENTES: AAP, Cuentas, tomos 49, 51, 53-54, 58, 62, 64-66, 69-73, 77, 79, 81-I y II, 86, 88, 92, 102, 106, 118 y 120; Cuentas de la Tesorería municipal, tomos 1-59, y Cortes de caja en el *Boletín Municipal*, tomos 1-11.

ciplina fabril generaron zonas diferenciadas de trabajo y habitación que ocasionaban desplazamientos cotidianos, también la lenta transformación del mercado local propiciaba la presencia de transeúntes que necesitaban alojamientos, almacenes y transportes, por lo que hubo que crear estos nuevos servicios.

Por último, conviene contrastar las tendencias globales demográficas y las financieras, ya que ello nos muestra de nuevo el notable avance en las transferencias fiscales y financieras de la ciudad. En la década de 1825-1835[13] ésta tendría unos 40 000 habitantes; en 1848, 72 000; en 1862, 75 000, y en 1889, poco más de 78 000; el crecimiento de la población urbana fue, según las estimaciones de 1825-1835, cercano a 90%. En promedio, el ingreso municipal en 1819-1840 fue de 33 000 pesos, en 1844-1845, de 84 000 pesos y en 1885-1890 de 168 000 pesos. La empresa municipal creció, por tanto, respecto a 1819-1842, alrededor de 152% en 1843-1844 y 400% en 1885-1890. La desproporción entre el crecimiento financiero y el demográfico es notoria. La expansión financiera se logró, evidentemente, mediante la captura de extensos grupos de población que no contribuía y con el aumento de las tasas y de los conceptos fiscales. Por otra parte, a pesar de las fluctuaciones demográficas del siglo XIX, el tamaño de la mancha urbana de Puebla no se modificó[14] y, en consecuencia, las crecientes inversiones municipales debieron destinarse a implantar los servicios públicos de que tradicionalmente había carecido la ciudad. No obstante, resulta evidente la deficiencia del equipamiento urbano, que se revela en los balances financieros, ya que, pese a los casos con saldos positivos, existía una escasez permanente de recursos. Estos datos nos hablan asimismo de una desmesurada expansión financiera de la empresa municipal, la cual resultó paradójicamente, insuficiente para satisfacer las demandas de la capital.

[13] Para la evolución de la población véase Contreras y Grosso, "Estructura", 1983, pp. 147-149.
[14] Contreras, *Ciudad,* 1986, pp. 18-23.

Anexo. Ingresos y gastos municipales por ramos y sus totales, ciudad de Puebla, 1819-1865 y 1881-1890 (en pesos)

Años	Ingresos				Gastos				Total		Saldo
	Propios	Arbitrios	Ajenos	Otros	Ordinarios	Extraordinarios	Pérdidas	Otros	Ingresos	Gastos	
1809	—	—	—	—	—	—	—	—	44 241	47 229	-2 988
1810	—	—	—	—	—	—	—	—	45 186	45 622	-436
1819	18 665	5 840	7 281	6 889	25 328	9 611	1 502	738	38 675	37 179	1 496
1820	18 409	5 997	10 916	4 602	36 617	-	1 334	1 578	39 924	39 529	395
1821	18 026	5 476	6 069	4 900	27 701	3 054	1 420	1 389	34 471	33 564	907
1822	19 997	7 077	—	5 778	18 424	11 606	1 433	949	32 852	32 412	440
1823	15 947	5 540	—	1 519	17 512	3 080	1 650	365	23 006	22 607	399
1824	19 988	6 236	—	829	21 789	1 205	1 904	716	27 053	25 614	1 439
1825	20 244	7 612	—	3 859	22 719	3 955	1 886	139	31 715	28 699	3 016
1826	18 639	8 523	—	2 522	24 639	55	2 089	—	29 684	26 783	2 901
1827	18 784	8 933	—	3 697	14 077	3 391	1 898	—	31 414	19 366	12 048
1828	19 605	8 691	—	2 740	27 266	3 823	478	—	31 036	31 567	-531
1829	18 922	8 864	—	3 753	25 788	4 760	603	—	31 539	31 151	388
1830	19 161	9 320	—	1 272	24 611	1 847	549	—	29 753	27 007	2 746
1831	19 164	10 401	—	3 627	26 268	2 160	879	—	33 192	29 307	3 885
1832	20 849	10 757	—	4 272	29 654	2 921	557	—	35 878	33 132	2 746
1833	20 345	10 188	—	3 660	20 224	9 967	822	1 519	34 193	32 532	1 661
1834	18 520	11 516	—	3 041	25 837	4 669	1 635	789	33 077	32 930	147
1835	20 708	12 046	—	2 272	20 524	6 618	2 893	1 499	35 026	31 534	3 492
1836	20 426	12 112	—	3 715	25 394	3 126	1 661	1 502	36 253	31 683	4 570

Año	Ingresos				Gastos				Total		Saldo
	Propios	Arbitrios	Ajenos	Otros	Ordinarios	Extraordinarios	Pérdidas	Otros	Ingresos	Gastos	
1809	—	—	—	—	—	—	—	—	44 241	47 229	-2 988
1838	19 980	10 858	—	1 403	25 841	4 511	48	1 334	32 241	31 734	507
1839	19 424	16 510	—	462	28 403	3 364	3 057	1 304	36 396	36 128	268
1840	19 057	23 801	—	497	—	—	—	44 479	43 355	44 479	-1 124
1841	20 914	24 957	—	91	—	—	—	46 665	45 962	46 665	-703
1842	22 424	22 588	—	—	—	—	—	45 333	45 012	45 333	-321
1843	20 051	88 133	—	—	93 555	11 876	10 623	—	108 184	116 054	-7 870
1844	20 833	64 600	—	—	69 086	7 121	16 384	—	85 433	92 591	-7 158
1845	21 215	33 229	—	258	46 191	4 353	13 875	10	54 702	64 429	-9 727
1846	20 281	38 037	—	—	48 975	8 843	2 413	—	58 318	60 231	-1 913
1847	19 294	30 305	—	—	42 557	2 294	2 119	—	49 599	46 970	2 629
1848	—	57 077	—	—	53 658	1 365	1 050	—	57 077	56 073	1 004
1849	21 486	28 607	—	—	45 330	1 194	3 064	—	50 093	49 588	505
1850	23 033	26 453	—	—	44 712	1 795	3 942	—	49 486	50 449	-963
1851	1 292	43 433	—	—	43 634	370	71	—	44 725	44 064	641
1852	16 640	15 567	—	—	—	—	—	47 260	32 407	47 260	-14 853
1853	—	61 883	—	—	—	—	—	60 113	61 883	60 113	1 770
1854	—	69 679	—	—	—	—	—	70 144	69 679	70 144	-465
1855	23 888	36 770	—	—	—	—	—	—	60 658	60 313	343
1856	21 584	11 595	—	—	—	—	—	—	33 179	—	—
1857	27 237	14 610	—	—	—	—	—	—	41 847	—	—
1858	—	40 387	—	—	—	—	—	—	40 387	43 374	-2 987
1859	—	43 201	—	—	—	—	—	—	43 201	43 092	109

Año											
1861	17 347	25 846	—	77	38 276	3 870	149	—	43 270	42 295	975
1863	6 459	18 292	—	14 390	29 104	8 890	2	161	39 141	36 157	984
1864	20 151	56 394	—	52 208	56 281	70 923	6	—	128 753	127 210	1 543
1865	19 915	89 040	—	2 205	95 202	5 518	314	8 862	111 160	109 896	1 264
1881	24 160	73 309	11 923	74 774	105 720	1 193	—	2 000	184 165	108 913	75 252
1882	24 409	81 637	15 414	20 621	111 478	3 500	—	—	142 081	114 978	27 104
1883	29 024	91 331	21 194	14 400	141 056	2 366	—	3 609	155 949	147 032	8 917
1884	24 962	77 630	25 381	20 452	118 880	3 659	—	19 316	148 425	141 855	6 570
1885	26 774	77 857	42 969	19 621	109 878	4 976	—	22 120	167 221	136 974	30 247
1886	29 374	79 805	35 237	30 495	127 046	7 716	—	29 574	174 911	164 336	10 575
1887	26 895	81 508	21 515	15 930	117 331	4 898	—	24 214	145 848	146 443	-595
1888	25 987	83 733	66 641	8 545	146 776	6 117	255	30 746	184 906	183 894	1 013
1889	28 276	88 595	31 865	3 902	143 159	5 921	1 526	561	152 638	151 166	1 472
1890	42 098	54 946	11 289	65 606	161 141	5 461	—	4 359	173 939	170 961	2 978

FUENTES: AAP, Cuentas, vols. 49, 51, 53-54, 58, 62, 64-66, 69-73, 77, 79, 83 I y II, 86, 88, 92, 102, 106, 116, 118 y 120; Cuentas de la Tesorería municipal, vols. 1-59, y Cortes de caja en el *Boletín Municipal*, vols. 1-11. Se suprimen las fracciones de peso.

BIBLIOGRAFÍA

Artola, Miguel, *La Hacienda del antiguo régimen*, Alianza Editorial/Banco de España, Madrid, 1982 (Alianza Universidad Textos, 42).

Ayuntamiento de Puebla, *Boletín Municipal*, 1880-1890, vols. 1-11.

Bátiz Vázquez, J. A. y E. Canudas Sandoval, "Aspectos financieros y monetarios... (1821-1880, 1880-1910)" en Ciro Cardoso (coord.), *México en el siglo XIX (1821-1910), historia económica y de la estructura social*, Nueva Imagen, México, 1980.

Borisovna, L. y F. Téllez, "La división territorial del estado de Puebla, 1824-1910" en *Puebla en el siglo XIX, contribución al estudio de su historia*, Centro de Investigaciones Históricas y Sociales del Instituto de Ciencias-UAP, Puebla, 1983.

Bauvier, Jean, *Vocabulario y mecanismos económicos contemporáneos*, UAP, Puebla, 1987 (Colección Historia).

Bravo Ugarte, José, *Instituciones políticas de la Nueva España*, Editorial Jus, México, 1968.

Carmagnani, Marcelo, "La política en el estado oligárquico latinoamericano", *Historias*, núm. 1, 1982, pp. 5-14.

—————— , "Finanzas y Estado en México, 1820-1880", reproducido en material de apoyo para el curso Estructuras económicas del Estado decimonónico en México y América Latina", Facultad de Ciencias Políticas y Sociales-UNAM, s.a.

Contreras Cruz, Carlos, *La ciudad de Puebla, estancamiento y modernidad de un perfil urbano en el siglo XIX*, Centro de Investigaciones Históricas y Sociales del Instituto de Ciencias-UAP, Puebla, 1986 (Cuadernos de la Casa Presno, 6).

—————— y Juan Carlos Grosso, "La estructura ocupacional y productiva de la ciudad de Puebla en la primera mitad del siglo XIX" en *Puebla en el siglo XIX, contribución al estudio de su historia*, Centro de Investigaciones Históricas y Sociales del Instituto de Ciencias-UAP, Puebla, 1983.

Díaz Casillas, Francisco José, *La administración pública novohispana*, Colegio Nacional de Ciencias Políticas y Administración Pública, México, 1987 (Cuadernos de Análisis Político-Administrativo, 10).

Flores Caballero, Romeo R., *Administración y política en la historia de México*, Instituto Nacional de Administración Pública, México, 1981.

Flores Zavala, Ernesto, *Elementos de finanzas públicas mexicanas*, Editorial Porrúa, México, 1967.

Floud, Roderick, *Métodos cuantitativos para historiadores*, Alianza Editorial, Madrid, 1979 (Alianza Universidad, 124).

Gobierno de la Ciudad de Puebla. Publicación Oficial, t. I, núms. 128, 132-134, 137, 151 y 162, 1870.

Kindleberger, Charles P., *Historia financiera de Europa*, Editorial Crítica, Barcelona, 1988 (Crítica/Historia, 46).

Liehr, Reinhard, *Ayuntamiento y oligarquía en Puebla 1787-1810*, SEP, México, 1976 (SepSetentas, 242 y 243).

Lira González, Andrés, "Aspecto fiscal de la Nueva España en la segunda mitad del siglo XIX", *Historia Mexicana*, vol. XVII, núm. 3, enero-marzo de 1968.

Macedo, Miguel S., "El municipio" en *México, su evolución social*, J. Ballescá y Cía., sucesor, editor, México, 1901.

Ochoa Campos, Moisés, *La reforma municipal*, Editorial Porrúa, México, 1968.

Pérez Siller, Javier, "Crisis fiscal y reforma hacendaria en el siglo XIX", s.e., 1983, 19 pp., reproducido en material de apoyo para el curso Estructuras económicas del Estado decimonónico en México y América Latina, Facultad de Ciencias Políticas y Sociales-UNAM, s.a.

Sireni, Emilio, *Capitalismo y mercado nacional*, Editorial Crítica/Grijalbo, Barcelona, 1980 (Crítica/Historia, 13).

Téllez Guerrero, Francisco, *De reales y granos. Las finanzas y el abasto de la Puebla de los Ángeles 1820-1840*, Centro de Investigaciones Históricas y Sociales del Instituto de Ciencias-UAP, Puebla, 1986 (Cuadernos de la Casa Presno, 5).

Tortella, Gabriel, *Introducción a la economía para historiadores*, Tecnos, Madrid, 1987 (Serie Historia).

Vázquez, Irene, "El pósito y la alhóndiga en la Nueva España", *Historia Mexicana*, 67, vol. XVIII, núm. 3, enero-marzo de 1968.

Vilar, Pierre, *Crecimiento y desarrollo, economía e historia. Reflexiones sobre el caso español*, Editorial Ariel, Barcelona, 1967 (Ariel-Historia, 2).

Las finanzas públicas en los siglos XVIII y XIX, se terminó
de imprimir en noviembre de 1998 en los talleres de
Impresora y Encuadernadora Progreso, S.A. de C.V.,
Av. San Lorenzo Tezonco 244,
Col. Paraje San Juan, México, D.F.
La edición estuvo al cuidado de la Coordinación
de Publicaciones del Instituto de Investigaciones
Dr. José María Luis Mora.
Se tiraron 2 000 ejemplares.